中国旅游绿皮书系列

山东文化和旅游产业发展

绿皮书

（2022）

主编 ◎ 高洪雷 陈国忠

中国旅游出版社

前　言

2021年是"十四五"开局之年，也是疫情防控常态化背景下文化和旅游产业逐步恢复向好的一年。这一年，山东统筹疫情防控与文化和旅游业发展，文旅融合进程加快，智慧文旅建设成果显著，假日旅游带动有力，局部旅游热度攀升，人均出游花费增长，城镇居民旅游消费增速较快，山东文化和旅游产业在疫情防控常态化下，打开了发展新格局，在经济社会发展大格局中的贡献度、影响力进一步彰显。在这种背景下，对山东省文化和旅游产业发展进行一次深度的、立体化的、多维度的全景扫描就显得十分必要。

在山东省文化和旅游厅的指导下，由高洪雷先生和陈国忠先生担任主编，山东文旅集团旗下山东省文旅产业创新研究院、山东省旅游规划设计研究院联合山东旅游职业学院组织专门团队，编制了这本绿皮书。本书立足2021年山东文化和旅游产业发展实际，正文包括绪论、综合报告、专题报告、案例分析，通过综合概述和专题报告、案例解析的方式，复盘2021年山东文化和旅游产业发展全貌。

绪论部分从精准谋局，科学谋划，山东旅游全面起势；强化供给，引领消费，旅游新动能不断呈现；文旅融合，转型升级，旅游创新成果显著；创新发展，科技赋能，推动产业高质量发展；综合统筹，逆势而动，在疫情常态化中实现新发展；适应新常态、融入新格局，稳步发展、持续推进六个方面对山东省文化和旅游业的发展情况进行了概述，由陈国忠编写。

第一篇"综合报告"，对2021年山东文化和旅游产业进行了"全景扫描"。第一章"2021年山东文化和旅游产业发展综合报告"，由徐涛编写；第二章

"2021年山东文化和旅游产业市场发展报告"，由高玲、邓家钰编写；第三章"2021年山东文化和旅游产业区域发展报告"，由徐涛编写；第四章"2021年山东文化和旅游产业市场主体发展报告"，由刘亚薇编写；第五章"2021年山东文化和旅游产业业态创新报告"，由刘雅青编写；第六章"2021年山东文化和旅游产业智慧旅游发展报告"，由姚曼编写。

第二篇"专题报告"，围绕2021年山东在文化和旅游细分领域的发展情况进行了专题分析。第一章"2021年山东红色旅游产业发展报告"，由王芳编写；第二章"2021年山东海洋旅游产业发展报告"，由闫祥青编写；第三章"2021年山东研学旅行产业发展报告"，由李巧巧编写；第四章"2021年山东康养旅游产业发展报告"，由路飞编写；第五章"2021年山东工业旅游产业发展报告"，由于逢荷编写；第六章"2021年山东自驾游产业发展报告"，由冯立明编写；第七章"2021年山东文旅企业改制报告"，由寇建伟、王旭科、李姬贤编写；第八章"2021年山东非物质文化遗产发展报告"，由孟祥梅、孔亚楠编写；第九章"2021年山东区域内国家公园发展报告"，由张东晨编写。

第三篇"案例分析"，选取了文旅企业数字化转型、乡村旅游赋能乡村振兴、创建全域旅游示范区等方面的部分典型案例进行解读，分享其好经验、好做法。第一章"省属文旅企业数字化转型案例——一部手机游山东"，由于庆编写；第二章"乡村旅游赋能乡村振兴案例——泰安市九女峰片区"，由王丽丽编写；第三章"创建全域旅游示范区案例——蓬莱、沂南、齐河"，由高伟编写；第四章"文化旅游融合发展示范案例——曲阜市"，由高向华编写；第五章"推动国有景区体制机制改革案例——蓬莱阁等四家景区"，由于飞编写；第六章"创建国家级旅游度假区案例——山海天旅游度假区"，由宗美娟编写。

附录部分是两篇政策解读，其中，附录1解读了《山东省"十四五"文化和旅游发展规划》，附录2解读了《山东省文物事业发展"十四五"规划》，都由张子川供稿。

山东省文旅产业创新研究院秘书长冯立明先生、山东旅游职业学院科研处处长唐志国先生以及山东省旅游规划设计研究院政研部部长、高级工程师李猛先生，负责稿件统筹及初期审核和校对工作。在此向参与编写的人员表示诚挚感谢！

本书编制过程中得到了山东省文化和旅游厅相关处室的大力支持和帮助，在此表示感谢！

我们还要感谢山东文旅传媒集团、山东省文旅产业创新研究院、山东省旅游规划设计研究院、山东旅游职业学院的领导和同人，他们为本书的编制工作提供了极大的支持和帮助。

此外，对这本书的出版提供热情帮助的还有很多，在此一并表示感谢。

由于时间紧促，再加上水平所限，文中疏漏之处在所难免，还请各位读者批评指正。

编者

2022 年 9 月

目　录

第三篇 案例分析

绪　论

陈国忠

2021 年，是"十四五"规划开局之年，也是山东省旅游业全面迈向高质量发展的起步之年。山东省文化和旅游产业发展紧紧围绕"走在前列、全面开创""三个走在前"总遵循、总定位、总航标，高举思想之旗、汇聚奋进之力、扛牢发展之责，以等不起的紧迫感、坐不住的责任感，秉持文化和旅游系统近年来坚持并倡导的"总体工作走在前列，单项工作勇争第一，规定动作做到最佳，自选动作体现特色"四个标准。凝心聚力谋发展、乘势而上求突破、奋发图强开新局、稳步迈向新征程，统筹疫情防控和产业发展，产业发展稳步有序、产品供给不断丰富、旅游市场稳中有升、发展质量显著提高，在大疫之年交出了具有齐鲁特色和独特贡献的山东答卷。

精准谋局，科学谋划，山东旅游全面起势。山东省文化和旅游业的发展，既承担着产业发展的重任，更承载着新旧动能转换的历史使命，作为新旧动能转换十强产业中的"两强"产业，文化产业和精品旅游业的发展已经全面进入省委省政府的重大决策。在山东省第十三届人民代表大会第五次会议政府工作报告中，提出"聚力在扩大内需上，求突破见实效，实施旅游全要素提升计划，办好'好客山东'贺年会等活动"的具体要求，高质量发展、全要素提升成为全省旅游发展的新目标、新导向、新模式。新一年开局，省文旅厅的年度工作计划提出了 8 项重点任务，其中对旅游业的发展做出了加快推进文化和旅游智慧化建设，加快推进"好客山东　云游齐鲁"智慧文旅工程，抓好文化创意和精品旅游两大产业，大力实施精品旅游景区建设行动计划，补齐淡季旅游、夜间旅游的短板，补齐城乡不平衡的短板，补齐人才队伍建设短板等工作安排。9 月 22 日，2021 年山东省旅游发展大会在烟台召开，会议明确提出"充分发挥山东文化旅游资源丰厚的优势，积极对接重大国家战略和重大文化工程，下大气力开发培育精品线路、精品景点，加大文创产品开发和品牌宣传推广力度，扩大文旅对外开放，着力优化服务、惠企惠民，推动文化和旅游高质量发展"的全面部署。按照既定的战略谋划，2021年，全省旅游产业的发展紧紧围绕新格局构建，始终保持科学的发展轨道，在逆势中实现创新突破。

强化供给，引领消费，旅游新动能不断呈现。消费是旅游发展的根本动力，也是实现产业进步的不竭源泉。2021年的山东旅游业，围绕构建国际国内两个大循环格局。特别是突出新冠肺炎疫情影响下适应国内旅游消费的特征和市场规律的现实需要，拉动国内旅游消费，全面突出满足消费、引领消费、创造消费的总要求，始终保持供给侧和需求侧的良性互动与耦合，以满足人民群众旅游新消费、新诉求为出发点，提升消费信心，激发消费潜力，不断创新供给方式、完善供给结构，实现了高质量发展。1月1日上午，2021年"好客山东贺年会"在全省拉开帷幕，在做好疫情防控和安全生产的同时，丰富假日文旅产品供给，激发文旅消费新热潮，各地共组织1240多场元旦、春节、元宵节以及美食节等节庆活动，丰富了冬游产品供给，用实际行动为全省经济社会发展做出了文旅新贡献。一年中，全省统筹疫情防控和文旅行业复工复产，实施消费促进行动。成功举办2021山东省旅游发展大会、中国国际文化旅游博览会、国际孔子文化节（尼山世界文明论坛）等重大活动，对于克服新冠肺炎疫情影响、有效提振市场信心和消费者信心、提升"好客山东"美誉度产生重要推动作用。特别是在疫情全面肆虐，旅游企业全面遭受重创、产业发展遇冷的情况下，创新举办第五届"山东文化和旅游惠民消费季"，发放惠民消费券1.52亿元，直接带动消费6.02亿元，间接带动消费119.13亿元。持续推进国家级文化和旅游消费试点市、国家级夜间文化和旅游消费集聚区创建，潍坊、济宁、日照三市被命名第二批国家级文旅消费试点市，全省国家级示范试点市达7个，济南方特·东方神话、青岛市红树林度假世界等6个区入选第一批国家级夜间文旅消费集聚区，均居全国第一。开展2021"山东人游山东""百场红色自驾游""好客山东游品荟""好客山东·乡村好时节"主题营销推广等特色活动，持续释放文旅消费潜力。着眼于群众新的文化旅游消费需求，还策划开展了乐游齐鲁、乐赏齐鲁、乐享齐鲁、乐购齐鲁、乐活齐鲁、乐智齐鲁六大系列 8793 项主题活动，全省累计参与人数达 2.5 亿人次。2021 年全省接待国内游客 7 亿人次，国内旅游收入 7750 亿元，同比分别增长 21% 和 29%，分别恢复到疫情前 2019 年的 75% 和 71%。

文旅融合，转型升级，旅游创新成果显著。文化是旅游的灵魂、旅游是文化的载体，文旅融合发展既是人民群众的广泛诉求，也是产业提质增效、转型赋能的动力。围绕国家战略推进文旅融合发展，是提高发展质量、实现全要素提升的构建举措。全面落实黄河流域生态保护与高质量发展战略，聚焦"地处黄河下游，工作力争上游"的总体目标，重点建设黄河干流文化旅游融合发展轴，打造黄河入鲁片区、汶泗片区、济南片区、黄河三角洲片区，聚力建设山东黄河文化旅游带。黄河口旅游区成功晋级国家 5A 级旅游景区。面对当前旅游市场微旅游兴起、亲子游兴旺、近郊游火爆的趋势，山东本地游、小家庭组合出游成为主流，微旅游成为主体方式，特别是春节期间，3~4 人的小家庭组合出游合计占比 52.08%，5 人以上多人游组合仅占 2.04%。为此各地在春节推出了以传统文化为主打的品牌活动，按照创新性发展、创造性转化的总要求，"泰山、孔庙祈福游""尼山圣境春节民俗游"备受青睐；临沂沂州古城舞龙舞狮、杂耍等民俗艺术表演"闹翻天"；淄博周村古商城内"春节游古城"活动让游客沉浸其中。文化和旅游的深度融合过程中，推动产品化和业态化既是融合的路径，也是融合的结果，山东立足非物质文化遗产传承和旅游产品化，突出"山东手造"品牌的打造，制定《山东手造推进工程实施意见》，推荐荣成海洋文化生态保护实验区申报国家级文化生态保护区，举办"国庆吃面 国泰民安"新民俗倡议活动，打造孔府品牌，推出黄河入海非遗之旅等 10 条山东省非遗主题旅游线路、济南百花洲历史文化街区等 15 个山东省非遗旅游体验基地。文旅深度融合，实现了旅游资源和各类非物质文化遗产从资源转化为产品，由产品构建起新型的产业链条，有力拉动了消费、带动了就业、促进了发展。

创新发展，科技赋能，推动产业高质量发展。围绕全要素提升，山东不断推出以整合、融合、联合、聚合为主要路径的高质量发展行动。2月底，山东省委办公厅、山东省政府办公厅印发《关于促进文化和旅游产业高质量发展的若干措施》，指出为推动文化和旅游产业融合发展、高质量发展，助推全省新旧动能转换，服务构建新发展格局，山东将加快文化和旅游产业智慧化建设，目的是通过对文旅信息、管理、服务、产业等方面的数字化、智慧化重构，推动文化旅游与现代科技的深度融合，推进文化和旅游产业融合发展、高质量发展。具体措施包括制定智慧旅游项目分类标准，在全省布局建设一批智慧景区、智慧酒店、智慧乡村旅游点；抓好烟台、泰安、日照3个市，崂山、台儿庄、青州、曲阜4个区（市）智慧文旅建设试点；推进文化和旅游资源数字化，打造一批智慧旅游目的地；采取政府扶持、市场化运作相结合的方式，统筹相关资金，引入社会资本参与，实施"好客山东 云游齐鲁"智慧文旅工程。4月29日，"好客山东 云游齐鲁"智慧文旅平台（一期）正式上线，该平台以"数字基建"赋能智慧旅游，让文化和旅游产业插上科技"翅膀"。项目以大众消费需求为导向，建设山东智慧文旅融合大数据中心，国内外游客智慧服务平台、政府综合监管服务平台、文旅企业综合服务平台、全域文化创意产业平台的"一中心四平台"体系，致力于政府侧、企业侧、用户侧的监管、运营、服务的全面升级。泰安市文化和旅游局牵头建设了"慧游泰山"智慧文旅平台。平台按照"1+3+N"模式建设，具备了资讯、导览、导航、预订、支付等综合旅游服务功能，实现了"一部手机游泰安"的建设目标。烟台在智慧文旅大数据平台基础上，当地开发建设了"烟台文旅云"公共服务平台，有效整合全市各类文化和旅游资源，构建文旅服务、宣传营销、行业管理三大服务功能，开设"寻·活动""爱·欣赏""约·美育""游·仙境"四大板块，通过PC网站、移动端、App、小程序等服务终端，为广大市民和游客提供网络直播、场馆预约、活动报名等公共服务，实现了文旅供给服务"一站式"云享、文旅信息"一体化"互通、文旅形象"一窗式"呈现。同时全省景区在提质增效中注重科技新手段、新技术的应用，如台儿庄古城在新年时期推出"白寅虎"智能仿真机器人，成为节日期间游客打卡、景区互动的经典之作。

综合统筹，逆势而动，在疫情常态化中实现新发展。2021年，不断肆虐的新冠肺炎疫情成为影响旅游业发展的最大不确定因素。面对疫情的挑战，山东旅游业在逆势中抢机遇、抓机遇，围绕强信心、培能力、解困难、寻新机，一手抓防控、一手抓发展，科学研判、精准防控，不折不扣抓好常态化防控措施，同时强化政策支持，为企业解困纾难，强化金融支持输血造能，强化市场支持提升增量，强化科技赋能锻造内力，认真落实"预约、限量、错峰"措施，突出行业特点，抓好重点防控，加强公众宣传引导，普及科学防疫方法，坚持依法防控、科学防控、联防联控，落实属地责任。坚持"管行业必须管安全、管业务必须管安全、管生产经营必须管安全"的要求，认真落实疫情防控行业监管职责，落实行业部门责任，没有因为旅游客流导致一例疫情发生。在政策支持方面，山东从纾减压力、刺激活力、增强动力三方面入手，帮助企业摆脱困难，推动产业提振复苏，省文化和旅游厅安排了2000万元资金对济南华谊兄弟电影城、德州齐河博物馆群、菏泽水浒好汉城等23个项目（企业）进行贷款贴息扶持。同时，落实2000万元资金对文旅企业进行股权投资，开展旅行社暂退80%质保金行动，暂退2306家旅行社质保金4亿元以上。联合山东省卫健委下发《关于组织新冠肺炎疫情防控一线医务人员旅游休闲并给予相关企业补助的通知》，对组织一线医务人员休闲旅游的旅行社给予补助，鼓励景区对医务工作者实行门票减免。对经济社会效益突出、税收实现正增长的3家文化创意产业和4家精品旅游产业龙头企业，分别给予了200万元增量税收奖励。省文化和旅游厅联合山东省地方金融监管局、人民银行济南分行、山东银保监局、山东证监局下发《关于金融促进文化和旅游产业发展的实施意见》，梳理国家和地方政策73项，汇总全省248个文旅企业融资需求510.9亿元。省内旅游企业准确研判疫情常态化状态下市民出游以亲子游、家庭游、山水乡村游为主的需求特点，创新提供"微旅游"、近郊游、亲子游、民宿游等特色产品，济宁微山湖、枣庄市翼云湖畔柜族部落景区，为市民提供独具特色的集装箱民宿。临沂市竹泉村古村落、麦山小院、爱琴海、天圆地方等民宿预订火爆。青岛市举办"胶东海洋童玩季""青岛婚恋文化周"，济南市融创文旅城、华侨城欢乐荟、开心麻花剧场、华谊兄弟电影小镇针对省会城市群市民量身打造家庭化、亲子化产品体系，方特东方神画推出国潮盛典主题演艺，沂南县沂蒙影视基地创新性推出大型沉浸式实景演出《沂蒙四季》，成为众多游客的网红打卡地。山东省大部分景区依据疫情发展态势，善于利用疫情点状发生后形成的时间窗口和空间机会，适时推出针对无疫情区市场的旅游产品，形成疫情来临随时能控、疫情退却有备开放的机制，沂南县竹泉村、台儿庄古城、东平湖旅游区等都实现了疫情下景区经营的逆势突破。

适应新常态、融入新格局，稳步发展、持续推进。进入新发展阶段，旅游消费需求呈现多样化、多层次、个性化、高端化的特点，对旅游产品特色化、品质化要求越来越高。这些新变化，要求旅游供给必须及时应变、主动求变，通过提升文旅智慧化水平、培育新业态、开展惠民消费等手段，推动文化旅游产品创新、服务创新、管理创新，进一步拓展文旅消费空间、释放文旅消费潜力。为构建新格局，山东省出台关于促进文化和旅游产业高质量发展的若干措施、关于加快推进文旅重点项目建设扩大有效投资的若干措施、加强金融支持文化和旅游产业高质量发展的若干措施等政策文件。围绕固本强基开展省级全域旅游示范区创建。评定推出第三批 12 家省级全域旅游示范单位。按照"十四五"规划要求推进精品景区建设和度假区规范化发展。推动微山湖旅游区 5A 级旅游景区创建，指导青岛奥帆旅游区 5A 级旅游景区创建和荣成好运角国家级旅游度假区创建工作，提升泰山等重点景区管理服务。修改印发《山东省旅游景区质量等级管理办法》，以省政府名义印发《山东省省级旅游度假区管理办法》。当年全省新增 4A 级旅游景区 18 家。围绕建党一百周年和传承弘扬革命文化大力发展红色旅游。举办 2021 中国红色旅游推广联盟年会活动。3 条线路入选全国"建党百年百条精品红色旅游线路"。围绕乡村振兴国家战略，提升乡村旅游产品品质提升、质量增效、设施优化和市场培优实施乡村旅游精品工程。公布了 285 个景区化村庄和 60 个山东省乡村旅游重点村。7 个村庄、3 个镇街入选全国乡村旅游重点村镇，入选数量分别居全国第一、二位（并列）。在全国率先开展民宿集聚区创建，公布创建单位 34 个。实施"文旅+"工程，出台各类规范标准，康养旅游、工业旅游、体育旅游、研学旅游等新业态发展势头良好。

过去的 2021 年，是山东旅游踏上新征程的良好开端，必将成为山东旅游人奋斗的记忆！

第一篇
综合报告

　　文化和旅游产业是国民经济的重要组成部分，是满足人民美好生活需要的重要载体。山东省委、省政府高度重视文化和旅游产业发展，将文化和旅游产业纳入"十大创新""十强产业""十大扩需求"行动。2021年，山东文旅战线在疫情防控常态化背景下，按照大市场构建需要，努力构建新的产业组织体系，以系统化思维，通过制度创新、产品创新、技术创新、管理创新、组织创新，围绕高质量发展推进文化和旅游产业整体创新。本篇对2021年山东文化和旅游产业发展进行了整体描述，并对区域格局、市场主体、业态创新、科技赋能等方面进行了分析。

2021 年山东文化和旅游产业发展综合报告

徐　涛

2021 年，山东省文化和旅游战线，紧紧围绕"三个走在前列"目标定位，奋发有为、创新实干，文化和旅游工作在经济社会发展大格局的贡献度、影响力进一步彰显。重点文旅项目建设持续加大，市场主体不断壮大，艺术创作持续繁荣，公共文化服务体系更加健全，文化遗产保护利用不断加强，文化和旅游推介交流成效显著，国际孔子文化节、尼山世界文明论坛等品牌活动影响日益广泛。文化和旅游产业高质量发展效果明显，绘就了山东文旅"诗"和"远方"新画卷。

一、文化和旅游产业发展整体情况

（一）发展质量不断提升

出台《关于促进文化和旅游产业高质量发展的若干措施》《关于加快推进文旅重点项目建设扩大有效投资的若干措施》等文件。开展省级全域旅游示范区创建，评定出第三批 12 家省级全域旅游示范单位。推进精品景区建设和度假区规范化发展，新增 4A 级旅游景区 18 家；推动微山湖旅游区 5A 级旅游景区创建；修改印发《山东省旅游景区质量等级管理办法》，以省政府名义印发《山东省省级旅游度假区管理办法》。大力发展红色旅游，举办 2021 中国红色旅游推广联盟年会活动，其中 3 条线路入选全国"建党百年百条精品红色旅游线路"。实施乡村旅游精品工程，公布 285 个景区化村庄和 60 个山东省乡村旅游重点村；7 个村庄、3 个镇街入选全国乡村旅游重点村镇，入选数量分别居全国第一、二位（并列）。在全国率先开展民宿集聚区创建，公布创建单位 34 个。实施"文旅＋"工程，出台各类规范标准，康养旅游、工业旅游、体育旅游、研学旅游等新业态发展势头良好。

（二）重点项目建设持续加大

加大文旅项目和企业扶持力度，121 个项目纳入省级重点项目库，3 个项目入选 2021 年"一带一路"文化产业和旅游产业国际合作重点项目。在山东省旅游发展大会上，现场集中签约 4 个重点文旅项目，签约总额达 635.4 亿元。举办知名文旅企业家山东行暨威海文化和旅游产业招商推介大会，完成 5 个文旅项目签约，总投资超过 100 亿元。

（三）不断培育壮大市场主体

2021 年，山东省文化和旅游战线推进法治化营商环境建设，贯彻落实《山东省优化营商环境创新突破行动实施方案》，创新突破行动指标任务全部完成。

给予 5 个精品旅游产业集群 500 万元、3 个文化创意产业集群 310 万元资金支持。认定第六批山东省重点文化产业园区 15 个。开展旅游服务质量保证金履约保证保险试点工作。对全省 150 多家星级饭店开展评定性复核，连续四年实施旅游饭店服务质量社会化监督工程。

二、积极融入重大国家战略

聚焦黄河流域生态保护和高质量发展、国家文化公园建设等重大战略，编制实施系列发展规划、工作方案，推进资源普查、遗产保护，抓实重点工程、重大项目。省委、省政府召开高规格、大规模的全省文物工作会议，印发《关于进一步加强文物保护利用工作的若干措施》，并组织编制《山东省黄河文化保护传承弘扬规划》《长城国家文化公园（齐长城）建设保护规划》

等。6 月文化和旅游部在山东省举办黄河文化旅游带建设推进活动，重点推介山东省 15 个项目，现场签约总投资额达 802 亿元。完成黄河流域文物资源调查，推动实施济宁河道总督府遗址、齐长城定头崖西山段、黄河铁门关遗址等国家重点项目。印发《齐长城保护工作实施方案》，齐长城整体保护进一步加强，"海岱考古"品牌持续擦亮，"文物保护巡查"列入全省公益性岗位。启动创建山东省文物保护利用示范区、省级考古遗址公园。在曲阜举办全国文物职业技能竞赛。召开全省革命文物保护利用工作会议，落实《山东省红色文化保护传承条例》，完成百年革命文物修缮工程，承办全国革命文物与新时代高校思想政治工作融合发展论坛和全国博物馆改革发展工作会议，"衣冠大成——明代服饰文化展"获全国博物馆十大陈列展览精品奖。

三、多措并举挖掘消费潜力

实施消费促进行动，成功举办 2021 山东省旅游发展大会、中国国际文化旅游博览会、国际孔子文化节（尼山世界文明论坛）、第五届"山东文化和旅游惠民消费季""山东人游山东""好客山东游品荟""好客山东·乡村好时节""百场红色自驾游"等活动，有效提振市场信心，激发消费潜力。淄博市华侨城、枣庄市光大美铭康养温泉小镇、济宁市复兴之路文化科技项目等一批重大文旅项目加快推进，为新旧动能转换增添新动力。持续推进国家级文化和旅游消费试点市、国家级夜间文化和旅游消费集聚区创建。3 市被命名第二批国家级文旅消费试点市，全省国家级示范试点市达 7 个，居全国第一，6 个区入选第一批国家级夜间文旅消费集聚区，居全国第一。资源开发不断加强，评定推出第三批 12 家省级全域旅游示范单位，印发旅游景区和度假区管理办法，推进精品景区建设和度假区规范化发展。"好客山东 云游齐鲁"平台上线运行，智慧文旅建设实现突破。康养旅游、工业旅游、体育旅游、研学旅游等新业态发展势头喜人。自驾游方兴未艾，乡村旅游提档升级，文化产业园区（基地）建设管理更加规范。加大旅行社扶持力度，开展星级饭店评定复核，市场管理水平不断提升。

四、文艺创作和文化惠民成果显著

举办第十二届山东文化艺术节、第四届中国歌剧节，策划推出"8个100庆祝建党100周年""红色文化主题月"等系列活动。文化和旅游部"百年百部"工程山东省11部入选作品全部通过验收。6部作品入选"庆祝中国共产党成立100周年全国优秀舞台艺术作品展演"。全省完成新创作大戏40余部。一批优秀作品不断涌现。吕剧《一号村台》、京剧《燕翼堂》、民族歌剧《国·家》成功立上舞台；话剧《孔子》、杂技剧《铁道英雄》等反复打磨提升；烟台市京剧《戚继光》、临沂市柳琴戏《福大妮和山杠子》等10部作品获评第十二届山东文化艺术节优秀剧目；菏泽市两夹弦《公鸡过寿》和泰安梆子小戏《三进门》，分获华东六省一市现代地方小戏大赛剧目大奖和金奖。

文化惠民深入推进，"一村一年一场戏""五个大家"系列活动丰富多彩，开展优秀新创群众文艺作品会演、"群星璀璨"群众文化美术作品展、全省广场舞展演等。全年完成送戏下乡演出11万余场，戏曲进校园活动6000余场，群众文化获得感、满意度不断提升。文化和旅游科技教育工作不断加强，"第五届山东省文化创新奖"评选出30个优秀创新成果，文化艺术职业学院新校区建设取得突破。4个项目入选全国2021年文化和旅游领域学雷锋志愿服务先进典型名单，入选数量居全国第一（并列）。

五、品牌营销工作亮点频出

实施"联合推介、捆绑营销"，"好客山东"品牌纳入央视2021"品牌强国"工程。成立山东铁路文化旅游联盟，共同推动"铁路＋文旅"产品升级。联合央视频道开展"慢直播网上游山东"活动。牵头成立中国旅游新媒体推广联合体，山东省新媒体综合传播力指数持续位居全国首位。积极拓展线上交流渠道，创新开展海外交流合作和市场营销，举办第七届"跨越太平洋——中国艺术节"云端山东文旅周、2021"美丽中华"线上系列推广活动等，打响"孔子家乡·好客山东"品牌。全球招募"孔子文化和旅游专家""孔子文化和旅游使者"总数达 2.3 万名。济南市成功当选"东亚文化之都"。贝尔格莱德中国文化中心开展试运行，架起中塞两国文旅交流的连心桥。

六、非遗保护传承扎实推进

非遗保护传承有新亮点，印发《关于推进黄河流域、大运河沿线非物质文化遗产保护传承弘扬的实施意见》。举办"河和之契：2021 黄河流域、大运河沿线非物质文化遗产交流展示周"，是全国唯一融合黄河、大运河非遗交流展示特色活动，打响山东品牌。"国庆吃面 国泰民安"新民俗倡议活动有声有色。制定《山东手造推进工程实施意见》，加快产业培育，打造山东手造品牌。印发《山东省省级非物质文化遗产代表性传承人认定与管理办法》《山东省省级文化生态保护区管理办法》。公布第五批省级非遗代表性项目名录。创新办好"文化和自然遗产日""山东省非遗月"活动。推出 10 条山东省非遗主题旅游线路、15 个山东省非遗旅游体验基地。

七、公共服务效能持续提升

制定《山东省基本公共服务标准（2021 年版）》，实施乡村文化建设样板镇村创建工程，加强"智慧图书馆""山东公共文化云"建设。城市书房和乡村书房逐步推开，方便快捷、全民共享的城乡书房服务网络加快构建。第五次全国文化馆评估定级，山东省 133 个文化馆被命名为国家一级馆，数量居全国第一。136 个县（市、区）文化馆、图书馆全部完成总分馆制建设任务。旅游厕所建设持续推进不断深入，完成百度地图标注 1.26 万座。公布 2021—2023 年度"山东省民间文化艺术之乡"62 个，8 个县（市、区）、街道（乡镇）被文化和旅游部公布为 2021—2023 年度中国民间文化艺术之乡。

八、体制机制改革有序推进

深化国有文艺院团改革，出台《山东省关于深化国有文艺院团改革的实施意见》《山东省省直文艺院团演出奖励办法》，开展全省国有文艺院团社会效益评价考核。推进国有景区体制机制改革，联合印发实施《全省国有景区体制机制改革试点方案》，确定 7 家 5A 级旅游景区作为改革试点。同时，会同省直 12 部门联合印发《全省国有景区体制机制改革方案》，全面推开山东省 4A 级国有景区改革。制定《关于规范文化市场综合行政执法职责相关表述的通知》，文化市场综合执法机构名称全部规范。推动 43 个县（市、区）综合行政执法局内设立专业文化市场执法中队。积极发展智慧旅游，"好客山东 云游齐鲁"智慧文旅项目正式上线运行，具备 26 项功能，可实现全省500 余家景区、22000 余家酒店在线预订。联合省发改委、省科技厅等 12 个部门研究出台《关于推动山东省文化和旅游数字化发展的实施意见》。

第二章

2021 年山东文化和旅游产业市场发展报告

2021 年，在稳中向好的经济大背景下，山东文化和旅游产业市场精准有序开放，呈现出平稳有序的良好态势。2021 年，全省实现文化和旅游产业增加值 6867.2 亿元，占 GDP 比重为 8.26%。随着疫情防控常态化，文旅消费需求日益多元化，山东各市抓住机遇、迎接挑战，进一步挖掘地域特色，丰富文化和旅游产业市场，形成规模经济优势，对全省经济社会发展大局的贡献度不断提升。

一、产业市场基本状况

（一）经济背景

总体来讲，2021 年山东省经济运行稳中向好。经初步核算，2021 年，山东省实现生产总值 83095.9 亿元，按可比价格计算，比上年增长 8.3%。分产业看，第一产业增加值 6029.0 亿元，增长 7.5%；第二产业增加值 33187.2 亿元，增长 7.2%；第三产业增加值 43879.7 亿元，增长 9.2%。

2021 年，就业形势总体稳定，居民收入稳步增加，居民生活质量稳步提升。同时，山东消费市场复苏提速，营商环境优化，消费升级态势明显。

在疫情常态化下，居民消费需求多样化，传统消费品紧抓机遇，提档升级加速，线上消费高位运行。2021 年实现网上零售额 5409.1 亿元，比上年增长 17.8%。

据统计数据和调研结果显示，2021 年，山东省居民人均可支配收入 35705 元，比上年增长 8.6%，两年平均增长 6.3%。按常住地分，城镇居民人均可支配收入 47066 元，增长 7.6%；农村居民人均可支配收入 20794 元，增长 10.9%。

全省居民人均消费支出 22821 元，比上年增长 9.0%，两年平均增长 5.7%。其中，城镇居民人均消费支出 29314 元，增长 7.4%；农村居民人均消费支出 14299 元，增长 12.9%。在消费支出中，居住性消费支出最高，其次是交通通信和教育文化娱乐。从变化幅度来看，交通通信和教育文化娱乐上涨较高，均大于 10%，体现出居民对文化与旅游的消费需求呈上升态势，整体发展空间较大（见表 1-2-1）。

表 1-2-1　2021 年全省居民人均收入、消费支出情况

指标	绝对量（元）	比上年增长（%）
可支配收入	35705	8.6
工资性收入	20413	9.1
经营净收入	7593	9.0
财产净收入	2441	3.6
转移净收入	5257	8.4
消费支出	22821	9.0
食品烟酒	6196	7.6
衣着	1530	6.4
居住	4683	5.5
生活用品及服务	1716	9.3
交通通信	3496	16.4
教育文化娱乐	2729	15.0
医疗保健	2016	5.3
其他用品和服务	456	2.4

资料来源：《2021 年山东省国民经济和社会发展统计公报》

消费是拉动经济增长的主力。山东省统计局公布的数据显示，2021 年，全省消费市场呈现明显的稳健前行之势，全年社会消费品零售总额突破 3 万亿元大关，达到 33714.5 亿元，比上年增长 15.3%，两年平均增长 7.4%，分别高于全国平均水平 2.8 个和 3.5 个百分点。

表 1-2-2　2021 年居民消费价格指数（以上年为 100）

指标	全省	城市	农村
居民消费价格指数	101.2	101.3	101.0
食品烟酒	100.9	101.1	100.1
粮食	101.1	101.8	99.8
鲜菜	109.0	107.8	112.9
猪肉	68.2	67.5	69.9
鸡蛋	116.5	114.7	120.7
鲜果	105.5	105.4	106.0
衣着	100.1	100.2	99.7
居住	101.1	101.0	101.6
生活用品及服务	99.8	99.8	100.0
交通通信	104.5	104.7	104.0
教育文化娱乐	101.3	101.3	101.1
健身活动	100.5	100.5	100.3
旅游	100.0	99.7	102.6
医疗保健	100.1	100.1	100.1
其他用品及服务	98.5	98.5	98.4
养老服务	101.0	100.7	102.0

资料来源:《2021 年山东省国民经济和社会发展统计公报》

从统计公报可以看出，全省居民消费价格比上年上涨 1.2%，其中食品烟酒类，除猪肉消费价格下降以外，其他均有所上升。教育文化娱乐消费价格比上年上涨 1.3%，其中旅游消费价格与上年持平，呈现出平稳态势（见表 1-2-2）。从城市居民来看，其旅游消费价格有所下降，而农村旅游价格比去年上涨 2.6%。近年来，乡村民宿以及红色旅游的兴起催化乡村旅游逐渐升温，越来越多的居民更青睐走入乡村，与大自然来一场神秘的邂逅。

（二）文化和旅游市场概况

2021 年，山东省文化和旅游战线紧紧围绕"三个走在前列"目标定位，奋发有为、创新实干，文化和旅游工作在经济社会发展大格局中的贡献度、影响力进一步彰显。实现文化和旅游产业增加值 6867.2 亿元，占 GDP 比重为 8.26%。全省接待游客 7.3 亿人次，旅游总收入 8278.6 亿元，分别比上年增长 26.6% 和 37.5%。现有国家 A 级旅游景区 1193 家，其中，5A 级旅游景区 13 家。星级饭店 492 家，旅行社 2729 家。

2021 年，受疫情影响，出境受限，国内游数量以压倒性的优势上升。统计数据显示，山东省 2021 年国内旅游收入 8278.6 亿元，同比增长 37.9%，恢复至 2019 年的 75.8%；国内游客人数 73052.2 万人次，同比增长 26.7%，恢复至 2019 年的 78.3%；国内游客人均消费 1133.2 元 / 人次，同比增长 8.8%，恢复至 2019 年的 97.4%；城乡居民年均出游次数达 3.3 人次 / 年，同比增长 27.1%，恢复至 2019 年的 72.8%（见表 1-2-3）。其中，国内旅游收入、国内游客人均消费、城乡居民年均出游次数增长势头良好，均超过了 25%，恢复至 2019 年的 70% 以上，国内游客人均消费恢复至 97.4%，呈现出蓬勃发展之势。

表 1-2-3　山东省旅游主要指标数据

指标	2021 年	同比上年增长（%）	恢复至 2019 年（%）
国内旅游收入（亿元）	8278.6	37.9	75.8
国内游客人数（万人次）	73052.2	26.7	78.3
国内游客人均消费（元 / 人次）	1133.2	8.8	97.4
城乡居民年均出游次数（人次 / 年）	3.3	27.1	72.8

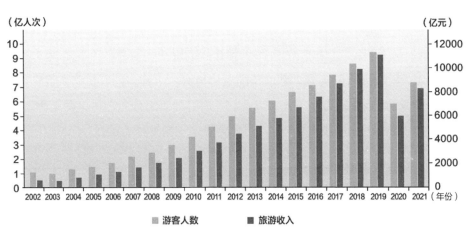

图 1-2-1　历年山东省旅游接待收入

从历年山东省游客接待数据来看，2021 年山东省游客接待人数和旅游收入较上年均有所上升，且旅游收入上升幅度较游客人数上升幅度较大，居民在旅游过程中消费意识上升（见图 1-2-1）。在疫情的冲击下，山东省文旅生态圈在转型发展中不断寻求融合创新和突破，文旅复苏势头不断向好，通过"文旅＋教育""文旅＋艺术""文旅＋科技""文旅＋健康"等创新模式刷新游客的消费和旅游习惯，释放旅游市场活力。

表 1-2-4 山东省各市国内旅游接待收入情况

城市	2021 年国内游客人数		2021 年国内旅游收入	
	万人次	比上年增长（％）	亿元	比上年增长（％）
济南	8184.0	35.1	983.9	40.5
青岛	8198.9	30.3	1411.0	39.6
淄博	4738.1	21.1	552.5	36.0
枣庄	1851.1	19.4	177.1	33.7
东营	1645.4	23.0	171.1	41.8
烟台	6501.2	22.2	859.2	37.9
潍坊	6455.0	27.3	716.1	40.8
济宁	6372.2	28.1	632.5	39.6
泰安	6409.9	27.2	650.5	35.0
威海	4403.9	35.4	533.5	36.1
日照	3794.4	20.4	288.0	29.9
临沂	6386.9	27.0	640.2	34.6
德州	2674.2	23.2	182.4	38.8
聊城	2178.8	24.0	180.9	38.8
滨州	1338.0	18.1	122.9	32.1
菏泽	1920.2	23.8	176.8	42.3

从国内游客人数看，青岛、济南位列第一梯队，超过 8000 万人次；烟台、潍坊、泰安、临沂、济宁位列第二梯队，在 6000 万人次到 7000 万人次之间，与第一梯队差距较大；淄博、威海、日照、德州、聊城位列第三梯队，超过 2000 万人次；菏泽、枣庄、东营、滨州位于第四梯队，超过 1000 万人次（见表 1-2-4）。在人数浮动方面，威海、济南、青岛游客人数较去年涨幅较高，超过了 30%；济宁、潍坊、泰安、临沂、聊城、菏泽、德州、东营、烟台、淄博、日照较去年涨幅适中，超过了 20%；枣庄、滨州较去年涨幅较低，超

过了 15%。总体呈现出较为明显的地域差异。

表 1-2-5   山东省各市游客人均消费和居民出游情况

城市	2021 年国内游客人均消费		2021 年城乡居民年均出游	
	元／人次	比上年增长（%）	人次／年	比上年增长（%）
济南	1202.2	3.6	4.9	35.9
青岛	1721.0	7.2	5.0	24.3
淄博	1166.0	12.4	3.8	24.8
枣庄	956.8	12.1	2.5	23.9
东营	1039.9	15.3	3.7	25.9
烟台	1321.5	13.2	3.8	21.5
潍坊	1109.4	11.1	3.3	30.8
济宁	992.5	9.9	3.3	30.4
泰安	1014.9	6.1	3.5	30.3
威海	1211.5	−0.1	4.6	36.2
日照	758.9	8.6	2.1	27.0
临沂	1002.4	6.0	2.8	29.6
德州	682.2	12.7	2.4	25.5
聊城	830.5	12.0	2.6	25.6
滨州	918.2	11.9	2.5	21.1
菏泽	920.9	15.0	2.0	26.5

在游客人均消费方面，全省 16 市中，青岛、烟台、威海、济南、淄博、潍坊、东营、泰安、临沂 9 市人均消费在 1000 元／人次以上，城市数量超过一半。其中济南市虽然游客较多，但是人均消费水平相对较低；济宁、枣庄、菏泽、滨州、聊城、日照、德州 7 市国内游客人均消费在 1000 元／人次以下（见表 1-2-5）。在浮动比例方面，东营、菏泽、烟台、德州、淄博、枣庄、聊城、滨州、潍坊较去年人均消费增长超过了 10%，位列第一梯队；济宁、日照、青岛、泰安、临沂、济南、威海人均消费涨幅在 10% 以下，位列第二梯队。值得注意的是，在人均消费浮动比例的第二梯队中，济南、青岛、

济宁、日照、泰安、临沂的国内游客人数处于前两梯队，体现出这 6 个市客流量多、消费水平涨幅低的特点。

从城乡居民年均出游的角度看，青岛、济南、威海居全省前三，分别为 5.0 人次 / 年、4.9 人次 / 年、4.6 人次 / 年，超过了 4.0 人次 / 年，其中，威海较去年增长最高。菏泽市旅游收入较去年涨幅最高，为 42.3%。由统计数据和调研结果可以得出，游客流动人数主要集中在济南、青岛等旅游经济较为发达的城市，但是人均消费的数量情况和增长幅度则是其他地市涨幅较为明显。

表 1-2-6　2021 年全省国内游客花费构成

项目	花费构成（%）	比上年增减百分点
游览	10.13	0.11
购物	24.70	0.17
娱乐休闲	3.05	0.20
餐饮	19.64	0.08
住宿	18.03	0.29
交通	20.42	0.31
其他	4.03	-1.16
合计	100	—

由统计数据可以看出，游客在旅途中的购物和交通方面的花费占 45.12%，将近占到了一半，其次为餐饮，占比 19.64%（见表 1-2-6）。受疫情以及人们观念的变化，本地化消费态势明显，就地休假、就近旅游、就时消费的特点越来越明显，选择自驾出行的游客明显增长。随着自驾游的兴起，高速公路收费、油费、停车费等交通成本有所增加，比上年增加了 0.48 个百分点。

通过以上数据可以得出，2021 年疫情常态化下，国内游和自驾游逐渐成为文化和旅游产业中的热土，山东文化和旅游产业抓住机遇、迎接挑战，不断推陈出新，打造自驾游路线、智慧旅游平台、高品质旅游集聚区等，各市共同攻坚克难，打造山东文旅融合新高地。

二、市场发展亮点

2021年山东将文化和旅游产业作为战略性支柱产业谋划推动，相继制定出台一系列产业发展规划和政策措施，全省旅游规模效益全面提升。从各地来看，山东省各地市不断优化文化和旅游产业结构，积极探索特色产业发展新模式、新做法、新业态，在创新突破中不断探索文化和旅游产业的发展路径。

济南市泉城面貌不断升级，以深化文明城市创建为抓手，开展魅力泉城建设十大专项行动，发展全域旅游，进一步完善城市功能，提升城市品质。探索特色"文旅科技"融合发展道路，实施了系列"智慧景区"建设，推动景区科技与旅游融合发展，打造智慧景区、场馆。同时实现了系列科技成果创新，持续重视科技研发投入，走出一条独特的文旅科技道路。

青岛市聚焦宜居宜业宜游高品质湾区城市打造。青岛市2021年文化和旅游惠民消费促进活动以"时尚文旅 约惠青岛"为主题，在看电影、看书报、看演出、参加文化艺术培训和体验等补贴领域的基础上，扩展至动漫游戏、文旅展览展会、文旅赛事、游览景区、酒店住宿等消费领域。激发城乡居民文化和旅游消费热情，促进消费回补。

烟台市突出海洋文旅资源优势，坚持向海深挖新动能，激活"蓝色引擎"，以海洋文化和旅游产业链链长制为抓手，培强海洋休闲度假核心产业。打造了"仙境海岸·鲜美烟台"海洋文旅目的地品牌，沿昆嵛山至长岛打造的最美自驾游"海岸之路"，入选"疫去春来 江山多娇"全国100条精品主题游线路，是全省入选的三条线路之一，串联养马岛、烟台山、渔人码头、蓬莱阁等10家景区获评"山东省自驾游基地"，成为烟台仙境海岸的标志区域。

威海市以"精致"理念为引领，围绕千里山海自驾旅游公路，开发了20条精品线路和100个打卡点。加强营销策划，推出威海寻鲜游、房车露营游、千里海岸重机摩旅节等200多项主题活动，让消费"温起来"、市场"暖起来"。据统计，2022年7月至8月，威海全市约接待游客1777万人次，实现旅游总收入217.41亿元。

聊城市则以打造"两河之约"特色品牌体系建设、融合精品旅游产品营销、探索开展区域文旅合作，创意开展"我家门前有条河"系列文化旅游活动。"跟我二十四变"寻游二十四节气新聊城系列活动，"两河之约 XIN 体验"旅游创新线路产品设计大赛等活动关注度高、影响力大，实现品牌营销创新突破。

三、存在问题

（一）淡旺季现象突出

近年来，山东冰雪旅游为代表的冬季旅游项目发展迅速，但未形成产业化和规模化。从产品结构上看，山东省文旅重点创新项目仍以非冬季项目为主，冬季旅游产品不足。另外，冰雪旅游中最重要的滑雪旅游项目，目前的消费主要集中在滑雪场地、滑雪设施、滑雪器材、滑雪装备的出租以及滑雪技术教练等领域，许多滑雪场接待游客的数量虽然很多，但收益来源非常单一，住宿、餐饮、娱乐、健康、购物、研学等有较大弹性空间的消费领域还没有充分开发，影响了冰雪旅游的产出效益，也降低了旅游消费者对综合服务的体验质量。

（二）品牌内涵挖掘不深

山东省作为中华文明的发源地之一，其代表性文化齐鲁文化在中华文化几千年的发展历程中扮演着举足轻重的角色。好客文化融合了齐、鲁文化共同的特点，是特色鲜明的"山东性格"的重要组成部分。自"好客山东"品牌纳入央视 2021 品牌强国工程，开展"联合推介、捆绑营销"以来，"好客山东"品牌形象得到有效提升。但是对于该品牌的宣传主要还是停留在广告层面，在现实中的品牌宣传过程中，可以看到"好客山东"的商标，然后是山东景点的简单罗列，没有体现好客文化的鲜明特点，没有将品牌内涵植入山东文化旅游的市场当中。

（三）地域资源开发差异明显

山东位于中国东部，黄海、渤海之滨，境域包括半岛和内陆两部分。东部地区沿海，旅游资源丰富，对于旅游项目开发的产业化水平较高，因此这一带旅游发展情况占据了山东省旅游的高点；相比之下，中西部地区旅游资源较为单一，旅游设施较为简陋，产业化水平有待提高，难以形成规模经济优势。此外，城乡差异也为旅游资源的开发带来挑战，山东的乡、县大多蕴含着丰富的历史文化财富，但是由于管理机制不够完善，基础设施比较落后等因素，导致很多乡、县对历史名人资源的保护、挖掘、研究、利用不够，从而使得地域的旅游资源开发差异更加明显。

四、对策建议

（一）综合开发市场，丰富产业结构

对山东省 16 个地级市的资源进行再评估，进一步发掘各地旅游资源的优势，为各地制订旅游主题，如"海上都市——青岛""人间仙境——烟台""齐国故里——淄博""牡丹故里——菏泽"等。通过合理搭配不同属性的旅游资源，加大旅游线路中的旅游资源互补性。除此之外，要注重产业结构的丰富程度，规划不同主题旅游产品，加大对冬季旅游产品的开发，有针对性地满足游客多样化需求。

（二）凝练品牌内涵，策划创意形象

培育打造一批精品文化旅游景区，开发特色旅游商品、文创衍生产品，注重吸收景区当地文化，丰富景区业态，完善配套设施。通过突出文化元素、文化标志增强游客对景区的认同感。通过多角度、多方式的解读，让游客形成山东旅游"热情好客""服务优质"的感知。继续强化和突出城市旅游的特点和风格，打造像"天下泉城"济南、"帆船之都"青岛、"葡萄酒之城"烟台等一系列有全国影响力的城市旅游品牌，让"好客山东"形象更加立体。

（三）挖掘当地特色，区域协同发展

按照总体需要和区域经济功能最大化的原则，实施错位发展。在开拓旅游市场、开发产品、设计线路、选择重点项目以及建设基础设施等方面时，

加强分工与合作能提高"区域红利"。选取有当地特色的旅游资源，选择相对而言具有优势的区位，针对不同的目标市场和消费人群，开发相应的产品来壮大旅游产业。山东不同的区域可根据自身情况采取不同的策略。东部沿海区域应主要面向中高档市场，突出旅游业的带动及锦上添花作用。西部地区主要面向当地及周边市场。前者是为了突出旅游开发能调整产业结构并且提升城市形象，后者是为了表现旅游开发的富民功能以及带动经济起飞的作用。

2021 年山东文化和旅游产业区域发展报告

徐　涛

　　2021 年，山东文化和旅游产业经受住了疫情的冲击，复苏提振强劲，接待游客人数、旅游总收入均同比大幅增长，旅游资源不断丰富，产业质量不断提升。值得关注的是，16 市文旅战线坚持创新发展，在推动文旅融合发展、高质量发展方面成果丰硕，不断转型升级，推动"文旅 +""+ 文旅"文化和旅游产业出现了诸多新亮点、新模式、新业态、新特色，带动了文化和旅游产业的整体高质量发展。

一、全省文化和旅游产业发展概况

　　2021 年，山东旅游复苏提振强劲。接待游客 7.3 亿人次，旅游总收入 8278.6 亿元，分别比上年增长 26.6% 和 37.5%。国家 A 级旅游景区 1193 家，其中，5A 级旅游景区 13 家。星级饭店 492 家，旅行社 2729 家。

　　文旅融合发展再上新台阶，成功举办第二届山东省旅游发展大会、第五届山东文化和旅游惠民消费季和"山东人游山东""好客山东游品荟"等活动。

　　文旅促进消费取得新成效，发放文化和旅游惠民消费券 1.5 亿元，新增首批国家级夜间文旅消费集聚区 6 个、第二批国家级文旅消费示范试点市 3 个，国家级文旅消费试点市达到 7 个。

乡村旅游发展势头良好，全国乡村旅游重点镇 3 个、全国乡村旅游重点村 7 个，山东省乡村旅游重点村 60 个、景区化村庄 285 个。

文化事业产业繁荣兴盛。承办第四届中国歌剧节、举办第十二届山东文化艺术节，开展"8 个 100 庆祝建党 100 周年""红色文化主题月"等系列活动，6 部作品入选"庆祝中国共产党成立 100 周年全国优秀舞台艺术作品展演"。年末广播人口、电视人口综合覆盖率分别为 99.51% 和 99.65%。城市、县城和乡镇影院 672 家，票房 25.0 亿元。公有制艺术表演团体 103 个，艺术表演场馆 87 个，博物馆 639 个，公共图书馆 154 个，群众艺术馆和文化馆 158 个，其中 133 个文化馆被命名为国家一级馆，数量居全国第一。美术馆 58 个，文化站 1821 个。出版各类图书 21093 种，报纸 82 种，期刊 265 种。国家级、省级文化产业示范园区（基地）分别为 16 个和 171 个。国家级、省级非遗代表性项目分别为 186 项和 1073 项。国家、省级重点文物保护单位分别为 226 处和 1711 处。

二、16 市文化和旅游产业发展概况

（一）济南市

2021 年济南成功当选 2022 年"东亚文化之都"，打造了城市文化建设新名片，开启了国际化建设新征程；成功举办第四届中国歌剧节、全国红色主题自驾游、第二届中国国际文化旅游博览会、全国第三十届图书交易博览会等国内重大节事活动；加大媒体宣传，构建了新媒体矩阵，并将济南泉水游、城市夜游等新型业态推到央视黄金栏目宣传推广，进一步点亮了"文化济南"的品牌形象。

创新文旅新业态，打造消费新空间。融创文旅城、华侨城欢乐荟、开心麻花等一大批精品文旅项目引爆市场，推出了 100 个夜游消费地，创建 4 个省级以上夜间文旅消费集聚区，创建省级精品文旅小镇 2 个、旅游休闲街区 3 个、景区化村庄和红色文化特色村等 56 个，新评定 3A 级以上旅游景区 8 家，打造民宿集聚区 6 个，2 个项目入选文旅部"一带一路"国际合作重点项目，文旅消费国内一流、省内领先，获评首批国家文化和旅游消费示范城市；

文化"两创"成果丰硕，市属院团创排作品获省级以上荣誉 24 项，文物考古前置经验全省推广；同时，不断加快公共文化云、数字文化馆、数字博物馆、文旅综合监测平台建设，智慧文旅体系日益完善，旅游市场积极向好，实现"十四五"良好开局。

（二）青岛市

2021 年，青岛全年接待游客 8221.2 万人次，比上年增长 30.2%，实现旅游总收入 1411 亿元，增长 37.4%。

推动文化和旅游产业转型升级。针对海洋旅游发展"瓶颈"，组织出台了游艇、摩托艇、帆船、潜水等 7 个海洋旅游规范性文件，积极支持海洋旅游新型业态规范发展，成为全省旅游发展的范本。组织制定非国有博物馆绩效考核办法。制定出台了"十四五"旅游业发展规划、文化创意和精品旅游产业链发展三年行动计划。重点推进文旅项目 58 个，总投资额达到 1800 亿元。先后举办了上合国家旅游城市推介会、中国—巴基斯坦双向旅游推介会、中巴旅游服务平台入驻上合示范区商旅文中心，"国际友人 @Qingdao"对外文化交流项目获评省政府文化创新奖。举办了国际邮轮峰会、国际影视博览会、海洋童玩季、谭盾音乐周、海洋婚恋文化周、爱奇艺尖叫之夜等文旅活动 168 项，承办第四届中国歌剧节优秀剧目展演，7 部国内顶级歌剧在青岛上海。开展了"来自大海的邀请"系列营销推广活动，与上海、西安、兰州等 12 个重点客源城市实现了线路互推、游客互送、市场共享。加强新媒体营销，青岛市文化和旅游局官方微博在 2021 年入选"全国十大文旅微博"。

推动文旅公共服务均等化、标准化，公共文旅设施建设进一步推进，文艺创作成果显著，不断加大文化遗产保护传承力度，加大对非物质文化遗产的扶持力度，有 29 个非遗项目、78 名非遗传承人获得补助，3 家非遗企业获得扶持资金。持续打造"博物馆之城"，2021 年新增注册博物馆 4 家，总数达到 107 家，面向市民免费开放的占到 87%，位列 15 个副省级城市第四。

在 2021 年宜居宜游城市竞争力排名中，青岛名列全国第二，游客满意度排名位列第六，旅游投资热点城市排名位居第十。

（三）淄博市

齐文化传承创新示范区建设有序推进，拟定了《齐文化传承创新突破行动方案》；齐长城沿线重大文旅项目建设全面突破。文旅重大项目纷纷落地，着力打造"齐文化超级 IP"，推进中华优秀传统文化创造性转化创新性发展。与无锡灵山集团战略合作并签署协议，打造"齐文化传承创新示范区项目"。另外，聊斋文化旅游区、颜神古镇、牛郎织女景区、朱彦夫初心家园等文旅项目落地建设，总投资 658.3 亿元的 66 个市级重点文旅项目实现全部开工。

全域旅游多点开花。周村古商城历史文化街区入选首批国家级旅游休闲街区。国家级全域旅游示范区和第三批省级全域旅游示范区创建工作稳步推进。乡村旅游的样板"郝峪模式"全国推广；高青县蓑衣樊村入选第三批全国乡村旅游重点村。

举办"稷下学宫·社会发展与中国社会学溯源高峰论坛"；举办"2021'齐文化与稷下学'高峰论坛暨齐文化与中华文明研讨会"并纳入省级层面"山东社科论坛"；开展"齐舞悦动"文化艺术季。启动"齐彩夜生活·淄博八点半"夜间文化活动。举办首届淄博城市戏剧节，以"戏剧点亮城市"为主题，让激情舞动全城；承办了第四届中国歌剧节（淄博会场）。举办第十八届齐文化节暨第十二届齐文化博览会，推动淄博走向世界，让世界了解淄博。与山东高速实施"文旅＋服务区"产业融合战略，举办山东省第五届非物质文化遗产精品展。

《"五音戏＋"珍稀独有剧种全生态传承创新工程》项目获得山东省文化创新奖；五音戏《一封家书》和《风起东郝峪》分别入选第十二届山东文化艺术节小型戏剧新创作优秀剧目评比展演和新创作剧目展演；舞剧《大染坊》入选 2021 年度山东省舞台艺术青年人才创作扶持项目。

举办惠民消费季暨"齐游淄博"文旅活动年，以"文旅消费·惠游淄博"为主题，发放 37 批"惠游淄博"文旅惠民消费券，补贴范围涵盖 126 家文旅行业企业，拉动消费 2300 余万元。发行"齐惠游"淄博旅游年卡，让市民感受"五好"城市魅力，共赢文旅惠民红利。2021 年，淄博市文化和旅游局获评第五届山东文化和旅游惠民消费季优秀组织单位。

召开全市文物工作会议，印发了《关于推行文物长制的实施意见》，在全市推行文物长制管理模式；印发了《关于进一步加强文物保护利用改革的若干措施》，重点推进齐国故城考古遗址公园、陈庄—唐口考古遗址公园建设。

建成 25 家高颜值、高品质的城市书房，80 余家城市阅读吧和 80 余家农家书屋示范点，其中，齐阅·原著城市书房、周村区润心书屋、天鸿万象城市书房入选 2021 年"创新阅读空间"。2021"新时代乡村阅读季"系列活动被评为市级组织奖；淄博市图书馆获得全国文化和旅游系统先进集体荣誉称号。

（四）枣庄市

以庆祝建党 100 周年暨建市 60 周年为主题，充分整合各类群众文化资源，组织开展了枣庄市第六届群众文化艺术节、戏曲进乡村、公益电影放映等系列活动，营造浓厚的文化活动氛围。

开展文旅康养专题招商活动，对重点文旅康养项目实行部门帮包、专员推进、全生命周期服务，枣庄大运河国家文化公园、运河印象文旅小镇、美铭康养温泉小镇、微山湖红荷水镇、冠世榴园景区提升改造等支撑型项目顺利推进，美铭康养温泉小镇、汽车文化生态园项目纳入省重大项目库，滕阳里休闲文旅、留园山庄项目纳入省新旧动能转换优选项目。

积极争创全域旅游示范市，成立市级工作专班，编制完成"十四五"文化旅游发展规划和示范市创建实施方案，形成全域旅游发展制度体系。组建市文旅发展集团，整合市内优质文旅资源，推动全域旅游提档升级。依托山亭生态优势，打造"山亭大公园"，规划建设乡村旅游精品线路。实施城市品质提升三年行动，统筹推进"五城同创"，提升城市旅游承载力、吸引力。持续放大台儿庄古城"溢出效应"，红荷湿地、冠世榴园、熊耳山—抱犊崮国家地质公园等精品景区日益壮大，全域共建、全域共享、全域共融的全域旅游发展格局初步形成。

红色文化方面，建有 2 处国家级、5 处省级爱国主义教育基地，台儿庄国家安全教育基地正式命名开馆，成为全省首个由国家安全部批准建设的"全国国家安全教育基地"。历史文化方面，深入挖掘墨子、鲁班、奚仲等历史名人文化精髓，搭建墨子文化城、鲁班纪念馆、中华车祖苑、匡衡文化苑等文化载体，建设中国职业教育博物馆和职业体验馆。工业文化方面，大力发掘140 多年的中兴煤矿文化资源，高标准规划产城融合文旅项目，加快推进中兴铁路遗产公园建设，打造独具特色的工业文化旅游品牌。运河文化方面，抢抓大运河国家文化公园建设机遇，规划建设台儿庄大运河国家文化公园，实施大运河文旅小镇、船闸博物馆等 13 个子项目，努力将其建设成为展示山东运河文化"第一窗口"。

认真落实鲁南经济圈一体化发展部署要求，率先实施鲁南经济圈 4 市同城化门票优惠政策。发挥龙头骨干景区溢出效应，推出枣庄文旅"一卡通、一票通"。深挖地方餐饮文化，加快枣庄辣子鸡、台儿庄黄花牛肉面品牌化、标准化发展，努力打造特色美食产业。着力激发文化旅游消费潜力，先后举办枣庄"六好"文旅产品培育评选活动、2021 枣庄百合文化旅游活动周、书香文化节、"鲁风运河"美食节、文化旅游惠民消费季、"好客山东"贺年会、乡村好时节·山东夏至面暨台儿庄黄花牛肉面文化体验活动等系列活动，"运河古城·匠心枣庄"文化旅游品牌越擦越亮。

（五）东营市

围绕黄河流域生态保护和高质量发展国家战略，保护传承弘扬黄河文化，深度推进文旅融合发展，迈出"黄河国家战略"东营步伐。在 2021 全省旅游发展大会上作题为"勇担国家战略使命　聚力打造黄河入海文化旅游目的地"的交流发言。黄河口生态文明研学基地入选教育部中央专项彩票公益金中小学生校外研学实践资金支持基地名单，黄河口生态旅游区入选山东省文化和旅游厅首批省级文明旅游示范单位，在 2021 年全国"5A 级旅游景区影响力 100 强榜单"名列华东地区 11 家新晋百强景区第一名。广利河旅游提升工程取得突破，开展了夜游广利河、广利河炫酷灯光秀等一系列夜间文旅主题活动。

举办中国休闲度假大会和草莓音乐节。创意策划开展"2021 年首届东营网红打卡地"抖音评选活动，广利河、永安稻田画、孤东海堤、天鹅湖彩虹桥等成为热门网红打卡地。举办"我在黄河口等你"抖音全民任务挑战赛，

"东营文旅"官方账号涨粉 2.6 万。

成功创建为全省第三批全域旅游示范区，走出了一条"城旅共生"的全域旅游特色发展之路，树立了黄河入海文化旅游目的地标杆示范。

入选第一批省级文化和旅游消费示范县（市、区）名单，文汇·慢生活小镇入选第一批省级夜间文化和旅游消费集聚区名单，龙居镇入选全省旅游民宿集聚区创建单位名单，龙居湾文旅康养融合发展区入选省文旅康养融合发展试点区名单，垦利区黄河口镇被命名为第一批省级特色小镇，利津明集乡北张村等 19 个村庄入选山东省第一批、第二批景区化村庄名单，利津县盐窝镇南岭村被评为山东省文化生态名村。渤海垦区革命纪念馆被命名为全国爱国主义教育示范基地。

参加第二届中国国际文旅博览会，利用裸眼 3D 效果展示"河海交汇、野生鸟类、国际湿地"三大世界级旅游资源。"东营有礼、东营非遗"展厅亮相"全面小康　奋进山东"新闻发布会东营专场。黄河口生态旅游区宣传片亮相首都国际机场，《宣言之光　红色广饶》宣传海报亮相北京天安门，广饶县在第四届中国文旅品牌影响力大会上荣膺"2020 年度中国文旅融合创新发展典范"奖。

东营市文化和旅游局荣获全国文化和旅游系统先进集体。

（六）烟台市

提升"胶东红潮"文化品牌，实施"胶东红潮"文化献礼工程，唱响庆祝建党 100 周年主旋律。成功承办 2021 省旅游发展大会，高点定位、高能供给、高光宣传、高质服务，"突出山东特色、展示烟台形象、体现时代精神、促进跨越发展"。成功举办首届海岸休闲论坛，树立海岸城市"烟台标杆"。成功举办第四届中国歌剧节、第十二届省文化艺术节、第三十届书博会烟台分会场活动，京剧《戚继光》荣获省十二艺节"十佳优秀剧目"奖、省"泰山文艺奖"一等奖；京剧《烟台解放》、吕剧《社区书记》进入保利院线巡演。"书香烟台"获评省政府文化创新奖。

出台《关于推进文化旅游产业发展三年行动方案》《烟台市开展国家文化和旅游消费试点城市工作实施方案》，抓好国家文旅消费试点、省国有景区改革试点、省智慧文旅试点，深化改革争先锋，提升文化和旅游产业发展质量，构建新发展格局。其中，以蓬莱阁试点推进 4A 级以上国有景区改革驶入快车道，形成了长岛"集团＋景区"、烟台山和东炮台"景区＋委托经营"等模式。

上线改版"烟台文旅云"，在省内率先实现所有 A 级旅游景区 VR 体验和云导览全覆盖，入选文旅部"智慧旅游优秀案例"。

出台《关于进一步加强文物保护利用的实施意见》《烟台红色文化、海洋文化、胶东文化品牌建设推进意见》，助力文化遗产保护利用工作，21 个项目入选第五批省级非遗名录。

全面优化文旅营商环境，入选全国旅游投诉调解与仲裁衔接试点城市。

（七）潍坊市

获评世界"手工艺和民间艺术之都"，是全国第四个、山东省第一个。成功举办 2021 中国青州书画年会和 2021 中国青州非遗美食周两个"国字号"活动。在国家组织的"新时代乡村阅读季"系列活动中实现了三连冠。国家级齐鲁文化（潍坊）生态保护区正式授牌，在国家级文化生态保护区建设经验交流活动中作典型发言。荣获"国际和平城市"称号。积极创建"东亚文化之都"，踊跃参加胶东经济圈文化旅游联盟宣传推介活动。潍坊市文旅局荣获"全国文化和旅游系统先进集体"。

重点项目建设稳步推进，6 个文旅项目入选 2021 年省重大项目。成功举办第五届文旅惠民消费季，入选第二批国家文化和旅游消费试点城市，十笏园历史文化街区等 3 家单位成功创建省级文化和旅游消费集聚区。

"潍坊年画振兴的新实践"和"革命文物保护的昌邑模式"两个项目获得山东省政府文化创新奖。昌邑革命文物保护利用模式在全省推广，潍县乐道院暨西方侨民集中营旧址专题展获全省十大革命文物陈列展览精品奖。

"'先考古，后动土'潍坊文物保护赋能城市建设"走在全国前列，出台《关于推进国有建设用地考古调查勘探发掘前置工作的实施意见》，创新性提出"先考古，后出让"的具体实施路径，促进文物保护与城市建设和谐共赢。

全域旅游发展成果显著。诸城市成功创建省全域旅游示范区，新评定 1 家 4A 级旅游景区，成功创建 1 个全国乡村旅游重点村、5 个省乡村旅游重点村、25 个省景区化村庄。大力推进文旅融合发展，2 件作品获 2021 中国旅游商品大赛金奖、成为全省唯一获金奖的城市。八喜文旅集团入选国家文化和科技融合示范基地。举办"齐鲁天路"自驾游全省启动仪式，"齐鲁天路"自驾游产品广受好评。

加强新媒体营销，"品味潍坊·寻找最美打卡地"新媒体宣传推广活动获评全省网络营销优秀案例，"域见诸城·超然密州"文旅目的地营销 45 天播放量达 1.2 亿。

（八）济宁市

大项目带动成果显著，有 6 个文旅项目入选山东省重大项目，"运河记忆"文化街区夜游项目于 2020 年"十一"正式运营，尼山圣境入选首批国家级夜间文化和旅游消费集聚区，"游读圣地——打造世界儒家文化研学高地的探索实践"等 2 个项目获山东省文化创新奖，成功入选第二批国家文化和旅游消费试点城市。实施大整合推动，大力推进微山湖旅游区创建 5A 级旅游景区。泗水龙湾湖乡村旅游开发经验被文化和旅游部推荐入选世界旅游联盟典型案例。

文艺创作不断突破，其中《岁月》获中国杂技最高奖"金菊奖"，填补了山东省 23 年的空白；杂技剧《梁祝》等 5 个项目被国家艺术基金立项；《微山湖》《忠义梁山泊》等一批旅游演艺节目登上舞台，文艺活动精彩纷呈。举办群众性文化活动 21688 场，开展千场大戏进农村 23171 场，4 件作品荣获省群众艺术优秀作品奖。新增 2 个国家级非遗项目，百姓儒学文化志愿服务入选文化和旅游部最佳志愿服务项目。

鲁国故城国家考古遗址公园入选国家"十四五"规划，是全省唯一。少昊陵等 7 个项目获国家文物局批复立项，3 个项目获国家文物局大运河国家文化公园批复立项。

承办"美丽中华"线上系列推广活动，与韩国寿城区、日本足利市等地开展线上友城交流推广活动，在中央电视台持续播出《文化济宁》城市形象片，提升国际国内的知名度。

（九）泰安市

文旅新业态发展取得新成效。岱岳区道朗镇入选第一批全国乡村旅游重点镇。泰山碧霞湖被评为省级文旅康养融合发展示范区，徂汶景区被评为省级文旅康养融合发展试点区。天颐湖休闲小镇、九女峰休闲度假小镇、潮泉生态康养小镇入选全省首批精品文旅小镇。泰前街道、道朗镇、旧县乡被列为省级旅游民宿集聚区创建单位。故乡的云、八楼氧心谷2家民宿入选全省首批五星级旅游民宿。

文化和旅游产业集群释放新动能。"青青岱岳精品旅游"集群入选全省新旧动能转换"十强"产业"雁阵形"集群，全市文旅领域入选集群达到3个。岱岳区被评为省级全域旅游示范区。

文旅夜间经济实现新突破。泰山秀城·老街入选第一批国家级夜间文旅消费集聚区。梦泰山夜肆文旅街、泰山云集文化商业街入选第一批省级夜间文旅消费集聚区。

文旅节会活动再添新亮点。第三十届全国图书博览会分会场、"国庆吃面 国泰民安"新民俗倡议活动、"河和之契：2021黄河流域、大运河沿线非物质文化遗产交流展示周"等国家级、省级文旅节会活动成功举办。

文旅产品供给提质升级。创新推出"泰安十大伴手礼"，2项产品荣获中国特色旅游商品大赛金奖。泰山大剧院重装启用。泰山优惠年卡面向省会经济圈7个城市发放。

泰山文化传承创新提升到新高度。泰山文化传承创新示范区被列为全省重点推进的四个示范区之一。大汶口遗址入选全国"百年百大考古发现"。肥城市依托聂氏铜器等开展对外交流、打造"宁阳蟋蟀世界杯"等非遗品牌获评2020年度山东省非遗保护十大亮点工作。老瓜峪、东陆房、大伯集、常庄三村4个村被评为山东省第一批红色文化特色村。

文艺精品创作成果丰硕。山东梆子《泰山挑山工》荣获第十二届泰山文艺奖一等奖。《三进门》获华东六省一市小戏大赛金奖。5部作品入选第十二届山东文化艺术节展演。文化惠民工程扎实推进。围绕庆祝建党百年开展群众文化活动5万余场。实施文化惠民和旅游节庆活动每月"双公告"制度。

新泰市实施城乡书房建设工程获第五届山东省文化创新奖。

智慧文旅建设步伐加快。"慧游泰山"智慧文旅平台获第一届中国新型智慧城市创新应用大赛三等奖，被列入全省智慧城市建设特色案例和省级大数据创新应用典型场景。

新闻出版产业打造新高地。泰山新闻出版小镇被评为全国版权示范园区，被批复设立泰山国家图书版权交易中心。泰山国际新闻出版合作大会永久落户泰安。

（十）威海市

推动国家公共文化服务体系创新发展，成立专门的领导小组，全面推进示范区创新发展。深入实施文化惠民工程，把城市书房建设列为民生实事重点项目，着力打造"15分钟阅读圈"，已建成城市书房44处，位列全省第一。群众文化生活满意度连续多年全省第一。威海市文化和旅游局被文化和旅游部评为全国文旅系统先进集体。

启动运营千里山海自驾旅游公路，在全国首创非高速公路标准化运营模式，荣获第五届山东省文化创新奖。首批投入使用15座驿站，研发"自在威海"智慧旅游平台，构筑起线上线下一体化的运营体系；定制一句广告语、一个 Logo、一部宣传片、一本自驾游护照、七首原创组歌，构筑起专属品牌形象体系；利用"爱在威海"文旅品牌，推出20条精品线路和100个打卡点，构筑起自驾游品牌产品体系。承办了由文旅部、文旅厅主办的"最美风景在路上·畅游美丽中国自驾行"活动，在威海设立了旅游公路大会永久会址。

撰写《威海市文化和旅游产业调研报告》，实施创建促提升工程，文登区成功创建省级全域旅游示范区；好运角成功创建省级文旅康养融合示范区；韩乐坊、十二属相街、樱花湖时尚休闲运动街区成功创建省级夜间文旅消费集聚区。那香海景区被推荐申报创建5A级旅游景区；好运角旅游度假区被推荐申报国家级旅游度假区；成功举办威海文化和旅游产业招商推介大会，签约5个重点项目，总投资超100亿元。Club Med 地中海俱乐部落户威海，实现国际高端度假品牌酒店入驻。

（十一）日照市

山海田园乡村振兴一期项目、白鹭湾文创旅游项目、聚龙温泉康养项目、安东·阿掖旅游度假区入选 2021 年省重大项目库。

莲县、东港区、莒县创建成为省级全域旅游示范区；官草汪村入选第三批全国乡村旅游重点村；东夷小镇、白鹭湾艺游小镇被评为首批山东省精品文旅小镇；东夷小镇、山海天阳光海岸景区云上花街入选第一批山东省级夜间文化和旅游消费集聚区；日照海洋公园、嚎嚎乐园景区、临沂市 / 日照市无极鬼谷旅游区创建成为国家 4A 级旅游景区；高新区河山镇、山海天旅游度假区卧龙山街道、五莲县松柏镇被评为山东省旅游民宿集聚区创建单位；后山旺村等 36 个村庄入选山东省景区化村庄；下元一村等 5 个村被评为 2021 年度全省乡村旅游重点村；开元森泊度假乐园等项目建设稳步推进，王家皂旅游小镇、莒国古城商业街、喜来登酒店等重点项目投入运营。

开展了 2021 "好客山东 活力日照" 游品荟、2021 胶东海洋童玩季（日照）、2021 日照文化旅游生活节等文旅活动。开展第五届日照文化和旅游惠民消费季活动，共发放消费券 433 万元，直接带动消费超 1500 万元，间接带动消费近 4000 万元；跻身国家级服务业标准化试点城市、第二批国家文化和旅游消费试点城市；莒县创建成为省级文化和旅游消费试点县。

莒县桑园镇柏庄古村被评为第一批山东省红色文化特色村；日照阳光海岸·欢乐冰雪旅游线路和 "齐鲁风情 5 号路" 五莲体育旅游精品线路上榜 "2021 年春节黄金周山东体育旅游精品线路"。日照健游莒国古城·鉴领千年文化体育旅游线路入选 2021 年十一黄金周山东体育旅游精品线路；2021 中国体育文化博览会·中国体育旅游博览会上，奥林匹克水上运动小镇获评 "2021 中国体育旅游精品景区"，同时，日照永久获得 "中国体育旅游十佳目的地" 称号。日照市高新区河山镇、日照市山海天旅游度假区卧龙山街道、日照市五莲县松柏镇被评为山东省旅游民宿集聚区创建单位；日照市评选出三星级旅游民宿 11 家。十二星座野奢美宿、小茶山民宿获评山东省五星级民宿。

（十二）临沂市

以庆祝建党百年为主线，策划举办系列主题活动。创作推出大型现代京剧《燕翼堂》、首部沂蒙精神题材儿童剧《沂蒙妈妈》、大型情景组歌《你永远是灯塔》。创新打造《沂蒙四季·红嫂》等沉浸式演出，创新红色演艺模式。积极承办第四届中国歌剧节、中国红色旅游推广联盟年会。在全市组织开展了"10个10"评选推介、"千秋伟业百年风华"全市红色非遗作品展、六省十市红色经典巡演等一系列活动。

提升城乡公共文化服务效能。全年提档升级村（社区）综合文化服务中心、文化小广场各1000个，打造城市书房31个、乡村书房12个，实施"沂蒙双百"培育行动，精心组织文化旅游惠民季活动。临沭县被命名为2021—2023年度"中国民间文化艺术之乡"，罗庄区社区文化服务探索实践荣获山东省文化创新奖，兰陵代村入选世界旅游联盟旅游助力乡村振兴案例。

以打造长三角休闲旅游"后花园"为引领，推动旅游业转型升级。实施精品旅游战略，开展旅游品质提升行动，2021年创建4A级旅游景区1家、全国乡村旅游重点镇1个、山东省精品文旅小镇4个、乡村旅游重点村7个、景区化村庄67个，创建省级全域旅游示范区2个，2021年接待长三角游客492.6万人次。

加强文化遗产保护利用。出台文物保护利用措施，落地实施"先考古、后出让"制度，银雀山汉墓竹简博物馆新馆建成开放，7项发现入选山东省"百年百大考古发现"，其中1项入选中国"百年百大考古发现"，26个项目分别入选国家级、省级非遗名录。临沂先后在全国革命文物工作座谈会、全省文物工作会议做经验介绍，全省革命文物工作会议在临沂召开，临沂市作典型发言。临沂市被人社部、文旅部授予"全国文化和旅游系统先进集体"称号。

（十三）德州市

举办全市旅游发展大会，集中签约签订项目27个，投资额近530亿元。举办全国黄河文化旅游带建设推进活动，签约10个总投资433.3亿元的重点项目。累计举办文化和旅游消费季大小活动 7515 场次，参与人数达到 277.6 余万人次，发放消费券 105 万元，直接带动消费 1.3 亿元，间接带动消费 6.3 亿元。

编制完成《德州市十四五文化和旅游发展规划》《大运河文化旅游融合发展规划》，推动文化和旅游协同共进，深度融合。

开展"戏曲进乡村"惠民演出 8861 场，受益群众 26.6 余万人；放映农村公益电影 51688 场，放映影片 398 余部；举办德州市声乐骨干培训班、德州市广场舞大赛等各类活动 1000 多场。

11 个文化馆获评国家一级馆，德州市文化云平台投入使用。全市建成 17 家城市书房。4 个县、乡镇入选"山东省民间文化艺术之乡"。

评选公布第五批市级非遗传承人 34 人、第六批市级非遗名录 39 个，开展非物质文化遗产月、非遗进校园等系列活动 140 余场。21 处不可移动文物列入第六批省保初选推荐名单；13 处不可移动文物公布为市级文物保护单位。审批和实施考古勘探 13 处。

争取国家和省级文物保护经费 400 多万元，市级投入经费 100 万元，推进陵城区平原郡故城遗址等文物保护工程，完成乐陵八路军冀鲁边区抗战邮局旧址、杜步舟故居布展等革命文物展示利用项目。

加强大运河巡查力度，开展遗产监测，完成了"发现德州运河文化之美暨标志性宣传语"建言征集。

（十四）聊城市

全市共接待游客 2178.78 万人次，同比增长 23.95%；旅游总收入 180.94 亿元，同比增长 38.83%。

庆祝建党百年工作成效显著。举办红色经典诵读大赛、京剧名家红色经典演唱会、现代戏《孔繁森》汇报演出，举办金秋音乐节和中国百年美术展。建成红色景区（点）22 个，8 个景区入选"全省 100 家红色研学基地"，3 处革命纪念场馆被省文化和旅游厅确认为党史学习教育场所，6 条红色旅游经典线路入选"全省 100 条红色旅游线路"。

文化和旅游产业发展逐步壮大。培育重点文旅项目 50 个，已建成 13 个。

佳乡田园综合体一期、阳谷景阳冈英雄文化观光园、莘县智慧文体产业园、大运河国家文化公园（临清）建设项目分别入选2021年省重大实施类项目、新旧动能转换优选项目、补短板项目、省文化和旅游厅重点项目。新增4A级旅游景区1家、3A级旅游景区4家。临清宛园景区被评为第一批省级文明旅游示范单位。中华水上古城景区入选第一批省级夜间文化和旅游消费集聚区。成功举办第五届聊城文化和旅游惠民消费季、"聊城人游聊城"和"好客山东游品荟"等活动。

城市品牌营销亮点不断。参与央视"好客山东"品牌联合推介。承办"千年运河·齐鲁华章"大运河国家文化公园文旅融合集中宣传、红色旅游宣传推广现场会暨百场红色自驾游、第三届乡村自驾暨"发现新聊城"自驾游等国家级、省级推广活动。

持续推进文化惠民工程。"一村一年一场戏"演出8406场，放映农村公益电影67928场，组织各类群众性文化活动6954场。在2021年"新时代乡村阅读季"读书打卡活动中，获得全国第59位，新华书店古城特色书店入选"全省最美书店"。落实第五届惠民消费季专项资金140万元，免费发放国有景区门票5000余张。

文艺精品创作日益繁荣。创作大型剧目3部、小型文艺作品20件、歌曲50余首。茌平山东梆子剧团作为唯一一个县级剧团参加了第十七届中国戏剧节，展演扶贫大戏《承诺》。《孔繁森》等剧目入选山东省优秀展演剧目。山东快书《万福林相亲》入选山东省群众优秀新创文艺作品会演。《强渡黄河》《喜鹊吉祥——大飞人》获第十五届山东杂技魔术大赛一等奖。

文化遗产保护成效显著。出台《聊城市文物保护管理条例》，编制文物和革命文物保护实施方案。"临清驾鼓"入选第五批国家级非遗项目名录，新增第五批省级非遗项目20个、市级非遗代表性传承人52名。东昌府区堂邑镇入选2021—2023年度"中国民间文化艺术之乡"，道口铺街道被评为山东省文化生态名镇。在古城内举办非遗实景秀、小剧场演艺64场。

（十五）滨州市

新增4A级旅游景区1家、四星级旅游饭店1家，成功创建省级精品文旅小镇 2 个、乡村旅游重点村 2 个、景区化村庄 25 个，滨州旅游年卡注册人数突破 5.6 万人，为历史新高。获评省级夜间文旅消费集聚区、文旅消费试点区、文旅康养融合发展试点区各 1 个。沾化区代表滨州市通过国家级文旅融合服务试点验收。

编制《黄河南海文旅规划》《临海文化旅游规划》《"十四五"文化和旅游发展规划》，布局滨城区文化创意产业园、孙子文化产业园、五机部奋斗小镇等重点项目；黄河流域景区发展论坛暨文化旅游发展大会成功举办，签约文旅项目 13 个、金额 85.9 亿元。

举办第十三届海峡两岸孙子文化论坛暨孙子文化大会，孙子文化（惠民）生态保护实验区通过省级评审。承办第十二届山东文化艺术节全省小型戏剧新创作优秀剧目评比展演，荣获全省非遗曲艺书场试点市。开展庆祝中国共产党成立 100 周年系列活动 200 余场、"走近黄河"文化艺术季活动 64 场、省市县三级联合购买文化惠民演出 42 场、戏曲进校园 133 场、戏曲进乡村 6722 场，农村公益电影放映 4.7 万场，推出保利院线、山东剧场院线演出、迷笛音乐节 162 场。乡村春晚项目代表山东参加全国"村晚"展示并获奖。

新增国家级非遗项目 1 项，省级 17 项。《非遗融入学校教育的探索实践》获省政府文化创新奖。革命文化传承、非遗助力乡村振兴等经验做法在全省获奖并推广。

开展"书香滨州"建设，市图书馆滨城馆、首家城市书房建成并对市民免费开放。开展第五届文化惠民消费季，发放惠民消费券 80 万元，直接拉动消费 252 万元，间接拉动 1260 万元。

《海棠依旧》获国家艺术基金资助，《连心锁》代表山东参加"十四五"鲁青文化交流，《马耀南》获泰山文艺奖。电影《牛王》《归路》《枣乡喜事》登陆全国院线。院团改革、小戏创作成绩斐然。博兴县吕剧拖腔艺术传承保护中心获"全国先进基层文艺院团"称号。

在全省率先建立国有建设用地考古前置机制。开展文物安全百日攻坚行动。杨家盐业遗址群被国家文物局列入"十四五"专项规划。

（十六）菏泽市

牡丹花街等24个精品项目完成创意策划，金山全域生态旅游项目等12个招商项目在第三十届菏泽国际牡丹文化旅游节暨2021年菏泽市文化旅游发展大会上集中签约，浮龙湖医养综合体等9个重点项目奠基开工，方特文化科技创意产业园等54个在建项目加快建设，有力推动菏泽文化和旅游产业提档升级。

郓城县获评第一批省级文化和旅游消费试点县。水浒好汉城文化产业示范园入选第一批省级夜间文化和旅游消费集聚区。华夏部落文化旅游区、白虎山天池风景区旅游开发项目、曹州古城旅游保护项目获评2021年省重大项目。冀鲁豫边区革命纪念馆、曹县红三村抗日联防遗址等7家单位获评山东省红色研学基地。单县浮龙湖文化旅游产业集群入选省"十强"产业"雁阵形"集群，获得专项激励资金95万元。

成功举办第三十届菏泽国际牡丹文化旅游节和2021菏泽市文化旅游发展大会及2021菏泽市文化旅游展览会。举办第五届菏泽文化和旅游消费季，策划了8大类213项文旅惠民活动，分批次发放了市级文旅惠民消费券。

评定了首批菏泽市文化产业、工业旅游、康养旅游、体育旅游示范基地以及菏泽市首批市级中小学生研学基地，在此基础上，进行"十佳文化旅游新业态示范基地"评选。

第四章

2021年山东文化和旅游产业市场主体发展报告

刘亚薇

培育壮大市场主体，延伸优化产业链条，是山东省推进精品旅游产业新旧动能转换和高质量发展的重要路径之一。截至2021年年底，山东省共培育精品旅游产业领军企业10个，培强精品旅游产业"雁阵形"集群14个，数量位居"十强"产业前列。2021年，前三批13个产业集群营业收入达3814.2亿元，同比增长20.3%；前三批8个领军企业营业收入100亿元，同比增长41.5%，纳税总额4.4亿元，科研投入0.8亿元。2021年，疫情影响仍在持续，文旅企业运营仍面临巨大挑战，但日益多元化的消费需求也激发出新的市场潜力。如何稳中求进、创新突破，成为文旅企业生存与发展的必答题。

一、文化和旅游企业发展状况

据企查查统计，截至2022年5月，山东省文旅相关企业累计55000多家。从企业注册时间来看，10年以上企业有4791家，注册5~10年企业有10084家，注册3~5年企业有13603家，1~3年企业有19244家，1年内注册企业7473家。

从注册地域分布来看，16市文旅企业中，济南共有11347家文旅相关企业，领跑全省。青岛位居第二，共有10627家；潍坊有4556家，位居第三。其他城市文旅企业分布情况为：淄博2530家，枣庄1330家，东营 1146 家，烟台 3257 家，济宁 4014 家，泰安 3052 家，威海 2001 家，日照 2247 家，临沂 3443 家，德州 848 家，聊城 1903 家，滨州 1065 家，菏泽 1745 家。

纵观山东文旅企业的发展，从 2007 年青岛市即墨区城市旅游开发投资有限公司、2009 年曲阜文化旅游发展投资（集团）有限公司成立拉开序幕，文旅集团建制在全省范围内逐渐形成，到 2022 年 1 月山东文旅集团有限公司宣布改名，意味着山东文旅集团从多点开花向重点突破阶段演变（见表 1-4-1）。

表 1-4-1　山东 16 市大型文旅集团[①]

集团名称	成立/更名时间	注册资本（万元）	注册地	投资公司
山东文旅集团有限公司	2022 年 1 月	852427.8	济南	21
泰安市泰山文化旅游集团有限公司	2022 年 1 月	500000	泰安	—
沂源文旅发展集团有限公司	2021 年 9 月	10000	淄博	—
枣庄市文旅发展集团有限公司	2021 年 9 月	1000000	枣庄	1
山东海洋文化旅游发展集团有限公司	2021 年 5 月	86600	日照	15
沂南文化旅游发展集团有限公司	2020 年 12 月	2000	临沂	7
山东水发文旅集团有限公司	2020 年 12 月	33000	济南	7
青州海岱文旅投资发展集团有限公司	2020 年 11 月	100000	潍坊	—
昌邑市潍水文化旅游发展集团有限公司	2020 年 9 月	50000	潍坊	4
枣庄国翔文旅发展集团有限公司	2020 年 9 月	5000	枣庄	2
临沭利城文化和旅游产业投资集团有限公司	2020 年 9 月	40000	临沂	7
海阳文化旅游发展集团有限公司	2020 年 8 月	100000	烟台	5
烟台业达文旅集团有限公司	2020 年 7 月	50000	烟台	5
威海南海文旅集团有限公司	2020 年 6 月	10000	威海	8
山东沂蒙原乡文化旅游发展集团有限公司	2020 年 5 月	5000	临沂	8
安丘文化旅游发展集团有限公司	2020 年 4 月	24100	潍坊	7
山东景阳冈文化旅游产业发展集团有限公司	2020 年 4 月	80000	聊城	10
临朐文化旅游集团有限公司	2020 年 3 月	50000	潍坊	12

① 按照成立/更名时间排序。

续表

集团名称	成立/更名时间	注册资本	注册地	投资公司
山东滨盛文旅体育产业集团有限公司	2020年2月	120433.35	滨州	7
山东港口邮轮文旅集团有限公司	2020年1月	100000	青岛	8
东营市文化旅游体育发展集团有限公司	2020年1月	240893.2	东营	8
菏泽文化旅游投资集团有限公司	2019年12月	200000	菏泽	30
东平湖文化旅游发展（山东）集团有限公司	2019年11月	10000	泰安	7
莘县莘州文化旅游开发集团有限公司	2019年11月	5000	聊城	8
山东压油沟文旅发展集团有限公司	2019年8月	10000	临沂	2
威海文旅发展集团有限公司	2019年8月	50000	威海	14
济宁孔子文化旅游集团有限公司	2019年5月	89382.5	济宁	20
诸城市隆嘉文化旅游集团有限公司	2019年5月	30000	潍坊	20
临沂文化旅游发展集团有限公司	2019年3月	30000	临沂	7
郓城县文化旅游发展有限公司	2018年3月	10000	菏泽	9
烟台市文化旅游发展集团有限公司	2017年10月	5000	烟台	9
济南市章丘文旅发展有限公司	2017年9月	500000	济南	15
济南文旅发展集团有限公司	2017年6月	300000	济南	31
青岛西海岸旅游投资集团有限公司	2017年6月	300000	青岛	12
聊城市旅游发展集团股份有限公司	2017年3月	100000	聊城	9
莱芜旅游发展集团有限公司	2016年12月	100000	济南	8
青岛城运文化旅游集团有限公司	2016年11月	10000	青岛	6
淄博市文化旅游资产经营有限责任公司	2016年1月	151000	菏泽	30
日照市文化旅游集团有限公司	2015年11月	10000	日照	11
潍坊滨海旅游集团有限公司	2014年7月	70000	潍坊	28
潍坊市文化旅游发展集团有限公司	2014年2月	20525.2	潍坊	11
青岛旅游集团有限公司	2013年11月	431438	青岛	32
青岛崂山旅游集团有限公司	2013年4月	96463	青岛	9
蓬莱阁文化旅游集团有限公司	2013年1月	20000	烟台	18
邹城市圣城文化旅游开发有限公司	2012年7月	60200	济宁	18

集团名称	成立/更名时间	注册资本	注册地	投资公司
山东省台儿庄古城旅游集团有限公司	2010年2月	7000	枣庄	11
曲阜文化旅游发展投资（集团）有限公司	2009年5月	51850.67	济宁	15
青岛市即墨区城市旅游开发投资有限公司	2007年6月	10000	青岛	26

根据企查查数据统计，山东已有地方文旅集团接近50家，注册资本超过600亿元，几乎所有地级市都组建了文旅集团。作为全力振兴"文旅融合"的省份典型，山东地方文旅集团的耕耘同样走在全国前列。

从注册地点来看，潍坊市的文旅集团组建最为活跃，最多达到7家，其次是青岛（6家）、临沂（5家）；从集团属性来看，潍坊和青岛各拥有市级文旅集团2家，前者县级多以文旅集团为主，后者县级则多是早期成立的文旅景区公司。

从注册资本来看，枣庄市文旅发展集团有限公司、山东文旅集团有限公司、泰安市泰山文化旅游集团有限公司及济南市章丘文旅发展有限公司位列第一梯队，超过50亿元；青岛旅游集团有限公司、青岛西海岸旅游投资集团有限公司、济南文旅发展集团有限公司、东营市文化旅游体育发展集团有限公司和菏泽文化旅游投资集团有限公司，超过20亿元；淄博市文化旅游资产经营有限责任公司、山东滨盛文旅体育产业集团有限公司、青州海岱文旅投资发展集团有限公司、莱芜旅游发展集团有限公司、海阳文化旅游发展有限公司、山东港口邮轮文旅集团有限公司和聊城市旅游发展集团股份有限公司，超过10亿元。青岛崂山旅游集团有限公司等11家文旅集团，超过5亿元；临沭利城文化和旅游产业投资集团有限公司等15家超过1亿元，仅有6家文旅企业小于1亿元。

从外部投资来看，青岛旅游集团有限公司、淄博市文化旅游资产经营有限责任公司、济南文旅发展集团有限公司、菏泽文化旅游投资集团有限公司超过30家，成为区域内的龙头投资企业；潍坊滨海旅游集团有限公司、青岛市即墨区城市旅游开发投资有限公司、山东文旅集团有限公司、济宁孔子文化旅游集团有限公司、诸城市隆嘉文化旅游集团有限公司超过20家，产业链条得到进一步完善；邹城市圣城文化旅游开发有限公司等 12 家文旅集团超过 10 家，延展了文旅及相关服务；另有 24 家投资小于 10 家，3 家没有对外投资，整体发展空间较大。随着山东地方文旅集团的组建落地，关联产业的聚集将是大势所趋。

据初步调研的统计显示，截至 2020 年年底，山东省内 16 市已知财务数据的 433 家文旅企业，资产总规模达 4024.26 亿元。从资产规模来看，资产总额在 10 亿元及以上的企业有 67 家，占比 15.47%；1 亿元（含）到 10 亿元的 134 家，占比 30.95%；5000 万元（含）到 1 亿元的有 66 家，占比 15.24%；1000 万元（含）到 5000 万元有 107 家，占比 24.71%；100 万元（含）到 1000 万元的 43 家，占比 9.93%；100 万元以下的 16 家，占比 3.70%（见表 1-4-2）。

表 1-4-2　山东省重点文旅企业一览 [①]

序号	企业名称	所在地	总资产（元）
1	潍坊滨海旅游集团有限公司	潍坊	10140000
2	青岛西海岸旅游投资集团有限公司	青岛	1655072.63
3	临朐文化旅游集团有限公司	潍坊	1570000
4	青岛旅游集团有限公司	青岛	1230000
5	红高粱集团有限公司	潍坊	1200000
6	山东海洋文化旅游发展有限公司	日照	1138988.88
7	山东大易文化发展有限公司	潍坊	1006689.4
8	莒县城市建设投资集团有限公司	日照	963890.21
9	济南文旅发展集团有限公司	济南	884977.8
10	山东文旅集团有限公司	济南	852427.8
11	烟台市南山旅游集团有限公司	烟台	780300
12	坤河旅游开发有限公司	德州	705588
13	菏泽文化旅游投资集团有限公司	菏泽	700000
14	青岛融源文旅集团有限公司	青岛	635000

① 总资产排名前 100 位文旅企业，数据截至 2021 年 12 月 31 日。

序号	企业名称	所在地	总资产（元）
15	聊城市旅游发展集团股份有限公司	聊城	620432.03
16	曲阜文化旅游发展投资（集团）有限公司	济宁	519081
17	山东世外潮泉文化旅游开发有限公司	肥城	500000
18	济宁孔子文化旅游集团有限公司	济宁	479672.98
19	蓬莱八仙过海旅游有限公司	烟台	414319
20	青岛城市传媒股份有限公司	青岛	407439.83
21	蓬莱阁文化旅游集团	烟台	401422.69
22	曲阜尼山文化旅游投资发展有限公司	济宁	400519
23	华夏文旅游集团股份有限公司	威海	385420
24	青州古城文化旅游发展有限公司	潍坊	384480.14
25	五莲山水旅游发展有限公司	日照	375932.66
26	蓬莱阁（烟台市蓬莱区）旅游有限责任公司	烟台	343035.18
27	山东国医坛国际养生城有限公司	日照	288661
28	山东安东阿掖旅游开发有限公司	日照	280000
29	济南出版有限责任公司	济南	270000
30	东营市文化旅游体育发展集团有限公司	东营	248179.66
31	青岛极地海洋世界有限公司	青岛	225083
32	山东中和文化旅游有限公司	日照	220000
33	山东金蔡伦集团	滨州	220000
34	济南伊利乳业有限责任公司	济南	214100
35	山东赢泰文化旅游发展有限公司	济南	211302.1
36	诸城市隆嘉文化旅游集团有限公司	潍坊	204158
37	济南文旅投资集团有限公司	济南	193774.63
38	济南鼎鑫置业有限公司	济南	190325.63
39	泰安一滕开元名都酒店有限公司	肥城	188813
40	山东香海东途文旅有限公司	威海	186537.07
41	山东汶上宝相寺旅游发展有限公司	济宁	183953

续表

序号	企业名称	所在地	总资产（元）
42	华强方特（青岛）文化科技有限公司	青岛	181335
43	泰安泰岳旅游科技有限公司	泰安	167336.99
44	日照市岚山区海洋发展有限公司	日照	164700.4
45	广饶县文化旅游发展集团有限公司	东营	163322
46	山东梦金园珠宝首饰有限公司	潍坊	153988.87
47	山东智圣汤泉旅游度假村有限公司	临沂	153380
48	纷美包装（山东）有限公司	聊城	151462
49	山东澳林田园科技发展有限公司	德州	150812
50	山东九龙峪旅游有限公司	潍坊	150000
51	山东微山湖旅游发展集团有限公司	济宁	138727
52	山东鲁坤齐晏文化旅游开发有限公司	德州	133911.38
53	山东浮来青文化传媒有限公司	日照	132000
54	齐鲁酒地文化发展股份有限公司	潍坊	131593
55	利津东津渡投资有限公司	东营	130000
56	宇兴旅游开发有限公司	枣庄	127359
57	淄博华侨城实业有限公司	淄博	126538.41
58	青州泰和旅游发展有限公司	潍坊	120000
59	金胜粮油集团有限公司	临沂	117300
60	山东泰山旅游集团有限公司	泰安	111437.37
61	郯城伟光汇通文化旅游开发有限公司	临沂	111159
62	山东泰山啤酒有限公司	泰安	103621
63	山东泰山天颐湖旅游开发有限公司	泰安	102856.54
64	滕州市旅游发展有限公司	枣庄	101421
65	临沭利城文化和旅游产业投资集团有限公司	临沂	96762.08
66	山东崮乡旅游开发有限公司	临沂	95000
67	山东景阳冈文化旅游产业发展集团有限公司	聊城	91988
68	山东天蒙旅游开发有限公司	临沂	91452.42

续表

序号	企业名称	所在地	总资产（元）
69	枣庄市翼云山旅游发展有限公司	枣庄	90000
70	东营蓝海国际大饭店	东营	88044.21601
71	兰陵县城投开元旅游开发有限公司	临沂	85358
72	泰安万阅文化旅游有限公司	泰安	84591.89
73	鲁普耐特集团有限公司	泰安	84575.59
74	泰安天乐城旅游文化置业有限公司	泰安	82266.35
75	日照市文化旅游集团有限公司	日照	80407.96
76	威海广澳旅游投资有限公司	威海	79762.31
77	爱莲湾国际康养度假区	威海	79463
78	山东峪泉田园农业综合开发有限公司	临沂	76810.63
79	山东龙冈旅游股份有限公司	临沂	73693.88
80	山东郓城水浒旅游发展有限公司	济宁	73096
81	山东万紫园旅游开发有限公司	济宁	72514.85
82	山东上九旅游开发有限公司	济宁	71490
83	日照市山泽海洋旅游产业开发有限公司	日照	69969.11
84	山东莒国古城投资开发有限公司	日照	69795.56
85	台儿庄古城旅游集团有限公司	枣庄	69388.51
86	烟台市文化旅游发展集团有限公司	烟台	68923.27
87	崑龙温泉有限公司	烟台	66929
88	山东汇通古镇文化旅游开发有限公司	枣庄	65304.9
89	尊亨（山东）文旅发展有限公司	日照	65000
90	威海文旅发展集团有限公司	威海	64566
91	山东龙岳创业投资有限公司	泰安	61155
92	天穹文化发展有限公司	枣庄	61000
93	青岛香格里拉大酒店有限公司	青岛	60375
94	山东森景旅游开发股份有限公司	济南	60000
95	安丘文化旅游发展集团有限公司	潍坊	58000

序号	企业名称	所在地	总资产（元）
96	山东聊城道之健康文化旅游管理有限公司	聊城	57441
97	山东神洲园林有限公司	济南	51759
98	山东惠和文化旅游有限公司	菏泽	49331
99	山东朱家林乡建集团有限公司	临沂	49000
100	浮来春集团股份有限公司	日照	46028

从统计数据来看，山东文旅企业分布小而散，整体实力较弱，与国内行业头部企业尚有较大差距，10亿元以上资产规模企业占比较小，1000万元以下资产规模的小型文旅企业占比较大。根据2020年公开数据显示，华侨城、携程和美团的资产规模在全国文旅企业中排名前三，三家企业总资产均在千亿元之上，仅华侨城一家企业的资产规模，就超过了山东16市433家文旅企业资产总规模。

山东16市文旅企业从营业收入来看，433家文旅企业中，营收规模在50亿~60亿元的企业有2家，20亿~50亿元的4家，10亿~20亿元的5家，1亿~10亿元的55家，5000万~1亿元的35家，1000万~5000万元的128家，100万~1000万元的121家，100万元以下的83家。分析可知，上述文旅企业以中小型为主，10亿元以上的仅11家，占文旅企业总数量的2.54%；1亿元以上的66家，占15.24%。营收规模在100万元以下的小企业占比为19.17%；1000万元以下的企业占比为47.11%。

从净利润来看，433家文旅企业中，净利润在1亿元以上的企业有11家，5000万~1亿元的11家，1000万~5000万元的39家，100万~1000万元的124家，0~100万元的99家，亏损的企业有127家，其他22家。亏损企业占全部企业总数量的29.33%。净利润百万元以下企业占比为57.27%。

企查查数据显示，2021年山东新增文旅企业7348家，2020年注册企业9001家，2019年注册企业11213家，2018年注册企业7367家，2016年注册企业3833家，2015年注册企业2423家，2014年注册企业1529家，2013年注册企业792家。

数据是最有力的证明。近年来，文化和旅游产业领域已成为其中的热土，同时也见证了山东文化和旅游产业的规模、质量都在不断发展提升。然而，在产业快速发展的同时，也面临着疫情冲击、产业规模整体偏小、质量有待提高等问题。

二、典型案例分析

在整体行业走向不明的情况下，山东文旅企业如何突破困局？山东省文旅产业创新研究院智库专家、山东旅游职业学院党委书记陈国忠认为，目前山东文化和旅游产业整体上存在"大而不强""优而不精"的问题。旅游企业最大、最核心的能力是面向消费者提供产品的能力。这些年很多旅游企业大都在拼命投项目，他建议，应该抽出精力做产品，做好"三链"，即以满足消费需求为主强化供给链、要适配新需求打造创新链、以新格局为要求的产业链。

中国旅游协会副会长、山东省旅游行业协会会长、山东大学旅游产业研究院院长、山东省文旅产业创新研究院智库专家王德刚认为，受疫情影响，国内旅游业已不能完全按照自身规律发展，而是受制于疫情防控的节奏。在疫情防控常态化背景下，如何更好地渡过难关，保存、守住旅游业的家底和基本盘，是文旅企业需要面临的问题。

与此同时，"数字化""智慧化"也成为文旅企业共同发力的重要方向。《中国文化产业和旅游业年度盘点（2021）》指出，文化和旅游产业数字化转型从被动适应变为主动拥抱，是2021年文化产业和旅游业呈现的特征之一。运用数字化、智能化科技创新成果提升文旅体验，已成为行业共识和消费者期待。

（一）烟台："葡萄酒 + 旅游"，打造葡萄酒"新六产"

近年来，烟台市全力打造集一产葡萄种植采摘、二产葡萄酒酿造、三产葡萄酒文化旅游体验于一体"新六产"发展模式，培育打造了蓬莱丘山谷、莱山瀑拉谷、张裕葡萄酒小镇3个聚集区，君顶、国宾等10多处休闲酒庄，以及30多处葡萄采摘园，常态化举办烟台国际葡萄酒博览会，高标准推出主题研学游、美酒美食游、拓展团建游、婚庆旅拍游等精品线路产品，汇集了蓬莱阁、海洋极地世界、三仙山等 30 余家特色旅游景点，欧乐堡国际酒店等 10 余家高端度假酒店，极大丰富了葡萄酒休闲度假产品体验。

一是完善顶层设计。出台国内首个《关于加快葡萄酒休闲旅游发展的意见》，着力构建"北部百公里葡萄长廊""环城葡萄酒庄休闲带、山地葡萄酒庄休闲带"和"蓬莱酒庄集群、栖霞桃村酒庄集群、莱山瀑拉谷酒庄群"的"一廊、两带、三集群"产业格局。2019 年以来，全市葡萄酒酒庄、博物馆、主题街区、采摘园等累计接待游客约 3000 万余人次，拉动消费约 20 亿元。

二是强化龙头带动。发挥张裕公司在葡萄酒品牌、葡萄酒文化传承等方面的优势，开辟了全国第一条葡萄酒工业旅游线路。截至目前，张裕目前已在国内拥有 6 家 4A 级旅游景区，打造了一条自东向西的葡萄与葡萄酒主题文化旅游线路，游客接待量累计接近 1000 万人次，烟台张裕葡萄酒文化旅游区入选全国 10 个、全省唯一的首批工业旅游示范基地。

三是丰富产品体系。打造了以张裕酒文化博物馆、张裕卡斯特酒庄、君顶酒庄、苏各兰酒堡、国宾酒庄为代表的酒庄游，以市民品酒节、葡萄狂欢节等众多葡萄采摘活动为引领的美味葡萄采摘游，以及"张裕酒文化博物馆＋烟台山"开埠文化之旅、"栖霞楚留河酒庄＋牟氏庄园＋艾山温泉"文化体验养生休闲游、"蓬莱苏各兰酒堡＋木兰沟村"和"蓬莱国宾酒庄＋抹直口渔家乐"乡村休闲度假游、"龙口南山酒庄＋南山高尔夫"康体健身游、"紫色酒韵"暑期研学旅游线路等"葡萄酒＋"主题旅游产品。2021 年以来，芝罘区、蓬莱区、栖霞市等 5 个区市推出的精品主题线路，累计接待游客约 10 万余人次，拉动消费约 2 亿元。

四是发展旅游购物。引导企业推出了保健型葡萄酒、葡萄起泡酒、树莓酒、苹果起泡酒以及小瓶酒、生肖酒等新品；组织张裕等葡萄酒生产企业参加中国国际旅游商品博览会、北京国际旅游商品博览会；打造"悦购烟台"葡萄酒旅游商品品牌，张裕葡萄酒系列在全国特色旅游商品大赛上获得 3 个金奖，"张裕"葡萄酒、张裕 C 咖二两半·白兰地荣获中国旅游商品大赛金奖。

（二）泰安：从贫困村到网红村，九女峰发力高端市场

野奢的美景和体验，山脚下设施齐全、媲美五星级酒店的度假村别

墅……游客很难把这些和一个曾经破败凋敝的贫困村联系在一起。据村里的老人介绍，度假区里的东西门村建于清代康熙年间，曾经人丁兴旺。因为地处偏僻，越来越多的原住民背井离乡，村子里只剩下为数不多的老人，很多房子都被废弃了。

2019年，鲁商乡村发展集团把这里选作乡村振兴试点，引入朴宿品牌，把凋敝的村子打造成高端酒店。九女峰书房、泡池，还有后来的人工构造的"故乡的月"景观，现在已经成为游客的"网红"打卡地。

度假区包含了19个村庄，面积达到了50平方公里。从最早发展旅游业的里峪村开始，九女峰度假区内19个村庄各自的资源不断被挖掘，打造了一批亮丽的乡村文化旅游名片，如北张村的"草莓王国"和"乡韵彩墅主题民宿"，里峪村的"铂思民宿"，朱家洼村的"猪猪农场"和"芳年华韵主题餐厅"，鱼西村的"泰山桂花园"等，真正实现了一村一景，在每个村里到处可见游玩的游客。

产业兴则农民富，村集体、企业以及村民实现三方互惠共赢。资源变资产、资金变股金、农民变股民，通过不断创新增收模式、强化利益联结，形成企业有活力、集体有收益、群众得实惠的生动格局。2020年，片区19个村人均可支配收入18600元，比2017年可支配收入15006元增长24%；片区19个村实现村集体收入262.13万元，比2017年160.31万元增收101.82万元，增长63.5%。

（三）临沂：智慧文旅发展步入"快车道"

临沂市兰山区支持打造"文旅＋科技"沉浸式应用场景。通过引导鼓励重点文旅企业利用新科技、新技术发展沉浸式体验、虚拟展厅等新型文旅服务，取得了扎实成效。1972创意产业园打造了"之字美学馆"，是临沂市首家数字化沉浸式光影艺术博物馆，通过"声光电味"立体多维视听、五感交互手段，以"艺术＋科技"形式对王羲之书法等传统文化进行创新演绎，为游客创造视听新场景、文旅新体验。临沂海洋世界主题公园现有AR互动拍照、5D影院等智慧化产品，深受家庭亲子游消费群体喜爱。位于茶芽山田园综合体内的李官镇田园党建文化博物馆，运用多元化、多形式媒体展示手段，并植入二维码、智能导览等技术与观众双向沟通，打造 VR 科技虚拟骑行漫游厅、飞屏互动等亮点，实现了全馆智能化运营与管理。

同时，积极发展线上数字化体验产品。开通并优化"兰山文旅直播平台"，创新"线上直播＋线下引流"传播推介方式，串联一系列文化活动、热门景点、网红打卡地、非遗项目、文艺培训、节会品牌等，设置打卡互动环节，激活线上新玩法、新体验，目前该平台粉丝数量已达 1.3 万余人。与此同时，推进图书馆数字化建设，以云平台、云阅读、云展览、云讲座等方式提升网络化、智能化、指尖化服务水平，让公共文化服务"触手"可及。

（四）聊城：紧抓"两河"机遇，打造文旅名城

聊城市围绕大运河国家文化公园战略及黄河流域生态保护和高质量发展战略，加大文物保护力度，推进文物合理适度利用，加快把资源优势转化为发展优势，实现文物事业与经济社会高质量发展和谐共进。

围绕国家战略，全面加强文物保护。一是紧抓黄河、大运河国家战略机遇，谋划实施一批具有示范效应和引领作用的重大项目，全力打造"两河"交汇明珠城市。加快大运河国家文化公园聊城段建设，实施运河遗产保护展示工程，推动运河博物馆改造提升。加强黄河流域堌堆文化遗产的调查勘探，实施东阿黄河位山闸等保护修缮工程，筹划建设黄河文化主题博物馆。二是出台《历史文化名城名镇名村保护条例》《文物保护管理条例》等地方性法规，规范文物保护管理。开展文物普查，对全市的文物资源数量和所处环境、保护现状等进行系统全面的挖掘、梳理。三是推进考古前置与城市建设联动，印发了《关于推进国有建设用地考古调查勘探发掘的实施意见》，实现"先考古、后出让"，将考古调查、勘探、发掘作为国有土地使用划拨和招拍挂的前置条件。

坚持合理适度，统筹好文物保护与经济社会发展。一是牢牢把握创造性转化、创新性发展的时代要求，推进文物合理适度利用，充分发挥文物资源在传承文化、服务发展中的作用。聚焦文物资源优势，有针对性地开展阳谷景阳冈、茌平教场铺等遗址的考古研究，同步推进考古遗址公园建设，着力解决有"遗址"无"公园"、有"公园"无"看点"的问题。积极参与"海岱考古"等重大研究专项，加强文物价值的挖掘、整理、阐释。二是促进文物与旅游融合发展，灵活运用虚拟现实还原考古现场、组织研学旅游、开发相关文创产品等方式，让更多人走近文物、了解历史。以东昌古城为中心，以大运河、黄河为主线，整合城、湖、河、文物古迹等优质资源，健全配套设施，完善旅游要素，推出一批精品线路，让文物更好赋能发展、惠及民生，打造独具特色的文旅名城。

三、山东省政府发布对文旅企业相关政策及措施

（一）大力推进地市文旅企业发展，培育行业龙头

2021年3月，山东省政府发布"十四五"时期推动文旅融合发展的思路举措时提出要推进市场主体融合。培育壮大山东文旅集团，打造山东文旅企业旗舰。支持各地以控股、参股、委托运营等多种形式，引进一批大型文旅集团落户山东。支持文化旅游企业跨区域、跨行业建设经营，发展综合性文旅企业集团。大力推动文化和旅游产业集聚发展，推动市场主体实现空间聚集和融合发展。加大市场开发力度，适应文化和旅游消费结构升级趋势，持续形成新的消费增长点。并且继续推进品牌形象融合，以"好客山东"品牌为统领，以"十大文化旅游目的地品牌"为主干，以16市子品牌为支撑，以企业品牌、产品品牌、服务品牌为基础，构建"好客山东"品牌体系。统筹"好客山东"品牌宣传与精神文明建设、诚信山东建设、营商环境建设，用好央视品牌强国工程这一平台，持续提升"好客山东"品牌影响力。

（二）发布行业纾困政策与企业共克时艰

2022年4月，山东省发展和改革委员会、山东省文化和旅游厅等20个部门联合印发《山东省促进服务业领域困难行业恢复发展的实施方案》，将文旅行业作为重点帮扶的困难行业之一，有针对性地提出5条专项帮扶措施和13条普惠性政策，着力化解全省文旅企业解燃眉之急。

5条文化和旅游业纾困扶持措施包括：继续实施旅行社暂退质保金政策、支持旅行社拓展业务范围、支持文旅企业参与政府采购、创新推进民宿证照

办理、加强文旅企业信贷支持。

13 条服务业普惠性纾困扶持措施包括：延续服务业增值税加计抵减政策、扩大"六税两费"减征范围、免征房产税城镇土地使用税、加大中小微企业设备器具税前扣除力度、延续实施阶段性降低失业保险费率政策、减免国有房屋租金、暂时降低存缴比例或缓缴住房公积金、落实政府采购支持中小企业发展有关政策、用好降准释放资金、落实好普惠小微贷款支持工具、持续推动金融系统减费让利、用好中央小微企业融资担保降费奖补资金、金融服务助力中小微企业纾困。

四、山东文旅企业发展展望

（一）山东文旅集团有限公司

山东文旅集团有限公司是山东省委省政府主导组建的省属大型文旅企业，坚持以服务山东大局、服务人民大众为己任，向改革要动力，向创新要活力，以新格局打造新优势，实施"平台化、智能化、精品化、生态化、国际化"五大战略，打造活力文旅、磁力文旅、魅力文旅"三力文旅"，围绕"打造具有世界眼光、国际标准、国内一流、山东特色的文旅集团"的愿景目标笃定前行。是山东省首批"十强"产业集群（精品旅游）领军企业、中国旅游集团 20 强企业和中国饭店集团 20 强企业。山东文旅集团经营业态已经实现食、住、行、游、娱、购等领域全布局，在全国拥有中高端及连锁酒店 12 个品牌、300 余家，5A 级旅游景区 2 家、4A 级旅游景区 2 家，《山东商报》、鲁网、速豹新闻网 3 家省级媒体，济南、青岛 2 家高尔夫公司，泰山九女峰乡村振兴项目是美丽乡村建设的"样板工程"，文化产业投资与基金管理、电影院线、艺术品与文化资产收益权交易等运营水平与规模位居全国前列，旗下的山东省旅游工程设计院有限公司是省内首批具有旅游规划甲级资质的研发机构之一，正在开发的"好客山东 云游齐鲁"（一部手机游山东）智慧文旅项目是山东省"十四五"期间重大基础性工程。

（二）淄博市文化旅游资产经营有限责任公司

2022年2月，淄博市文化旅游资产经营有限责任公司召开全员素质能力提升暨产业赋能发展大会。总经理李栋贤就公司素质能力提升和产业赋能发展做出部署。一是提高政治站位，切实增强素质能力提升的紧迫感、使命感。二是注重统筹协调，充分发挥公司文旅研究院功能作用。三是突出工作重点，以产业赋能聚焦事业发展品质提升。各级要围绕2022年目标任务，发挥资源集约效应，提高产业联动能力，更好地为产业发展赋能加力，把每一项具体工作措施落实落地，用质量、速度、勤奋汇聚公司蓬勃向上、追求一流的新动能，奋力为加快务实开放、品质活力、生态和谐的现代化组群式大城市贡献更多文旅力量。

（三）东营市文化旅游体育发展集团有限公司

2022年，东营市文化旅游体育发展集团有限公司将聚焦项目规划与高质量发展的要求，在原有资源基础上，充分整合新划归的资源，研究新项目开发，促进企业提质增效谋发展。将充分发挥国有企业优势，灵活吸取社会资源，充分发挥旅游、媒体、演艺、展会、体育等多方资源优势，以此推动黄河入海文化旅游体育产业融合发展。

积极打造自办展会品牌，如积极筹划、组织钓鱼展会等系列自办展会，打造东营特色的自办展会品牌。做好自制剧的创作和巡演，优化提升动物园和花仙谷的旅游环境，推进广利河域旅游项目的开发，研究新项目开发，如开发上岛观光、捕鱼垂钓、旅游度假、湿地研学等旅游项目，形成东营新的旅游引爆点。走联合开发之路，与东营经济技术开发区和东营市景明水产公司联手开发海上旅游项目等。

（四）威海文旅发展集团有限公司

2021年是威海文旅发展集团有限公司三步走战略的起势之年。一是党的建设成效显著；二是规模质量膨胀优化；三是主责主业更加聚焦；四是工程项目大干快上；五是品牌热度持续升温；六是安全发展稳扎稳打。

2022 年是威海文旅发展集团有限公司三步走战略的有为之年,会议动员全体职工既要仰望星空、放大格局,在新时代迸发新气象,创造新辉煌;又要脚踏实地、真抓实干,在新起点踏上新征程,开创新局面。

具体做好"五个突出":一是突出党建引领,坚持党管一切、党管始终,把全面从严治党、党风廉政建设各项要求严格落实到位,发力基层党组织建设践行群众路线和企业文化建设,提升文旅集团凝聚力和战斗力;二是突出经营创效,聚力存量变革和增量崛起,把传统业务做精做优做大做强,开发新项目新业务打造新的创效点;三是突出项目建设,把招商引资和项目建设作为经济工作的生命线,扎实推进刘公岛转型升级、金线顶整体开发、千里山海自驾旅游公路、海上旅游线路开发运营、文化和旅游产业互联网平台建设等项目建设;四是突出新品上市,以市场、效益为导向,统筹策划、通力协作,加大整体营销力度,加快推动文创产品量产上市,做好旅游产品整合包装和推广运营;五是突出品牌塑造,提升品宣能级当量,按照线上线下兼顾、广度深度并重的标准,塑造威海文旅集团整体品牌形象。

第五章

2021 年山东文化和旅游产业业态创新报告

刘雅青

近年来，山东省深入实施"八大发展战略"，着力培育壮大精品旅游、文化创意等十强现代优势产业集群，朝着高质量发展的方向不断迈进。"十三五"期间，山东省大力推进文旅融合，实施"文化 +"和"旅游 +"战略，在新旧动能转换方面取得重大突破，文化创意产业和精品旅游产业更是被列为全省新旧动能转换"十强产业"。新冠肺炎疫情暴发后，文化和旅游产业面临诸多挑战，在此情况下，多元业态创新、多方联动共享成为山东省文化和旅游产业复苏重振的重要抓手。2021 年，山东省文化和旅游产业以产业协同创新发展为重要目标，瞄准市场新需求，聚焦文旅新业态，推动全省文化和旅游高质量发展，力求实现"六个创新突破"，并逐渐走向规范化、特色化、精品化。

一、旅游业态创新的总体情况

2017 年，研学旅行、工业旅游等旅游新业态就已迅速发展，山东省内各类旅游基地达 492 家，各类旅游项目如节会旅游、养生养老等共 193 个；截至 2019 年，全省共建成邮轮游艇、中医药健康旅游、自驾车房车营地、研学旅行、休闲垂钓等新业态项目超 800 个，发展势头颇为强劲；2020 年，在中央政府的规划指导下，山东省陆续出台各类省级旅游示范基地、示范区建设指南及评定标准，以创促优，再次将省内旅游产业发展推上新高度；2021 年，山东省努力通过旅游业态创新逐渐构建旅游产业新发展格局，在疫情常态化形势下，为实现旅游产业转型升级和高质量发展注入了新动力和新动能。山东省文化和旅游产业得以不断创新的主要原因包括：消费群体改变，个性化需求推动产品创新；政策颁布多项政策，使旅游创新有制可循；山东省文化旅游资源富集，业态创新潜力巨大。

（一）政策导引明确

2018 年，《山东新旧动能转换综合试验区建设总体方案》被国务院批复同意实施，自此，"精品旅游"被确定为支撑全省新旧动能转换的十大强省产业之一，标志着山东旅游开始进入高质量发展阶段。该方案对山东省旅游发展建设提出了"由速转质"的新要求，表明旅游业要在与上下游产业融合发展的基础上，创新发展机制，扩大高质量、个性化旅游精品供给，完善旅游服务体系，积极发展新业态旅游项目。同年，在着力打造"精品旅游"的背景下，"文旅融合"概念又开始兴起，"宜融则融，能融尽融，以文促旅，以旅彰文"成为当前文化和旅游产业发展的重要思路。而文化产业与旅游产业若想从简单的"叠加"走向真正的"质变"，就必须将创新作为推动文旅融合高质量发展的第一要务。

在新冠肺炎疫情的冲击下，文化和旅游产业不得不在困难中寻求突破。山东省推出系列政策措施，通过加快文旅融合、加强消费引领、打造数字文旅、提振夜间旅游、优化消费体验等增强产业发展动力。2021 年 2 月 25 日，山东省文化和旅游厅印发《关于促进文化和旅游产业高质量发展的若干措施》，从市场主体、品牌建设、人才培养、机制创新等方面提出了构建文化和旅游产业新发展格局的多项具体方案。

中国旅游研究院院长戴斌曾表示，针对各类政策，"要完整地去理解政策的指导思想，发挥地方的主动性和创造性"，同时在疫情背景下，旅游业要"重新审视旅游资源开发、项目建设和产业创新，更加强调文化引领、科技创新、融合发展，以增量投资带动存量优化"。创新，无论在政策层面还是在实践层面，都已成为文化和旅游产业发展的核心。

（二）新消费群体催生旅游新需求

近年来，文化和旅游产业正在经历深刻变革，单就文旅需求端来说，游客群体的巨大变化正在促使单一的旅游需求朝个性化、多样化和细分化方向发展。根据前瞻产业研究院发布的"2021年中国在线旅游行业用户画像及发展趋势分析"显示，中国在线旅游用户中，Y世代（1980—1994年出生的人群）占比最多，达到38%，成为在线旅游消费的主力军，而Z世代（1995—2009年出生的人群）消费潜力大，约有23%的在线旅游需求来自这一群体，并且正呈现逐年增加的态势（见图1-5-1）。很显然，"80后""90后"和"00后"已经成为当前文化和旅游产业的主力消费群体。

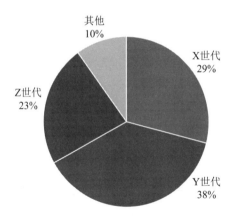

图1-5-1　中国在线旅游用户年龄分布情况（按订单口径）

进入21世纪20年代，随着Z世代步入职场，收入提升，他们就逐渐开始引领消费趋势，成为未来文旅市场的有力增长点。相较于Y世代的"追求生活品质"，Z世代更倾向于"追求自我满足"。根据马蜂窝旅游发布的《后疫情时代的"新旅游"——Z世代旅游消费变化报告》中显示，Z世代对国内游的热情空前高涨，旅行的整体预算不降反增。这也可以见得其消费观念和认知方式的不同。作为文旅市场的两大重要消费群体，Y世代和Z世代力量的壮大，以及各类旅游新需求的出现，导致文旅供给端不得不开始进行产品创新、业态创新和模式创新，从而满足日渐差异化的旅游需求，给予游客以更多选择与丰富体验。

（三）业态创新潜力巨大

山东省位于中国东部沿海、黄河下游、京杭大运河中北段，包括半岛和内陆两部分，具有良好的矿产资源、动植物资源、水资源、海洋资源等自然资源。而其历史一直可以追溯到四五十万年以前的旧石器时期，因此非物质文化遗产和民间文学艺术等人文资源也颇为丰富。进入现代，山东省景区与交通条件优越，建成了济南、青岛、烟台等 10 座机场和青岛港、日照港、烟台港等著名海港，4 项文化古迹被列入《世界遗产名录》，5A 级旅游景区 12 家。丰富的自然人文资源为山东省文化和旅游产业的发展提供了无限可能，也为现阶段文化和旅游产业的产品和业态创新奠定了坚实的基础。

自 2018 年文旅融合开局以来，山东省依托各地海量文旅资源，积极探索文旅高质量发展的有效路径。在"十三五"期间，省内"文旅＋科技""文旅＋IP""文旅＋康养"等新业态蓬勃发展，智慧文旅体系不断完善。根据统计数据显示，青岛、潍坊、济南文化业态数量位列全省前三，其中以文化馆居多，占全部文化业态总数的 29%，此外还包括美术馆、会展中心、博物馆、科技馆等类型；而就景区来说，省内现有风景名胜、城市广场、寺庙道观、纪念馆、世界遗产等数量众多，青岛仍以绝对优势占据山东文旅行业的首位。

近几年，山东省以发展全业态旅游为目标，以"高效整合"和"一业兴百业"为核心，重点支持省内部分地区打造全业态旅游示范区，形成了"用基础资源作支撑，用创新思维做融合"的新格局，又进一步为文化和旅游产业的业态融合和创新发展提供了有力支持。

二、旅游业态的创新实践

（一）创新力量多元

1. 政府推动

"十三五"以来，山东省文化和旅游产业发展稳中有进、繁荣向好，为继续加快推进文化和旅游发展，2020 年 7 月，《山东省文化旅游融合发展规划（2020—2025 年）》出台，特别明确了这一时期各部门的重点任务分工（见表

1-5-1）；2021 年 6 月，山东省文化和旅游厅印发《"十四五"文化和旅游发展规划》，提出了"以创新发展催生新动能""主动求变""于变局中开新局"等新要求，其中"创新"一词出现频繁，该规划锚定以创新驱动为旅游业赋能，奠定了新时期文化和旅游产业创新发展的重要基调。

表 1-5-1 2020—2025 年山东省文化旅游融合发展重点任务分工（创新方面）

重点任务	责任单位
深化文化旅游融合，推进"非遗＋旅游""博物馆＋旅游""演艺＋旅游""文创＋旅游""影视＋旅游"等	牵头单位：省文化和旅游厅 责任单位：省委宣传部、省商务厅、省广电局、省文联，各市政府
大力发展"文旅＋"，推动文化旅游与工业、体育、交通、会展等融合发展	责任单位：省政府旅游工作领导小组各成员单位，各市政府
串联重要旅游目的地、景区（点），推出一批精品文化旅游线路	牵头单位：省文化和旅游厅 责任单位：各市政府
挖掘海洋文化旅游价值，打造世界级的中国仙境海岸，叫响山东海洋旅游品牌	牵头单位：省文化和旅游厅 责任单位：省自然资源厅（省海洋局）、省政府旅游工作领导小组各成员单位，各相关市政府
充分发掘和利用革命历史文化资源，打造红色旅游精品	牵头单位：省委宣传部、省文化和旅游厅 责任单位：省委党校、省委党史研究院，省政府旅游工作领导小组各成员单位，各市政府
实施乡村旅游提升工程，打造乡村旅游精品	牵头单位：省文化和旅游厅、省农业农村厅 责任单位：省政府旅游工作领导小组各成员单位，各市政府
完善繁荣夜间经济政策措施，发展夜间旅游	牵头单位：省文化和旅游厅、省商务厅 责任单位：省公安厅、省财政厅、省生态环境厅、省住房城乡建设厅、省交通运输厅、省应急厅，各市政府

在文旅创新层面，政府一直都在发挥关键的政策引领作用。同时，作为满足人民美好生活需要和推动高质量发展的重要支撑，文化和旅游产业在党和国家工作全局中的地位和作用越发凸显。多部门协同合作，持续优化文旅创新环境，已经成为当前政府工作的一大重要方向。而在政府的推动下，各类规范标准、高质量发展措施相继出台，康养旅游、工业旅游、体育旅游、研学旅游等新业态发展势头良好，"文旅＋"工程得到有效实施，文旅工作在山东经济社会发展大格局中的贡献度和影响力得到进一步彰显。

2. 社会资本支持

《"十四五"文化产业发展规划》提出，要"激发民间投资活力""规范有序推广政府和社会资本合作（PPP）模式"。通过实施 PPP 模式，可以将更多社会资本投向文化和旅游领域，充分激发民间投资活力，运用其在投融资、建设、运营管理方面的综合和专业化优势，提升文旅公共服务的质量和效率。

早在 2018 年，文旅部和财政部联合发布的《关于在文化领域推广政府和社会资本合作模式的指导意见》就已进一步加快了人们对于 PPP 模式的理解认识。根据财政部全国 PPP 综合信息平台数据，截至 2021 年 5 月 20 日，PPP 项目库中旅游行业项目总数为 326 个，总投资额为 4115.11 亿元。其中，文化旅游项目 106 个、旅游配套项目 78 个、生态旅游项目 75 个、其他项目 25 个、观光旅游项目 22 个、农业旅游项目 11 个、旅游项目 9 个。按累计项目数量排序，山东省共有 18 个，排在第五位。

3. 科技赋能

当前，新一轮科技革命正在释放其强大的生命力，在新冠肺炎疫情使旅游业遭受前所未有的冲击之后，信息技术、人工智能、虚拟技术、5G 技术、大数据等技术革新更是为旅游业创新带来了巨大机遇。一方面，科技赋能下旅游业各种线上活动变得更加活跃，云旅游、云演艺、云直播、云展览等线上旅游产品相继推出，有效解决了人员流动和物资流动问题。另一方面，智慧城市、智慧交通、智慧文博、数字化政府、数字化社区等建设极大改善了旅游业发展所依赖的基本工具和场景，为其产业升级和城市发展不断蓄力。

近年来，山东省数字文旅新业态发展效果明显，突出体现在以下几个方面：第一，科技旅游、民俗旅游、旅游演艺等文化体验游的沉浸式体验旅游持续升温。在枣庄市的台儿庄古城，有古装沉浸变装记、实景互动情境演艺和被称作国内首座科幻题材的动态机械装置"动能虎"；在济南，有沉浸式电影主题餐厅和实景沉浸式推理馆。第二，博物馆、文化馆、美术馆等文化创意数字旅游精彩纷呈。东营市广饶县大王镇刘集村《共产党宣言》陈列馆中的四折幕全三维数字化沉浸式体验空间和中国历史历程大事件 VR 体验空间令人震撼；而全国首个省级文旅数字藏品专区——数字文创"山东馆"，更是让山东文旅真正"火"了起来。第三，积极将科技融入入境海岛游、乡村旅游、历史古都文化游等特色旅游之中，如济宁市微山县以科技为支撑，走出了"科技＋渔业＋乡村旅游"新路子。通过科技赋能，数字文旅未来将逐步成为文旅行业转型升级发展的主要方向。

（二）创新类型丰富

文化和旅游产业涵盖"食、住、行、游、购、娱"六大要素，并正朝着"商、养、学、闲、情、奇"的方向演化，而各要素的未来发展就是文旅新业态发展的主体内容。它的"新"趋势可以划分为创新、革新、融合三种类型，既有相对于业态本身的"新"，也有相对于同行业、同产业其他业态的"新"，还有相对于国民经济中其他产业的"新"[①]。多元业态纵横交织，各种城市功能加速聚集，山东省文化和旅游产业正在围绕"走在前，开新局"，打造文化"两创"新标杆，塑造文化和旅游产业新优势。

1. 创新型新业态

创新的实质是"从无到有"，即根据不断发展的要求，重新组合资源和要素，推出新产品、新方法，从而开辟全新的市场。近年来，自驾房车游、邮轮游艇游在山东境内表现亮眼，成为这一类型的典型代表。

自驾房车游。2016 年 9 月 22 日，国家旅游局联合多部门共同印发《关于加快推进 2016 年自驾车房车露营地建设的通知》，让中国的房车营地旅游开始起步。自驾房车游是旅游者按照一定线路自行驾驶汽车或旅居房车的自助旅游方式，受到疫情因素影响，自驾游一度成为推动旅游行业复苏的重要"风口"。

根据相关问卷调查数据显示，仅 2020 年国庆中秋"双节"期间，山东自驾游比例就达到了 71.3%，自驾人群达到了 4424.72 万人次，而当年全年自驾游人数则达到 22.4 亿人次，占出行总人数的 77.8%，展现了自驾游领域的巨大潜力。正因如此，山东省各地纷纷瞄准这一广阔市场，出台系列扶持举措助力自驾房车游的顺利开展。济南市先后组织举办了中国（济南）自驾旅游大会、百万车友自驾游济南等活动，推出了 10 大主题、45 条自驾旅游线路，

---

① 杨玲玲，魏小安. 旅游新业态的"新"意探析［J］. 资源与产业，2009（6）：4.

并与国内 20 家省级自驾游协会和 50 家知名自驾游俱乐部建立了合作伙伴关系。威海市投资 61.2 亿元建设"千里山海"自驾旅游公路,串联起全市 90% 以上的核心旅游度假资源,2021 年围绕 5·19 中国旅游日,威海创意推出了自驾环游威海行、不夜海岸露营行等一批精品旅游线路,进一步叫响了"千里山海·自在威海"自驾游品牌。与威海相类似,日照市研究推出快乐驾游"阳光之旅",依托山海优势资源,开发当地特色自驾游市场。

随着自驾游的盛行,各地汽车露营地建设也提上日程。德州市为助力文旅企业复工复产,积极鼓励游客和市民采取自驾游、露营、踏青等出游方式,并推出以乐陵千年枣林游览区——嗨客露舍营地为代表的 4 家 A 级旅游景区露营地;临沂市沂水县投资超 10 亿元建设道托镇蝎子岭越野车营地旅游项目……山东省通过基础设施建设和品牌营销,使得各地汽车营地项目迅速普及,满足了近年来迅猛增长的自驾车旅游市场需求,而房车露营节、自驾音乐节、乡村淘宝节等活动的举办,又进一步丰富了自驾游休闲业态,释放了该领域的消费潜能,"线上+线下"组合的方式,共同形成了强大宣传声势和浓厚旅游氛围。

邮轮游艇游。山东省港口条件全国领先,为省内邮轮游艇游的开展提供了得天独厚的自然地理条件。邮轮游艇游是一种涉及面广、产业链长、带动性强的旅游产业形态,近 10 年来在中国得到迅猛发展,年平均增长率超过 50%,而就山东省内而言,以开拓"邮轮+"多元业态为中心的创新实践正在上演,邮轮文化和旅游产业生态圈已经初现。

青岛市作为省内重要的海滨旅游城市,在山东港口邮轮文旅集团有限公司的牵头组织下,正在打造规模化邮轮经济全产业链,如携手威海打造国企党性教育基地,以弘扬"沂蒙精神""胶东文化"为主题开发设计 30 多条红色旅游线路,通过"邮轮+党性教育""邮轮+红色旅游"推动山东省海洋文化和红色旅游融合发展;推动"邮轮+工业旅游",积极做好工业旅游接待服务;充分发挥时尚文化体育赛事的纽带作用,采取"邮轮+文体赛事"的形式,将相关领域相互联结;深度挖掘"仙境海岸"沿线文化特色,打造"邮轮+文创产品"。这一系列创新实践,让邮轮旅游成为省内水运经济的新的增长点。

而在纾困方面，烟台市则做出表率，以奖补措施推动邮轮旅游和海上夜游顺利运行。该措施对以烟台为访问港并组织游客在烟台游览有门票收入旅游景区点 2 个以上的邮轮航次，按标准对旅行社给予奖励，同时对开展海上夜游的游船企业，按照开通海上游船夜航的夜晚数计，每 1 个夜晚给予补助 2000 元。极大支持了疫情后期山东省邮轮游艇游的有序推进。

2. 革新型新业态

革新的实质是"从同到异"，重点关注原有业态经营模式的提升与改变，或原有业态之中某一环节、某一项目的异质化打造。例如，乡村民宿游、休闲度假游、生态旅游就是对传统业态功能的转变。

乡村民宿游。民宿是一种贴近自然、倡导绿色、推动文旅融合高质量发展的新业态。2022 年，"乡村民宿"第一次被写入中央一号文件，其中强调"实施乡村休闲旅游提升计划，支持农民直播经营或参与经营的乡村民宿、农家乐特色村（点）发展"，并应该"加快落实保障和规范农村一二三产业融合发展用地政策"。

山东省各地市自 2016 年起，就纷纷将发展民宿纳入本区域乡村振兴、旅游扶贫工程之中，建设了一批具有产业带动性的民宿群；2018 年，山东省旅游民宿进入高质量发展阶段，由规模化发展逐步转为品质提升，开始走精品化路线；2020 年，山东省《旅游民宿等级划分与评价》出台，民宿开始以"创新、协调、绿色、开放、共享"五大发展理念为核心，对其文化融合、视觉美感、设施设备等方面提出了更高要求。据资料显示，近几年，乡村民宿、景区民宿、城镇商业区民宿、海滨民宿、设计类民宿等类型层出不穷，并成为 2020 年疫情之后最早恢复的住宿业态。

同省内其他旅游项目一样，民宿行业也在疫情之中遭受重创，如何实现旅游民宿业的创新和精品化发展，成为各地市亟待解决的一大问题。而在这一点上，日照市和淄博市表现突出，针对当地民宿发展推出了一系列创新举措。首先，日照市以"聚力打造精品民宿"为目标，从发展环境、政策制度和品牌打造等方面促进当地民宿行业发展。一方面建立了一批民宿片区和民宿聚集区，并推出了一系列精品民宿品牌、产品与线路；另一方面优化民宿审批流程，破解了民宿行业"办证难"的问题。而日照东方太阳城景区则重点壮大平台经济，积极创新酒店民宿经营模式，发展"民宿＋互联网""民宿＋养老""民宿＋网红"等新模式，从而推动刘家湾赶海园太阳海岸木屋民宿、天台山旅游区太阳客栈和尔雅阁运营平台化、收入多元化。其次，淄博市博山区的三水源生态旅游度假区，毗邻五仙湖打造鲁中唯一的精品轻奢湖畔露营地，聘请国内顶尖设计公司根据十二星座设计星空部落帐篷民宿，并积极通过线上营销，"一手抓'请您来'，一手抓'好再来'"，将文化旅游融入乡村振兴。

休闲度假游。如今的休闲旅游与过去有了很大的不同，新业态对于休闲旅游已经无处不在、无时不有，不断创新成为新时期休闲度假游建设的必然要求，而单一的观光游形式也正朝着观光休闲度假并重的方向转变。作为消费能级高、消费层次丰富的一种旅游方式，业态和"夜态"产品的打造是休闲度假游不得不关注的重点。在休闲度假游持续火热的背景下，山东省各地市各景区主动从自身的资源特质、功能特色与市场定位出发，打造了丰富的休闲生活产品和高品质的旅游服务。

东营市广饶县立足休闲度假游建设，对原有旅游线路资源进行重新整合，打造了一批精品游园线路，并深度开发系列沉浸式体验及休闲度假产品，以满足广大游客研学、旅游、休闲的需要，为该地区营造了良好的休闲度假游览环境。日照东方太阳城景区为适应疫情之下"微度假""近郊游"的旅游新需求，通过实施产品提升、项目提升和业态提升工程，以要素创新赋能景区运营。该景区紧抓潮流，将资源和要素向夜游、夜娱、夜休闲聚集，打造日照"不夜城"景区，推动景区夜旅游经济实现新增长、新突破。而潍坊市的奎文区也主动调整经营思路，突出"微度假"概念，为景区内部增加了体验性、互动性元素，如休闲房车、自助烧烤地等特色板块，极大丰富了游客的休闲体验。

生态旅游。所谓生态旅游，是"在一定的自然区域中保护环境并提高当地居民福利的一种旅游行为"。2018 年，国家改革委等政府部门共同印发了《生态扶贫工作方案》，将生态旅游业视为实现脱贫攻坚和生态文明建设"双赢"的有力工具。2021 年，《关于建立健全生态产品价值实现机制的意见》出台，明确鼓励以发展生态农业、生态旅游获取收益，使生态旅游再次迈上新台阶。后来，山东省积极响应国家号召，结合省内生态旅游发展实际情况修订了《山东省省级生态旅游示范区建设与运营规范》，为山东省生态旅游建设奠定了基础。

在创新实践方面，山东省积极将尊重自然、顺应自然、保护自然的生态文明理念融入旅游建设当中，推动各地生态旅游健康发展。东营市策划推出黄河生态醉氧游、健康活力滨海游、暮春初夏亲子游、浪漫唯美花海游、乡村田园逍遥游、迷人夜色魅力游 6 条精品线路；日照东方太阳城景区做实茶旅融合文章，依托天台山旅游区自有 80 亩无公害茶园注册了"天台云雾"茶叶品牌，大力开展茶生态旅游；淄博市博山区的三水源生态旅游度假区则利用"三水跨境、淄水中源"的优势，大力挖掘"水"的文化，形成"一溪、二湖、四桥、七泉"的秀色风景。融合"天然氧吧"，倾力打造齐风、亲子、浪漫、田园四大主题体验板块，推出湖畔部落露营地、彩虹亲水叠瀑、恐龙松鼠乐园等系列新产品。在山东省生态文明建设、大众健康意识不断提升的背景下，生态旅游将越来越受到游客青睐。

3. 融合型新业态

融合的实质是"从一到专，从单到丰"。如今的文化和旅游产业更加讲究"跨界合作"，从文旅融合到科技融合再到区域融合，每一次产业或功能整合都将旅游业发展引向纵深，催生"1+1>2"的叠加效应。融合型新业态是当前"文旅+"真融合、深融合的最直观表现，而现阶段新兴的工业遗产游、研学知识游、红色教育游、康养体育游就是这类创新实力的绝佳证明。

工业遗产游。近年来，依托于工业遗产而开发的文旅项目在全国多地走红，如 2022 年北京冬季奥运会自由式滑雪和单板滑雪比赛场地——首钢滑雪大跳台，是冬奥会历史上第一座与工业遗产再利用直接结合的竞赛场馆，也成了 2022 年北京旅游的热门打卡地。放眼国内，北京 798 艺术区、重庆鹅岭贰厂文创公园、武汉 Big House 当代艺术中心等工业旅游目的地层出不穷，工业遗产游越发成为后工业时代唤醒城市生命力的重要法宝。

山东省拥有丰富的工业旅游发展基础，乘着当前"旅游+工业"的东风，省内各地市坚持理念和规划现行，积极构建工业旅游产品体系，开展省级工业旅游示范基地和国家级工业旅游示范单位的创建工作。而在这一领域，最具代表性的莫过于青岛啤酒博物馆。青岛啤酒博物馆是由青岛啤酒厂厂房改建而成的，始建于 1903 年，是一座集历史、文化、艺术等多元化价值于一体的百年德式建筑。该博物馆将其历史与现代生产工艺相结合，通过展陈互动创新、产品形态创新、业态规划创新等方式，打造兼具文化历史、生产工艺流程、啤酒娱乐和购物功能的新形态博物馆，不仅盘活了这一历史文化遗存，也为这座城市注入了新的灵魂。

淄博市作为一座老工业城市，在工业遗产旅游建设方面也是不甘示弱，制定了《淄博市推动工业遗产保护利用工作方案（2021—2025 年）》，积极稳妥推进工业遗产保护利用工作。在淄博市博山区，有一座废弃 22 年的山东博山陶瓷厂，然而在当地政府和社会各界的不懈努力下，依托古窑、老厂房和传统历史街区，旧厂房被改造成为神颜古镇，吸引着大批游客前来参观，让第二产业中的"废"变成了旅游产业中的"宝"。

研学知识游。研学旅游是"旅游＋教育"最为重要的业态形式，它是指"本土教育与异地教育之间通过学校与学校交流互访、校际结盟、论坛峰会等方式，以推广教育成果、学校办学、展示学生多元学习，拓宽视野为基本目的的一种学习途径及方法"，近年来受到了广大学生与家长的青睐。

山东省作为孔孟之乡、文化大省，自研学知识游盛行以来，一直致力于教育资源的挖掘与研学项目的开发。2016 年，国家旅游局授予北京市海淀区等 10 个城市"中国研学旅游目的地"的称号，其中山东省曲阜市榜上有名，并迅速在全国范围内打响了名号。据统计，2019 年上半年，泰山景区泰山研学基地共接待逾万名研学游师生；三孔景区接待研学旅游团队 797 个，约 14.5 万人次；台儿庄古城旅游集团有限公司共接待研学旅游团队 1486 个；刘公岛景区接待研学团队数比同期增长约 60%；沂蒙山云蒙景区接待研学团队 156 个，同比增长 100% 左右。2021 年 4 月 2 日，山东省会经济圈研学旅行促进会正式成立，并发布首批 10 条山东省会经济圈研学旅游线路和 21 个研学旅行目的地。而同年 5 月印发的《"十四五"文化产业发展规划》又再次将"大力发展研学旅游"放在了重要位置。

研学旅游市场热度大增，加快了省内各地市相关项目建设的步伐。德州市平原县在持续推进工旅融合的同时，还积极打造"研学＋工业"项目。例如在盛堡啤酒特色小镇，开发商以迷笛音乐、啤酒研学文化为特色开设了研学线路，小镇内的啤酒文化观光走廊等项目也已建成并投入使用。东营市则从规划入手，推进研学旅游发展：首先，以黄河口生态文明研学基地为依托，联合各单位、基地，围绕黄河、红色、孙子、石油等主题开发主题课程，组织开展校外旅行集体生活研学实践；其次，相关部门围绕"课程开发""配套服务""导师队伍""活动开展"不断提高研学品质，着力开设一批精品研学课程。同时，还先后组织了"黄河口公益亲子科普游"活动、"熄灯，让鸟儿回家"生态文明写生等系列校外研学实践活动，形成了特色研学品牌，收获了大批当地及外来游客。邹城市本着"用景区做课堂，以独特的自然风光和悠久的历史文化为老师"的想法，全方位开发参与性强、文化味浓、可体验的沉浸式线路，其中"跟着孟子游峄山"和"探寻红色足迹 争做强国少年"等特色线路均在山东省研学旅行线路设计大赛中获得奖项。在政策、资源和资金的保障下，"研学+"正在山东省文化和旅游产业当中焕发无限生机。

红色教育游。红色教育游也是 21 世纪所兴起的一种新型旅游业态。有业内人曾表示，红色旅游的发展关乎红色文化的传承与红色基因的赓续，是一项利党利国利民的政治工程、文化工程、富民工程和民心工程。除研学旅游以外，红色教育游也是"旅游+教育"的一种重要的业态形式。齐鲁大地，是一片沐浴着红色文化的革命热土，丰富的红色文化资源为山东省红色旅游的开发创造了优势条件。如何用活红色资源，做好融合文章，成为现阶段红色文化传承的重中之重。

在临沂市沂南县，一个高品质的红色沉浸式情景演艺 IP《沂蒙四季》正在上演。《沂蒙四季》使"沂蒙精神"和"红嫂精神"得到充分体现，除在红嫂家乡旅游区固定剧场、院落演出外，《沂蒙四季》还主动求新求变，拓宽演出渠道，延伸红色沉浸演艺教育效果，积极采取"四三"宣传营销模式，实现了优势互补，成为弘扬"沂蒙精神"、传承红色基因的良好载体和创新转化红色资源优势的典型案例。枣庄市薛城区更加注重产业融合与区域合作，采取多项措施助力红色旅游创新发展水平的提高，主要包括突出"红色旅游+"发展模式、做好铁道游击红色文化品牌的良性运行、持续开发适销对路的红色旅游项目、不断创新红色旅游宣传方式等，同时以新兴信息技术为支撑，推动红色旅游智能化发展，从而叫响当地红色文化品牌、传承红色文化基因。

康养体育游。随着人们对环境安全和身体健康关注度的提高，康养旅游、体育旅游迎来了新的发展机遇。首先，据联合国数据预测，中国老年人口数量 2025 年将达到 2.8 亿左右，约占总人口比重的 1/5，老年群体消费能力的提升使得旅居养老成为新趋势。在政策方面，《健康中国 2030 规划纲要》提出，要积极促进健康与养老、旅游、互联网等融合，催生健康新产业、新业态、新模式；而 2021 年 12 月国务院印发的《"十四五"国家老龄事业发展和养老服务体系规划》，也明确指出要促进养老和旅游融合发展。因此，康养旅游是顺应当代社会需求且具有巨大发展潜力的一种旅游新业态。其次，"旅游+体育"的热度也随着我国各种体育赛事的举办而逐年递增。体育旅游具有大众性、参与性、体验性、消费性、综合性的鲜明特点[1]，推进体育和旅游深度融合，必将能够创造消费、引导消费，使文化和旅游产业再次迈上新的台阶。

在这一大背景下，山东省内各地区均蓄力勃发，在理念、模式和路径方面不断创新，助力康养体育游建设提质升级。德州市平原县计划投资 58 亿元，以"一环、两核、七片区"为总体框架，打造集"旅游度假、休闲娱乐、健康颐养"等多功能为一体的东海温泉康养小镇。聊城市东阿阿胶城景区以文旅融合为建设理念，打造的集康体养生、科普研学、非遗文化传承于一体的文旅康养融合项目，让游客可以进一步体验艾灸、膏方、食疗、理疗、茶修、国学等形式多样的养生方式。烟台市龙口市积极组织申报山东省首批文旅康养强县，借力做大文旅康养产业，培育新产品、丰富新业态，做强龙口品牌。枣庄市则重点提升以台儿庄古城、红荷湿地为代表的文旅康养融合产业链，多头创新，支撑当地文化和旅游产业发展。

相比于康养旅游，山东省内体育旅游的起步要更晚一些，但发展势头却依然强劲。济宁市邹城市多年来坚持探索"旅游+"新业态，积极发展峄山+体育旅游，成功举办了邹城市第十一届全民健身运动会启动仪式暨"邹城市农商银行杯"西部隆起带首届户外运动挑战赛，举办了徒步、登山、探险、自行车等活动，并于 2020 年被山东体育局评为"山东省体育旅游示范基地"。

---

① 刘晓明.产业融合视域下我国体育旅游产业的发展研究［J］.经济地理，2014（5）：187-192.

日照市东方太阳城景区也在近几年打造以天台山为核心的体旅融合景区，使之成为户外运动集散地、山地训练理想地、体验文化展示地、体育装备用品研发地、体育旅游休闲必经地。为山东省内其他地区的体育旅游发展做出了良好的示范。

三、旅游业态创新的未来展望

（一）交互赋能，深入推进文旅融合

旅游是综合性产业，在实现其自身发展空间拓展的同时，也要时刻关注旅游与相关行业和领域的融合发展，不断催生新业态。自"旅游+"的理念于2015年8月被首次提出以来，旅游业的内涵就被不断地加以扩充。在党中央、国务院的高度重视下，我国旅游产业高速发展并于2019年进入了文旅融合的新时期。可以见得，在旅游业态的创新实践中，融合型新业态已经成为当前文化和旅游产业创新的重要关注点，因此，促进相关产业交互赋能、融合发展就成为近些年文化和旅游产业的重要流行趋势。

"旅游+"具有供需平台功能、价值创新功能、产业拓展功能、结构优化功能和大众服务功能，能够深化供给侧结构性改革，推动自身及其他产业创新升级。因此，深入推进文旅融合，加强文旅关联产业之间交互赋能，以"旅游+"打破各产业之间的界限并形成联动，协同共创文旅新业态、新图景，是文化和旅游产业创新一种比较理想的状态。2019年，国务院、发改委、文旅部等陆续发文，鼓励支持交通、体育、养老、健康等产业与文旅融合发展；《文化和旅游产业2022年行动计划》中也提到应加强金融赋能产业发展。山东省旅游业要通过以"旅游+"推动形成多产业融合发展新格局，这不仅包括与景区、交通、住宿等传统旅游产业元素的深度融合，还包括与互联网、教育、工业等其他产业领域的跨界交融。正所谓"交互赋能、联动创新"，以文化和旅游产业创新融合平衡第一、二、三产业发展，为其他产业注入新动能，以各产业与文化和旅游产业之间的创新重组，实现旅游资源的优化配置和产业结构的调整升级。不断丰富新业态，推出新产品，强调新理念，在文化和旅游深度融合的时代背景下，力求使创新力遍布旅游业发展的每个角落。

（二）加强合作，不断促进产业集聚

旅游业态创新离不开文化和旅游产业与其他产业之间的交互赋能、融合发展，也离不开多元主体之间的协同共治、通力合作。当前，在"全域旅游"创新发展理念的指导下，山东省各个地区都在高效整合区域资源，推动全业态旅游高质量协调发展。未来，山东省文化和旅游产业应该坚持跨界融合，充分挖掘各方优势资源，打造优质旅游产品，同时更要全力推动产业集约集聚发展。首先，加强多元主体之间的合作，形成"政策引导，多元互动"的发展模式。《文化和旅游产业 2022 年行动计划》中也提到，应"联合发展改革、财政、金融、自然资源等部门，在政府专项债券使用、政府和社会资本合作（PPP）、乡村旅游用地、文旅金融产品创新等方面加大对文化和旅游产业发展的政策支持"。在政策的指导下，政府应与企业、行业协会、社会大众等形成合力。具体来说，政府应在旅游业态演化过程中提供政策引领和资金支持；企业作为景区业态创新的主体力量，应积极吸引资本、人才、技术、信息、文化以提高业态创新能力；行业协会则应主动发挥其沟通、协调、指导、监督等作用，在政府与企业之间、企业与企业之间形成桥梁纽带，从而加深政企合作，为旅游业态创新提供更好的环境。其次，在产业发展集群化趋势日益明显的今天，打造旅游产业集群已经成为旅游业创新升级的客观要求。旅游产业集群是以旅游为主导，带动其他周边相关产业的发展，从而组成的一个产业集群[1]。因此，除了加强创新主体之间的合作以外，还要注重各产业之间的相互配合与社会的广泛参与。要重点调整旅游产品结构，实现旅游产品整合，加强各区域之间的有效合作机制，从而充分发挥产业集群化优势，促进文化和旅游产业创新性发展。

（三）变中求新，科技驱动业态创新

当前，我国进入新发展阶段，科技正在成为文旅创新发展的内生动力。《"十四五"文化产业发展规划》中提到，要加快发展新型文化业态，顺应数

---

[1] 陈彩红. 基于培育旅游产业集群的农村旅游业发展探讨［J］. 中国管理现代化，2019，22（9）：2.

字产业化和产业数字化发展趋势，培育壮大线上演播、数字创意、数字艺术、数字娱乐、沉浸式体验等新型文化业态。可见，科技赋能文旅业态创新，在新冠疫情防控常态化背景下变得尤为关键。面对市场的变化、需求的变化，旅游企业需要由要素投入驱动向技术创新驱动跨越，加大新技术在旅游场景中的应用，以"云旅游""云展览"等形式推动文化和旅游产业数字化转型。同时，也要加快旅游与文化、体育等业态的融合发展，不断丰富旅游场景和内容，变中求新，从而推动文化和旅游产业转型升级，实现突破式发展。

第六章

2021 年山东文化和旅游产业智慧旅游发展报告

姚　曼

5G、大数据、物联网、AR、VR 等新技术、新场景日新月异，在疫情防控常态化形势下和文旅市场的新变化，2021 年，山东文旅和旅游战线充分利用"互联网 +""科技 +"，进一步完善功能、丰富内容、加强推广、深化应用，推动旅游产业智慧化发展，开展旅游管理、旅游营销和旅游服务，方便了游客出游，更促进了山东全域旅游提质增效、转型升级。

一、智慧旅游概况

（一）智慧旅游发展阶段

1981 年，为处理旅游团财务管理及数据统计工作，中国国际旅行社引进了美国 PRIME550 型超级小型计算机系统，掀开了我国旅游信息化发展的篇章。我国智慧旅游信息化发展至今，经历了四个阶段。

启动阶段（1993—1996 年），"三金工程"的启动，标志着我国正式进入国民经济信息化时期，各地区各领域都相继奔向信息化发展的大潮之中。

展开阶段（1997—2000 年），首次全国信息化工作会议，提出了符合国情的信息化发展的总体思路，成为我国信息化建设发展的里程碑。

发展阶段（2001—2009 年），随着互联网的快速发展，旅游企业建立了以内部管理系统与信息发布、在线预订的电子商务模式。

推动阶段（2010年至今），移动互联网的出现，催生了手机终端应用以及电子商务平台，加快了旅游资源与信息互动性的发展。自进入"十四五"发展新时期，我国旅游业迎来全面开放新格局，而5G时代的来临将推动智慧旅游再次提速。

（二）政策助力智慧旅游发展

早在2011年7月15日，国家旅游局就正式提出，旅游业要落实国务院关于加快发展旅游业的战略部署，走在中国现代服务业信息化进程的前沿，争取用10年时间，在中国初步实现智慧旅游。2014年8月，国务院印发的《关于促进旅游业改革发展的若干意见》，成为国家政策推动智慧旅游发展的新起点。此后，国家相关部门相继推出多项政策支持和推动智慧旅游发展（见表1-6-1）。

表1-6-1　国家层面出台的支持智慧旅游发展的政策

发布时间	政策名称	主要内容
2014年8月	国务院《关于促进旅游业改革发展的若干意见》	加快智慧景区、智慧旅游企业建设，完善旅游信息服务体系
2015年1月	国家旅游局《关于促进智慧旅游发展的指导意见》	该意见分总体要求、主要任务、保障措施3部分18条。主要任务是：夯实智慧旅游发展信息化基础；建立完善旅游信息基础数据平台；建立游客信息。到2016年，建设一批智慧旅游景区、智慧旅游企业和智慧旅游城市，建成国家智慧旅游公共服务网络和平台。到2020年，我国智慧旅游服务能力明显提升，智慧管理能力持续增强，大数据挖掘和智慧营销能力明显提高，培育若干实力雄厚的以智慧旅游为主营业务的企业，形成系统化的智慧旅游价值链网络
2015年7月	国务院《关于积极推进"互联网+"行动的指导意见》	大力发展以互联网为载体、线上线下互动的新兴消费，加快发展基于互联网的旅游等新兴服务，创新政府服务模式，提升政府科学决策能力和管理水平
2015年8月	国务院办公厅《关于进一步促进旅游投资和消费的若干意见》	到2020年，全国4A级以上旅游景区和智慧乡村旅游试点单位实现免费Wi-Fi（无线局域网）、智能导游、电子讲解、在线预订、信息推送等功能全覆盖，在全国打造1万家智慧景区和智慧旅游乡村

续表

发布时间	政策名称	主要内容
2015 年 9 月	国家旅游局《关于实施"旅游＋互联网"行动计划的通知》	到 2020 年，旅游业各领域与互联网达到全面融合，互联网成为我国旅游业创新发展的主要动力和重要支撑，网络化、智能化、协同化国家智慧旅游公平服务平台基本形成；在线旅游投资占全国旅游直接投资的 15%，在线旅游消费支出占国民旅游消费支出的 20%
2016 年 4 月	国家旅游局《关于加快推进智慧景区建设的通知》	实现景区免费 Wi-Fi 全覆盖，且用户连接简便、上网流畅、体验感强。实现景区重点区域的视频监控全覆盖，并支持录像的检索和查看，录像数据存储保留时间应超过 30 天等
2016 年 12 月	国务院《"十三五"旅游业发展规划的通知》	建设旅游产业大数据平台。实施"互联网＋旅游"创新创业行动计划。建设一批国家智慧旅游城市、智慧旅游景区、智慧旅游企业、智慧旅游乡村。支持"互联网＋旅游目的地联盟"建设。规范旅游业与互联网金融合作。到"十三五"期末，在线旅游消费支出占旅游消费支出 20% 以上，4A 级以上旅游景区实现免费 Wi-Fi、智能导游、电子讲解、在线预订、信息推送等全覆盖
2018 年 11 月	文化和旅游部《关于提升假日及高峰期旅游供给品质的指导意见》	提升智慧旅游管理水平、服务水平、产品开发水平，鼓励智慧景区建设，充分运用虚拟现实（VR）、4D、5D 等人工智能技术打造立体、动态展示平台，为游客提供线上体验和游览线路选择
2019 年 12 月	发改委《关于改善节假日旅游出行环境促进旅游消费的实施意见》	大力发展"智慧景区"。鼓励各地积极提升智慧旅游服务水平，重点推进门票线上销售、自助游览服务，推进全国 4A 级以上旅游景区实现手机应用程序（App）智慧导游、电子讲解等智慧服务
2020 年 11 月	文化和旅游部《关于深化"互联网＋旅游"推动旅游业高质量发展的意见》	加快建设智慧旅游景区。制定出台智慧旅游景区建设指南和相关要求。树立智慧旅游景区样板，推进乡村旅游资源和产品数字化建设，打造一批全国智慧旅游示范村镇。支持旅游景区运用数字技术充分展示特色文化内涵，积极打造数字博物馆、数字展览馆等，提升旅游体验
2021 年 1 月	文化和旅游部《开好局起好步 推动文化和旅游工作开创新局面 2021 年全国文化和旅游厅局长会议工作报告摘要》	加强旅游信息基础设施建设。加快建设智慧景区，推进预约、错峰、限量常态化。推进"智慧＋"、数字文化等重大战略，推动线上线下融合、演出演播并举。提高文化产品、旅游产品技术含量，谋划实施一批文化和旅游领域重大科技攻关项目

发布时间	政策名称	主要内容
2021年4月	文化和旅游部《"十四五"文化和旅游发展规划》	积极发展智慧旅游，加强智慧旅游相关标准建设，打造一批智慧旅游目的地，培育一批智慧旅游创新企业和示范项目，推动智慧旅游公共服务模式创新，推出一批具有代表性的智慧旅游景区

山东智慧旅游的探索由来已久。2009年山东借助承担国家"863"项目"基于高可信网络的数字旅游服务系统开发及示范"课题研究的机会，开创了中国旅游数字服务系统的研发和应用先河。近两年也先后出台多项政策推动智慧旅游发展进程（见表1-6-2）。

表1-6-2　山东出台的支持智慧旅游发展的政策

发布时间	政策名称	内容
2020年11月	山东省人民政府《山东省新基建三年行动方案》	开展文旅融合数字经济创新实践，推动人工智能、智能可穿戴、全息投影、虚拟现实等在旅游领域渗透应用
2021年9月	《关于加快推进文旅重点项目建设扩大有效投资的若干措施》	提出推进"互联网＋旅游"深化发展。在4A级以上旅游景区、省级以上旅游度假区，优先布局5G基站、物联网、新能源汽车充电桩等新基建项目。开展智慧旅游提升行动，实现全省4A级以上旅游景区分时预约全覆盖。全力推动"好客山东·云游齐鲁"智慧文旅项目实施，打造全国行业示范标杆。到2023年，全省主要文旅消费场所全部实现在线预订、网上支付、智能导游、电子讲解、实时信息推送等智能服务
2021年9月	山东省文化和旅游厅等十二部门《关于推动山东省文化和旅游数字化发展的实施意见》	加快智慧旅游项目建设。制定智慧旅游项目分类标准，在全省布局建设一批智慧旅游项目。2021年年底前，全省非完全开放式4A级旅游景区实现在线预约预订和无纸化入园。到2025年，培育形成一批智慧旅游景区样板。加快乡村旅游资源和产品数字化建设，评选一批"全省智慧旅游示范村镇"

二、智慧旅游的优势

随着旅游业产业地位的提升，游客个性化需求的日益强烈，信息化的推动，尤其是随着旅游市场结构的变化和旅游出行方式的变化，游客对信息服务的诉求大幅提升，智慧旅游未来将在游客定制化服务、旅游企业业务流程再造与行业监管、公共信息与信息的整合与共享方面发挥重要作用，并有着广阔的发展前景。据中研普华《2020—2025 年智慧旅游产业深度调研及发展现状趋势预测报告》推测，到 2025 年中国智慧旅游行业总资产约为 2060 亿元，年均复合增速约为 6%。

（一）满足疫情下"无接触"需求

为了疫情期间减少聚集，以在线预约预订门票为代表的无接触服务，反映的不仅是门票购买方式的变化，更是旅游行业主动求变的体现，智慧旅游助力旅游行业早日复苏。景区利用 AI、大数据、人脸识别、智能语音等技术，减少了人工的使用，避免了人流排队聚集风险，这不仅能提升景区服务能力应对疫情等突发情况，同时也带来高效的服务及成本的降低。

（二）满足个性化消费需求

近年来，冰雪旅游、研学旅行、自驾旅游、休闲度假等旅游新消费需求的出现，带动了旅游产业结构的优化和旅游供给水平的提升，旅游业需要有更加快捷的智能化、个性化、信息化的服务来满足需求。从技术层面说，最重要的就是实现智慧旅游。智慧旅游将是从传统的旅游消费方式向现代的旅游消费方式转变的推手。虽然旅游消费的内容还是传统的"食、住、行、游、购、娱"，但是我们可以通过信息技术的广泛运用实现消费方式的现代化。

（三）满足应用场景需求

从应用场景来说，智慧旅游通过加强与交通、气象、公安、地质等部门的横向合作，形成数据互换和共享机制，不仅为政府主管部门提供决策依据，也为旅游企业提供及时的旅游信息，给企业的精准市场营销、线路设计给予技术上的支持，从而提升景区智慧化管理。同时，为旅游者个人提供各种旅游信息和预订服务，并针对旅游者的喜好制订个性化线路，虚拟现实技术更让旅游者足不出户也能游，提前进行沉浸式旅游体验，打造深度的参与感。另外，还能为疫情下旅游专业院校的学生提供虚拟的实习环境，为旅游教学服务。

（四）满足产业转型升级需求

我国旅游业在快速发展过程中遇到瓶颈，急需转型升级，而智慧旅游成为旅游业转型升级的良好契机。山东省拥有丰富文旅资源，具备自然及文化的优势，文化和旅游产业发展的潜力巨大，但在发展中，存在文旅产品的创造性不足、文化和旅游产业的数字化不足、文旅服务场景的智能化体验不足等问题，需要引入数字智慧科技，以"数据化、系统化、融合化"破局"碎片化、低端化、封闭化"，进一步激活释放经济动能，助力山东省精品旅游、文化创意产业的转型升级发展，实现文化和旅游产业提质增效。

根据山东相关工作部署，未来山东将制定智慧旅游项目分类标准，在全省布局建设一批智慧旅游项目。落实"限量、预约、错峰"要求，推进旅游景区在线预约预订、分时段预约游览、流量监测监控、科学引导分流、非接触式服务、智能导游导览等规范化、标准化建设。同时，引导旅游景区开发数字化体验产品，普及景区电子地图、线路推荐、语音导览等智慧化服务，让游客方便购票、便捷入园、舒心游览。

三、智慧旅游的山东实践

2021 年堪称是山东智慧文旅建设成果集中涌现的元年。各地市多点开花，充分利用 5G、超高清、增强现实、虚拟现实、人工智能等技术，开发建设新一代沉浸式体验型文化和旅游消费内容。

（一）打造智慧旅游数字平台

山东省重点景区监测平台目前逐步成为获取实时数据、强化流量管控、加强数据分析应用的有效载体。"好客山东　云游齐鲁"省级智慧文旅平台也于 2021 年"五一"假期前夕上线，山东依托文旅云平台，集成网络直播、场馆预约、线上购票、艺术欣赏等 26 项服务功能，覆盖景区 503 家、酒店 22972 家、文博场馆 430 家，以线上服务方式为市民提供假日文化服务，着力实现"足不出户'云游'山东"和"一部手机游山东"。"山东公共文化云"

已覆盖全省 16 个市、115 个县（市、区），累计发布各类资源 2.5 万余条，实现全省各级文化馆（站）数据实时上传、信息发布和应用共享。

济南市以文旅重点区域综合监测平台、公共文化云平台为承载，建立完善"1+3+N"的数字化营销体系，积极推动数字化惠民新模式、新业态为文旅行业高质量发展注入活力。泰安建设"慧游泰山"智慧文旅平台，实现一部手机游泰安；与高德地图合作共建"泰安一键智慧游"平台，成为全国首个地市级智慧旅游产品。烟台"文旅云"搭建起了一个集展示、宣传、销售及安全监管于一体的有效平台，自 2020 年上线以来，"烟台文旅云"注册用户突破 440 万，并先后入选文旅部"智慧旅游优秀案例""数字山东政府建设典型案例"。日照于 2019 年打造了国内地市级首个旅游交通深度融合的智慧旅游服务平台"一机游日照"。2021 年，采用市县一体"统建共享"模式，打造日照市智慧文旅云平台。东营打造智慧旅游城市，发布"黄河入海、智游东营"小程序，推出十大亮点服务，为游客提供"游前、游中、游后"全方位智慧化服务。威海通过线上搭建威海文化和旅游产业互联网平台和"自在威海"智慧旅游平台，构筑起线上线下的运营生态体系。聊城着力推动"智慧旅游云平台"建设，以"一个信息库、三大平台"为基本架构，分别建立聊城市文旅信息库、综合服务平台、智慧营销平台和文化旅游重点区域监测平台，实现了互联网门户网站、应用系统、新媒体矩阵信息的共享统一。济宁孔子文旅集团以即时旅游市场大数据为支撑，打造并持续完善"一码游济宁"智慧旅游服务平台，将更好实现从顾客预订购买、对接文旅企业到媒体宣传一体化、营销策划联动的运营模式，为入济游客提供"一站式"VIP 旅游金牌服务。滨州无棣县启动全县 A 级旅游景区全景 VR 制作和自助语音讲解平台建设，打造无棣"云旅游""云直播"品牌，为无棣旅游市场快速复苏助力。

（二）推动智慧景区建设

如今，旅游景区不仅借助数字技术将景点或展品放到网上，推广文创手造、数字藏品，还加强了景区的数字化智慧景区管理系统，既帮助景区管理者更好地整合内部资源，又通过智能营销、智能硬件等工具更好地营销和服务游客，提升游客服务体验。

在"2021 山东文旅新锋尚"网络投票评选活动中，很多智慧景区脱颖而出，如山东文旅崮云湖高尔夫主题公园建立了以智慧管理中心为核心的管理服务、营销和生态保护三大体系，实现了经营管理智能化、现代化。位于新泰的新甫山景区智慧景区以一个平台（景区综合管理平台）、两个中心（管理指挥中心、游客服务中心）、三大板块（智慧管理、智慧服务、智慧经营）为建设内容，解决了管理、运营问题，提升景区管理水平，提升运营效率，提高游客体验。沂蒙山旅游区云蒙景区通过智慧旅游建设，融合多种服务系统，提供旅游景点的智慧营销、智慧导游、智慧导购、交易结算、旅游景点的智慧管理、旅行景点的信息资源管理等。曲阜三孔，现已成为省内首个 5G 网络全覆盖景区，建立了智慧景区管理系统和一些依托业务场景的应用体系，并且成为全球首家上线智慧 MR 数字文旅融合体验项目的景区。此外，诸城市智慧文旅生态化景区联盟，将定制化打造其生态化智慧平台，以"智慧文旅平台＋多业态联动＋助农惠民"的模式，推动全域旅游智慧文旅发展；枣庄市薛城大力发展铁道游击队智慧景区及数字化纪念馆项目。通过景区信息、数据资源的共建共享，实现景区智慧管理、服务、营销的跨平台、跨网络、跨终端综合应用，提升游客旅游体验品质和服务水平。

2021 年 12 月，文化和旅游部资源开发司发布了"2021 年智慧旅游典型案例"，入选的青岛崂山建立了全域旅游大数据中心和综合智慧管理、应急指挥调度、视频共享三大平台，全网实名制分时预约售检票系统等关键业务系统已全面升级。日照市山海天旅游度假区，建设了度假区智慧旅游指挥平台，打造了集信息化、智慧化、高效化于一体的"一平台、五中心"旅游市场监管服务平台。据日照市政务热线受理中心统计，2020 年，政务热线总诉求中，涉旅诉求 280 件，占总诉求量的 3.90%，同比下降 59.12%。2021 年上半年涉旅诉求仅为 67 件，极大维护了旅游市场秩序。

在 2021 山东省旅游发展大会期间，时任山东省文化和旅游厅资源开发处处长赵勇曾表示，智慧景区建设是驱动智慧旅游发展的关键环节，是顺应时代潮流、推动旅游业转型发展的客观需要，也是创新服务方式、提升管理服务效能、提高监管治理能力的重要手段。特别是疫情防控常态化形势下，加快智慧景区建设，对于落实"限量、预约、错峰"开放要求、提升旅游景区服务质量、促进景区景点有序开放、有效疏导管控客流、助力景区加快复苏具有重要作用。

四、智慧文旅的新体验

智慧旅游发展趋势是融合化、智能化和沉浸式。当前，各地借助各种科技手段，打造沉浸式、科技感、互动性强的文旅新体验，让文化和旅游产业与数字科技实现完美结合。

（一）AR 虚拟景区

将虚拟与现实空间的信息结合起来，利用定位系统和图像识别技术为旅游者提供实时的景区导览服务。

青岛市市南区正在打造"光影中山路，活力上街里"项目，将运用数字孪生、大数据、云计算、区块链、AR、MR 等技术整合，打造线上虚拟城市景区，实现线上预约购票、线上购物、线上游览等智慧旅游功能。线下打造沉浸式餐秀、夜游、市集、演艺等体验项目，实现"街区街道＋高科技多媒体＋活动巡游"的模式，延长游客停留时间，提升复游率。

济宁孔子文旅集团结合时下文旅市场走向和创新发展趋势，全新推出了基于平台数字服务的 720° 三维全景虚拟景区系统。还融合了语音导览、语音教育科普、视频和多媒体信息，结合三维建模以及虚拟现实技术，在信息输出平台上呈现出真实的景区景观、景区数据、景区资料和景区游览导览服务，帮助游客实现"云旅游"，在游览景区的同时游客可享受虚拟景区的配套服务如线上商店、景区咨询等。

（二）智慧小镇

我国智慧小镇主要是以"特色小镇"形式发展，其要求是环境美丽宜居，产业丰富，集休闲旅游、金融、商贸物流、现代制造、教育科技、传统文化等多种业态于一体。

丽江古城作为开放式景区，同时具备 5A 级旅游景区、世界文化遗产地、居民社区的属性特征。在旅游市场转型、游客旅游体验需求日趋多元化及个性化的大背景下，丽江古城将 5G、物联网、大数据、人工智能等数字化技术与智慧小镇进行融合应用，实现了从"智慧景区"到"智慧小镇"的转变。除了聚焦"管理端"，全面提升古城综合治理水平外，在"游客端"上，提供精致化智慧服务，比如构建"1+5+N+1"旅游监管体系，打造智能急救站、无人售货商店等。依托"一部手机游云南"平台，在实现智慧导游导览、景区慢直播、智慧厕所、智慧停车场等功能的基础上，聚焦游客"食、住、行、游、购、娱"六要素，为游客提供全方位智慧旅游服务。利用科技赋能打造文化 IP，各种沉浸体验、科技手段，创新了游客体验、推进了文旅融合，有效地提升了景区的现代化管理水平和服务水平。

（三）智慧云展览

数字文旅业态下的观众对文博场所参观也提出了新的需求，我国多地文博场所陆续推出"云上展览"。"云展览"作为智慧城市、智慧社区规划建设中的重要内容，在疫情推动下，为博物馆社会服务方式的升级、数字化技术与博物馆文化资源的深度融合按下了加速键。山东博物馆、天津博物馆、河南博物院、山西博物院等的"云观展""云游览""云赏花"等，通过全景导览等技术，实现了馆藏资源数字化，以"云欣赏"的形式让人足不出户也能感受诗与远方。"齐鲁云剧场"数字演艺服务平台储备剧目近 1000 部。

潍坊举办潍坊非物质文化遗产线上"云"展会，中国（寿光）国际蔬菜科技博览会应用 5G+VR 技术，开发了"全景智能导览"系统，形成了能参展、能观展、能交易的"网上展会"新业态。"云上菜博盛宴""寿光第二十三届国际菜博会开幕"等相关话题冲上抖音、微博等多个平台热搜，全网曝光量达 2.23 亿。

山东省博物馆目前投入使用的三维可视化参观导览系统，按照博物馆 1:1 实景建模，可以实现博物馆室内外导览的无缝对接，支持地图导航、3D 导航、跨楼层导航、AR 实景导航、路线导航等多种方式。此外，还融合多维度博物馆业务管理，根据业务需求自主调整、管理，还可根据实时采集的现场数据智能化引导观众分流，为馆内展陈设计、展品布置、参观线路运营管理提供决策支持，实现观众参观数据与业务管理高度融合，为建设多元化的公共文化服务提供参考依据。

此系统实现在进入博物馆之前即可规划路线、参观中随时分享评价、参观后获取定期展览推送信息，增强了观众与博物馆的黏性。目前，该系统已成功在多个博物馆、美术馆落地应用。该系统在赋予观众更便捷参观体验的同时，也能通过大数据等前沿科技应用助力博物馆高质量发展，助推博物馆、美术馆、科技馆、景区等文旅场所成为城市文化传播的新节点。

五、智慧旅游发展问题及建议

目前山东重点旅游景区在智慧旅游方面虽然走在了全国前列，但也有不少旅游景区、旅游饭店、旅行社等在发展智慧旅游方面相对落后，整体上还不平衡，亟待补齐短板。

（一）存在的问题

1. 信息化水平还不均衡

首先，从空间发展情况来看，东部、南部旅游发达地区相比偏远地区信息化程度要高。其次，从旅游目的地开发情况看，比较成熟的旅游目的地与欠成熟的旅游目的地的信息化水平差异非常大。最后，机票、酒店预订等在线行业信息化水平较高，而有的景区线上预订、游览等环节的信息化水平还较低。

2. 智慧旅游应用同质化现象严重

智慧旅游的发展带来的是经济利润的提高，然而同时也出现了同质化现象。智慧文旅建设，应该是政府和市场竞合的过程，当前政府和市场边界不清晰，政府做了一些旅游信息化平台，但市场也有很多功能重叠的平台，这也是数字文旅发展面临的问题。

3. 智慧旅游服务和产品缺乏创新动力

智慧旅游为大众提供专业化、数字化、高效化的服务，产品也针对客户需求进行个性化设计，但随着智慧旅游的普遍应用，旅游服务意识不强的问题逐渐凸显，旅游产品也逐渐模仿化、单一化，集中于已经成型的旅游线路和旅游模式，缺乏创新。现有的旅游模式基本可以迎合大多数的旅游需求，因此很多地区停滞不前，也忽略了中高层面的需求，没有意识到旅游产品要通过不断创新，来促进当地旅游业的发展。

4. 智慧旅游项目的经济、社会效益还未充分释放

智慧文旅项目需要投入大量资金、人力等，有些智慧平台建好一段时间后，游客流量不理想，但在维护、更新等方面又需要不断投入资金，回报与投资不成正比，这不利于智慧旅游可持续发展。

5. 旅游信息化管理体制不完善

我国智慧旅游发展时间较短，在很多方面并不成熟，而智慧旅游涉及多种技术、多个领域，目前并没有十分规范和明确的信息化管理制度。一方面，近年来网络安全被提上重要议程，保证游客个人信息安全是首要前提。另一方面，一个景区面临多个行政主体，监管分散，不同类型信息有各自信息服务平台，造成信息缺乏统一规制和整合，游客获取信息不便利。这些都不利于智慧旅游的建设和应用。

（二）对策建议

1. 完善保障体系

智慧旅游首先需要技术保障，通过各种服务平台的建设，多角度地提升智慧旅游产业链，促进与多产业融合。其次是政府层面，要构建完善的管理模式，加强政策和资金支持，制定细化的信息化规范标准，营造智慧旅游良好的建设环境。

2. 构建全方位信息系统

智慧旅游在建设上除了涉及景区情况介绍外，还要重视实时监测与应急指挥功能。这不仅可以对人流、交通、天气等进行集中实时监控、预警，集中为游客提供便民服务，还便于各部门工作人员快速发现问题、处置事件，为各级领导提供指挥和决策支持。

早在 2019 年，杭州西湖风景名胜区管理委员会与高德地图合作上线"西湖一键智慧游"，为景区提供实时路况检测、游客洞察、行业洞察、智能预警等数据信息，为旅客提供行前、行中、行后全过程的旅游服务，还提供"文化史记两日游"和"茶文化之旅"两种主题玩法，无论游客是想游玩经典景点"苏堤春晓""曲院风荷"，还是新宠景点"龙井问茶""万松书院"，"智慧游"都可以一键规划。

3. 强化精准营销

出彩的营销除了有创意的营销策略外，营销工具的支撑必不可少。随着新媒体平台和新媒体用户的不断壮大，实现传统营销与新媒体营销的互动、开放融合的形式、渠道也在不断扩充，内容也要向数字化改造转变，拓展游客受知面。

凤凰古城作为千年古城，在智慧营销上与其他现代化旅游景区相比毫不逊色，其通过互联网直播进行推广，并创建超级话题"凤凰古城"，引发大众讨论，累计阅读破千万，晋升网红景区之一。聊城"江北水城·运河古都"文旅品牌营销活动入选 2021 年山东省旅游宣传推广优秀案例。其利用大数据分析，实现客源地精准投放，投放聊城重要客源地精准触达人群 9000 万人次，各类作品整体播放量 4664 万，精准投放曝光量达 2.6 亿次，实现了从流量话题到旅游消费的转化。因此，应发挥短视频平台优势，打造传统宣传与新媒体营销相融合的营销战略布局。

4. 目的地要与互联网企业加强互补、互动

互联网企业能提供成熟的公共服务，却没法覆盖使用过程中所有细节的讯息。疫情常态下，大部分景区都已实行预约制，但没有告知游客什么时段去客流少，目的地可以提供这些信息服务，提高品质旅游的满意度。

长隆"一键智慧游"，直击亲子游"孩子轻松、家长受苦"的痛点，根据热度排行榜和儿童身高限制筛选游乐项目，游客可快速了解并选择合适的游玩项目；针对表演多、项目排队时间长等问题，智慧游推出线上动能排队功能，在入园之前，游客便可实时了解所有项目的排队时间，同时，在表演开始 15 分钟前，高德地图还会提醒游客及时前往，以防错过。

5. 重视游客体验

未来智慧旅游的发展取决于服务和内容，要以消费者为中心，围绕新需求寻求创新，目的地决策的核心是提升消费者的体验和运营管理的效率，数

字化建设初期不能只看流量和用户，要先做好服务和内容，良好的体验感自然会带来流量，为商业转化奠定基础。

以颐和园为例，2021年12月在《互联网周刊》评选的2021中国智慧景区影响力TOP300中，颐和园排名第二。颐和园打造的数字化升级主要围绕服务、治理、文化创新三个层面。联想在"颐和联想"的项目上使用了独创的智能魔方系统，其主要由对话机器人、智能知识图谱、园区智慧管理平台这三项组成，并通过园内提供的母婴用品货柜、急救设备以及饮水机、照片打印机等智能设备，辅以多渠道的视频对话、语音通话等方式查询和反馈信息，为游客提供更贴心的服务。以往单向电话服务当遇到客流量剧增时，会出现客服专线拥挤、客服人员服务水平不统一等情况，AI机器人不仅可以独立完成大部分专线任务，还可以根据游客的用户ID自动调取过往记录，所有问题都会在系统内得到准确的理解和回应。令人惊叹的是，此次AI机器人具有情绪监控能力，通过自然语音识别等技术对游客的语音、语义进行深度分析后，可感知游客的焦急情绪，调整服务优先级，切实降低了客诉率。"颐和联想"以游客中心、热线服务、园区智能物联网设施向游客提供了全方位的数字化体验和文化服务。

6.产品差异化发展

不同的景区信息化程度以及当地旅游资源不同，要因地制宜，突出自身优势，找准定位，制定各阶段性发展规划，进行有战略性、针对性的投入，建设适合当地的智慧旅游系统。将"智慧旅游"与"旅游规划"紧密融合，才能推进智慧旅游的可持续化发展。

7.做好人才培养和储备

搭建完整人才培训体系，鼓励举行各种智慧旅游交流活动等，为智慧旅游发展提供人才保障。还要加强校企合作共同培育，优化课程设置，培养复合型人才，从而促进智慧旅游的快速发展。

第二篇
专题报告

　　2021 年山东文旅战线统筹考虑疫情防控和经济发展，坚持市场导向，向改革要动力，向创新要动力，创新推动"文旅 +"新业态融合发展，在红色旅游、海洋旅游、研学旅游、康养旅游、工业旅游等特色领域不断创新，深度发力，同时从体制机制层面不断探索国有景区改革试点，推动旅游行业向现代化、智慧化、品质化、国际化转变，取得了良好效果。本篇对 2021 年山东特色文化和旅游产业创新发展情况进行了分析，总结经验、提出建议，以点带面，力图复盘 2021 年山东文化和旅游产业在特色领域的创新实践。

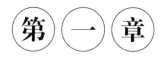

2021 年山东红色旅游产业发展报告

王 芳

我国大力推行的社会主义文化建设，为红色旅游发展奠定了强劲的文化基底。红色旅游经过近 30 年的发展，逐步成为实施爱国主义教育、构筑社会主义核心价值观的阵地，成为新的经济增长点。山东省作为革命老区之一，百年来积淀了非常深厚的红色文化底蕴，孕育出了生生不息的革命精神。山东省在发展红色旅游经济的过程中，时刻把保护和传承放在同等重要的位置，划定红色文化保护红线，创新传播、传承红色文化的载体平台，在推动红色文化旅游高质量发展的时代背景下，培育新的经济增长点。

一、总体概况

（一）活动精彩纷呈

以庆祝中国共产党成立 100 周年为主线，策划推出"8 个 100 庆祝建党 100 周年"系列活动，开展"红色文化主题月"活动。围绕庆祝建党 100 周年主题举办各类群众文化活动 2.8 万余场次，参与群众 3101 万人次。与省委宣传部等共同主办"红动齐鲁·我心向党"山东省第三届红色故事讲解大赛。省市县乡（镇）四级联动，共同推出百名优秀红色讲解员、百个精品红色故事、举办百场红色宣讲。"百名红色讲解员讲百年党史"宣讲活动，分别于 6月和 8 月进行了两场省级宣讲，宣讲场次达 19 场，现场及视频会议观众超过

4000 人次，通过"好客山东"新媒体直播矩阵的首场宣讲总观看量超 500 万人次。充分发挥联盟轮值主席作用，成功举办 2021 中国红色旅游推广联盟年会系列活动，联合中国红色旅游推广联盟秘书处在济南长清大峰山举办"奋斗百年路·启航新征程"全国红色主题自驾游活动。推出清明踏青寻梦初心之旅——"致敬百年"山东经典红色旅游景区推荐，精心推选了 32 个红色旅游景区，引导游客游览红色旅游景区，缅怀革命先烈。组织"致敬 100·向远方"红色旅游打卡活动，精选 32 家红色旅游景区参与打卡集章，打卡册在泰安市举办的"红色文化主题月"活动启动仪式上进行了首发。

（二）发展效果显著

2021 年山东新增渤海垦区革命纪念馆、大青山胜利突围纪念馆、山东港口青岛港自动化码头科技创新教育基地 3 处全国爱国主义教育示范基地，截至 2021 年年底，山东共建成红色旅游景区（点）300 多家，其中 A 级红色旅游景区 122 家（4A 级以上 32 家）、全国红色旅游经典景区 15 家，全国爱国主义教育示范基地 21 个（见表 2-1-1），省级爱国主义教育示范基地 220 多个。评选济南战役纪念馆等 100 家单位为山东省红色研学基地，济南市石湾子村等 50 个村为第一批山东省红色文化特色村。山东省"弘扬沂蒙精神""工业旅游·扬帆起航""齐风鲁韵·魅力田园"3 条线路入选全国"建党百年百条精品红色旅游线路"。

表 2-1-1　山东省全国爱国主义教育示范基地名录

序号	名称	批次
1	孔繁森纪念馆	第一批
2	台儿庄大战纪念馆	第一批
3	甲午中日战争纪念馆	第一批
4	孔子故居	第一批
5	华东革命烈士陵园	第二批
6	中国人民解放军海军博物馆	第二批
7	济南革命烈士陵园	第二批

续表

序号	名称	批次
8	莱芜战役纪念馆	第二批
9	山东省博物馆	第二批
10	铁道游击队纪念园	第三批
11	地雷战役纪念馆	第三批
12	冀鲁边区革命纪念馆	第三批
13	八路军 115 师司令部旧址暨山东省政府成立纪念地	第三批
14	天福山革命遗址	第四批
15	孟良崮战役烈士陵园	第四批
16	鲁西南战役革命纪念地（郓城鲁西南战役指挥部旧址、金乡鲁西南战役纪念馆）	第四批
17	新四军军部旧址暨华东军区、华东野战军诞生地纪念馆	第四批
18	山东潍县乐道院暨西方侨民集中营旧址	第六批
19	渤海垦区革命纪念馆	第七批
20	大青山胜利突围纪念馆	第七批
21	山东港口青岛港自动化码头科技创新教育基地	第七批

二、发展特点

（一）复合性

绝大多数红色旅游景区不是仅仅依赖于红色资源，而是与其他旅游资源紧密结合、融合发展而成的复合型旅游产品。

红色旅游的核心是红色文化资源，但为增强吸引力和竞争力，令其能够得以可持续发展，必须与历史文化资源、民俗文化资源及自然景观进行整合，打造出复合型、立体式的旅游模式，以满足消费者多元化的旅游需求，从而有力地推动红色旅游发展。

例如，将红色资源和优良生态环境结合起来的沂蒙山景区，融合了红色旅游、生态旅游、都市休闲旅游等，形成了自身的规模与特色。

（二）深度体验性

红色旅游具备的红色文化资源，需要进行深层次的挖掘与感知，才能达到政治教育的目的。基于此，红色旅游的开发多倾向于体验式项目，以充分体现红色旅游所具有的政治教育功能。

通过红色旅游的体验式项目，游客能够以参与者的角度深入领会红色文化的精神内核，真实感受到中国革命和社会主义建设的革命精神。例如，微山湖旅游区曾推出舞台剧《微山湖》的体验式项目。

（三）多元性

与普遍旅游形式相比，红色旅游的价值具有多元性特征，包括重要的产业价值、经济社会价值以及政治价值。

红色旅游是我国旅游业的重要组成部分，其产业价值显而易见，对拓展旅游市场、优化消费结构、促进旅游业进步等具有重要作用；红色文化资源多集中于经济发展滞后的偏远山区，通过发展红色旅游能够取得良好经济效益和社会效益，由此可见红色旅游承载的经济社会价值；红色旅游是进行党的先进性教育和反腐倡廉教育的有效途径，也是进行国民思想政治教育的重要手段，背后的政治价值相当巨大。

（四）快速性

山东高度重视红色旅游产业，完善顶层设计促进高质量发展，举办 2021 中国红色旅游推广联盟年会活动，3 条线路入选全国"建党百年百条精品红色旅游线路"，开展"8 个 100 庆祝建党百年"系列活动，打造红色基因传承品牌，公布首批 87 处不可移动革命文物名录，完成山东工委旧址等一批革命文物保护，建成大峰山等一批党性教育基地，推出"英雄济南"红色旅游线路。山东省 16 件作品入选全国红色旅游创意产品和红色旅游演艺创新成果展示活动，参加中国特色旅游商品大赛，山东省获得 7 个金奖、4 个银奖、7 个铜奖，山东省文旅厅两次被评为大赛最佳贡献单位。

三、商业模式

（一）探索建立革命文物保护利用的"山东模式"

2013 年 11 月，习近平总书记在山东考察时深情地说，他一来到这里就想起了革命战争年代可歌可泣的峥嵘岁月。在沂蒙这片红色土地上，诞生了无数可歌可泣的英雄儿女，沂蒙六姐妹、沂蒙母亲、沂蒙红嫂的事迹十分感人。沂蒙精神与延安精神、井冈山精神、西柏坡精神一样，是党和国家的宝贵精神财富，要不断结合新的时代条件发扬光大。

走进位于革命老区的沂蒙革命纪念馆，主题展览内容精彩纷呈，图文、影像、实物、雕塑、虚拟现实、声光电等手法立体多样，鲜活展示了沂蒙精神的丰富内涵。自开馆以来，已累计接待参观党员干部群众约 175 万人次，接待团体参观 9162 批、76 万人次，成为广大党员群众感受沂蒙精神的主阵地。2021 年 10 月，沂蒙精神正式纳入第一批中国共产党人精神谱系伟大精神，散发出强大的生命力和感召力。

沂蒙革命纪念馆的实践探索，是革命文物保护利用"山东模式"的生动缩影。近年来，山东充分发挥革命文物大省优势，积极构建与之相适应的革命文物保护利用体系，把革命文物保护利用与红色文化保护传承结合起来，切实把山东红色资源利用好、红色传统发扬好、红色基因传承好，形成了颇具成效的"山东实践"。

——牵住顶层设计"牛鼻子"。2021 年以来，《山东省红色文化保护传承条例》《山东省革命文物保护利用工程实施意见》实施成果初步显现，《山东省委、省政府关于进一步加强文物保护利用工作的若干措施》《山东省文物事业发展"十四五"规划》等重磅政策法规密集出台，《山东省革命文物保护利用总体规划》《山东革命片区保护利用三年行动计划》等规划部署加快推进，革命文物保护利用的立法保护与制度体系加速迈向完善健全。

——厚实文物资源"家底子"。山东省革命文物种类丰富、数量较多，在全国革命文物中占有较大比重。山东科学界定革命文物的遴选标准，推进革命文物资源调查。2020 年 12 月，山东省公布了全省第一批革命文物名录，首批认定不可移动革命文物共 897 处，其中全国重点文物保护单位 12 处、省级文物保护单位 179 处、市县级文物保护单位 491 处、一般不可移动文物 215 处。可移动革命文物方面，全省共收录文物 94091 件，纳入全省第一批革命文物名录的可移动革命文物共计 3233 件／套，其中一级文物 82 件／套、二级文物 21 件／套、三级文物 3130 件／套。2021 年，山东利用国家和省级财政资金近 3000 万元，支持全省 46 处革命旧址的抢险加固工作，加快形成政府支持、全社会投入、齐抓共管的良好革命文物工作氛围和格局。

——激活创新体验"金点子"。山东各地革命文物博物馆、纪念馆创新探索革命文物的新媒体传播方式，利用数字化技术和现代化展陈手段，充分调动公众的视觉、听觉、触觉等感官体验，让革命文物"活"起来。如"文物山东"平台推出线上"云展览"，让游客与革命文物"云端互动"。山东省博物馆巨幅画卷《红色迹·忆》叠加 VR 元素，为游客搭建起沉浸式体验革命文物的"元宇宙"。不拘一格的玩法，让一件件革命文物，一头连接起烽火硝烟的革命历史，一头连接起初心滚烫的年轻时尚，激活了红色基因、唤醒了红色记忆。

大盘取厚势，落子开新局。现如今，推动革命文物创新性保护与创造性转化，山东正在蹚出更加蹄疾步稳的"新路子"。正如山东省委书记李干杰指出，要深刻领会总书记重要讲话中概括凝练的伟大建党精神，继续弘扬光荣传统，赓续红色血脉，永远把伟大建党精神继承下去、发扬光大。

（二）打造红色旅游引领产业振兴的"齐鲁样板"

"让老区人民过上好日子，是我们党的庄严承诺。"习近平总书记在山东考察时的这句话，字字铿锵，温暖而坚定，让老区人民深切感受到了党中央的亲切关怀，也让广大干部群众深切感受到了共产党人与人民群众血溶于水的似海深情。

一寸山河一寸血，一抔热土一抔魂。在沂蒙老区，有用乳汁救活伤员的"沂蒙红嫂"明德英，有为中国革命奉献了无私无畏之爱的"沂蒙母亲"，有拥军支前模范"沂蒙六姐妹"……饮水思源，正是老区人民点点滴滴的无私奉献，为中国革命的胜利贡献了无穷力量。

当前，在中国加速迈向全面建设社会主义现代化国家的新征程中，如何让老区人民"不掉队"、老区焕发"新活力"？山东省省长周乃翔多次指出，沂蒙是革命老区，也是一片奉献的热土。要大力弘扬军民水乳交融、生死与共铸就的沂蒙精神，始终把人民放在心中最高位置，扎实推动共同富裕，不断增进民生福祉。

共同富裕，这正是摆在山东广大党员干部面前最优先的议题。为此，山东积极创新"红色旅游＋特色产业"创新发展模式，以红色旅游赓续红色血脉，以红色产业引领山乡巨变，让红色火种"燃"动老区高质量发展。

——红色旅游＋第一产业，打造乡村振兴"新样板"。在胶东革命老区，当地立足"老区特色＋地理特点＋乡村特产"，融合"红、绿、古"三色文化做"旅游文章"，打造"桃源古村"东尚山、"红色密营"下石硼、"大爱无疆"田家村等一批红色主题的美丽乡村，并借助电商平台将"山里桃子""尚山小米"以及蜂蜜、小米、旱稻、山野茶等农家土特产品"搬"到线上销售，订单量相比2019年同期翻了一番，老区群众赚了个盆满钵满。

——红色旅游＋第二产业，激活绿色发展"新动能"。在枣庄铁道游击队景区，立足百里铁道线，推出多样火车主题造型景观，深挖铁道游击队故事，打造"红色经典、缤纷夜游"游园活动，数百架无人机翱翔，不断变换出人们熟悉的"党旗""日出""胜利""火车头""盒子枪"等经典红色造型，利用裸眼3D的交互投影，让游客领略到铁道游击队景区不一样的景致。

——红色旅游＋第三产业，拉动消费升级"新引擎"。据国内有关研究测算，在中国旅游收入每增加1元，可带动第三产业相应增加10.7元消费。著名的"红嫂家乡"沂南县常山庄，就靠着老区的"好资源"吃上了"旅游饭"。吃一顿支前餐、唱一首红色歌曲、看一场红色电影、演一次红色实景剧等互动体验，吸引了越来越多的研学团队。沂蒙红色影视基地打造的沉浸体验剧《沂蒙四季·红嫂》吸引了大批游客，成为沂蒙红色文化旅游新亮点，门票订单量是2019年同期订单量的18倍。

一业兴而百业旺，一子落而全盘活。如今的齐鲁大地上，红色资源正在加速撬动产业动能转换的"一池活水"，红色旅游正在强势绽放着文化产业创新的"姹紫嫣红"，成为新旧动能转换、产业扶贫富民的"加速器"和"生力军"。

（三）构筑百年大党千年文明融贯的"文化高地"

2018 年 6 月，习近平总书记在胶东（威海）党性教育基地刘公岛教学区考察时语重心长地说，他一直想来这里看一看，受受教育。要警钟长鸣，铭记历史教训，13 亿多中国人要发愤图强，把我们的国家建设得更好更强大。

山东，作为中华上下五千年文明的重要发祥地，也面临着文化创新传承的时代考验。2021 年年初，"弘扬沂蒙精神，传承红色基因"便写入山东省政府工作报告。这一年，山东以庆祝建党百年为统领，以开展党史学习教育为契机，自觉扛起弘扬红色精神、传承红色基因的使命担当，让一项项红色精品，汇成一面面红色旗帜，高高飘扬在齐鲁大地，构筑起百年大党与千年文明交相辉映的"文化高地"。

——争创"国字号"，刷新红色旅游"金字招牌"。2021 年 5 月，山东成功创建 3 个"国"字号品牌——文化和旅游部联合中央宣传部、中央党史和文献研究院、国家发展改革委联合发布"建党百年红色旅游百条精品线路"，山东 3 条线路入选，分别是"弘扬沂蒙精神""工业旅游·扬帆起航""齐风鲁韵·魅力田园"，全面展现了党领导下山东人民在各个时期取得的伟大成就。

——叠加"组合拳"，助推红色活动"乘风破浪"。2021 年，山东在全省组织开展"8 个 100 庆祝建党 100 周年"系列活动，包括 100 家革命场馆特色展陈、100 个红色故事追溯历史、100 款红色文创展示推广、100 家研学基地红色旅游、100 场演出传承红色基因、100 条红色旅游线路培育打造、100 个红色文化特色村创建评选、100 名红色讲解员讲述党史，为庆祝建党百年营造浓厚氛围。

—— "一体化"联盟，放大红色品牌"辐射效应"。山东精心选取 16 市精品资源，推出"100 条红色旅游线路推广活动"，推出儒家传统、水浒遗风、胶东非遗等八大"红色+"主题，让"红色山东"版图创新联动，与游客共同铭记山东百年发展的红色历程。成功举办 2021 中国红色旅游推广联盟年会暨"跟着共产党走"主题活动，联合 29 省共同发布《红色旅游助力革命老区振兴沂蒙共识》，进一步提升山东红色资源的品牌成色。

　　——试水"新玩法"，助力红色形象"火爆出圈"。结合建党百年主题，山东创新推出专属"表情包"。火红的沂蒙火炬，化身 Q 版卡通形象，软萌的人物形象、灵动的表情动作、极具特色的创意设计，俘获一大批年轻的"死忠粉"，共同为家乡打 call，助力红色薪火代代传，强势引领 IP 新潮爆款。

　　东方风来满眼春，潮起正是扬帆时。当前，伴随党史学习教育的深入开展，红色精品已经成为广大干部群众学史明志、鉴往开来的重要载体。正如山东省文化和旅游厅党组书记、厅长王磊说，坚持以文化人、入脑入心，充分发挥文化和旅游的资源优势，为党史学习教育提供生动教材，展示文旅人积极投身党史学习教育的热情与担当。

（四）深耕党性引领改革创新发展的"人文沃土"

　　2018 年全国两会期间，习近平总书记在参加山东代表团审议时，对传承红色基因作出重要指示。山东广大党员干部深刻认识到，红色血脉是中国共产党政治本色的集中体现，是新时代中国共产党人的精神力量源泉。

　　为此，山东省"十四五"规划纲要已经就"传承红色基因"做出系统部署，并将沂蒙红色文化传承示范区列入"十四五"重大文化发展工程。

四、存在的问题

　　目前山东文化和旅游产业整体上存在"大而不强""优而不精"的问题。旅游企业最大、最核心的能力是面向消费者提供产品的能力。这些年很多旅游企业在拼命投项目，应该抽出精力做产品，做好"三链"：即以满足消费需求为主强化供给链、要适配新需求打造创新链、以新格局为要求的产业链。山东省红色旅游产业也应该从"三链"入手。

（一）特色不够突出，趋同化倾向严重

　　就山东省红色旅游目的地来说，大部分景区存在特色不突出、开发模式雷同、开发层次较低等问题，开发者大多从规模上下功夫，而没有深入挖掘

红色旅游资源的内涵。

（二）景区分布较散，红色氛围不够

山东省红色旅游资源在地域上分布较散，各主要景点分布在不同的行政区域内，区域协调不足，不利于形成红色旅游的整体形象。旅游景区外围的"红色历史"环境氛围不浓，城镇化、现代化气息较重，忽视了原先景点所呈现的历史感和沧桑感，使红色旅游资源失去了原有的魅力。各地的红色旅游点都不同程度存在票价高、服务人员服务意识不强等问题。

（三）产品单一，旅游产业链较短

山东省大部分红色旅游产品多为博物馆、纪念馆的橱窗展示，参与体验式的活动比较少，这种静态的展示对游客缺乏吸引力。另外，红色旅游产品开发的联动性不强，没有形成以"红色文化"为中心的餐饮、住宿、购物文化，红色旅游产业链比较短。

2021 年山东海洋旅游产业发展报告

闫祥青

山东省大陆海岸线全长 3345 公里，毗邻海域面积 15.95 万平方公里，海岸线从滨州市无棣县漳卫新河河口至日照市岚山区绣针河河口，涉及滨州、东营、潍坊、青岛、烟台、威海、日照 7 个地市，海岸线绵延曲折，海岸地貌类型多样，沿线有着非常丰富的旅游资源。山东省海洋旅游产业发展起步较早，诞生了崂山、八大关、蓬莱阁、刘公岛、黄河口等一批高品级旅游景区，培育出凤凰岛、海阳、蓬莱、山海天 4 个国家级旅游度假区，"仙境海岸"文化旅游目的地品牌在国内国际均具有广泛的知名度和影响力。

一、产业发展基本情况

（一）政策背景

根据自然资源部战略规划与经济司发布的《2021 年中国海洋经济统计公报》，2021 年全国海洋生产总值首次突破 9 万亿元，比上年增长 8.3%，对国民经济增长的贡献率为 8.0%，占沿海地区生产总值的比重为 15.0%，海洋经济已成为国民经济新的增长点。海洋旅游是海洋经济的重要组成部分，以发展海洋旅游拓展经济新空间、提升区域吸引力，是临海国家和地区的新机遇。

山东省委、省政府将建设海洋强省作为重要战略部署，《山东省国民经济和社会发展第十四五五年规划和 2035 年远景目标纲要》明确提出，"十四五"期间海洋强省建设要实现重大突破，拓展海洋旅游功能，规划建设海洋主题公园、国家海洋科技馆，发展邮轮、游艇、海上运动等海洋旅游业态，完善海洋牧场旅游服务设施。《山东省"十四五"海洋经济发展规划》提出发展海洋文化旅游，着力提升优质文旅产品供给能力和智慧化服务水平，建设一批特色旅游线路、标志性景区和精品项目，打造海洋文旅融合发展高地、世界著名的"仙境海岸"滨海旅游胜地。山东省《海洋强省建设行动计划》提出，优化布局生态公园、海水浴场、滨海康疗、汽车驿站等休闲度假设施和业态，发展休闲渔业、海洋垂钓、研学旅游、帆船体验、海洋文创等特色产业。举办大型海上体育赛事和海洋产品展会，完善滨海旅游度假区基础设施建设，打造特色旅游线路。

海洋强国战略与海洋强省建设背景下，海洋旅游是推动海洋经济高质量发展的重要领域、构建国内国际双循环新格局的重要抓手，拥有广阔的发展空间。

（二）产业概况

2021 年，全国包含海洋旅游产业在内的海洋第三产业增加值 55635 亿元，占海洋生产总值的 61.6%。山东省沿海 7 市努力克服疫情对海洋旅游的影响，共接待国内外游客 3.23 亿人次，占全省总量的 44.25%；实现旅游消费总额 4101.8 亿元，占全省总量的 49.55%。海洋旅游已成为山东省旅游业发展的重要支撑，成为带动海洋经济发展的重要增长极。

9 月，主题为"畅游仙境海岸·乐享好客山东"的 2021 山东省旅游发展大会在烟台举行，同期举办了 2021 国际海岸休闲高质量发展论坛。活动期间，《海誓山盟·爱在烟台》大型情景文旅演艺震撼上演，创新展示了"仙境海岸·鲜美烟台"旅游形象。青岛市举办了"拥抱海洋"海洋研学旅游产业发展大会，联合胶东五市 100 余家研学旅游机构，成立了胶东研学旅游产业联盟，实现了资源共享、线路互推、市场共赢。

二、发展亮点

2021年，山东省沿海地市着力推进重点项目建设，创新优化海洋旅游产品供给，持续提升旅游公共服务水平，"海洋旅游＋"在产业整合中探索出新发展空间。

滨州市积极做好临海文化旅游区规划和项目策划工作，山子镇福海沿海休闲旅游项目、海洋牧场、渤海渔村等项目推进取得新进展，华夏海盐博物馆、贝壳堤岛科普研学产品得到进一步提升。

东营市黄河口生态旅游区投资8.1亿元实施北汊河海上旅游航线、红滩湿地修复等13个项目，实现五个维度观览河海交汇。整合资源实施滨海休闲度假廊道工程，金泥湾、新汇东海岸温泉旅游度假区、康华与通和海洋牧场建设运营取得新成绩。

潍坊市以滨海区为龙头，联动寿光、昌邑，以重点文化旅游项目带动潍坊海洋文旅休闲产业带建设，加快推进旅游度假区休闲营地、垂钓基地、海潮音创意文化产业园、欢乐海沙滩游乐园、羊口老商埠海洋生态文旅城等项目建设，坚持文旅融合理念推进海盐文化的保护利用。

青岛市重点培育海洋休闲、海滨度假、海洋美食、海洋研学、海上夜游产品，提出优先发展海洋潜水、海上飞机、滑水、拖伞、香蕉船、飞鱼船等新型海洋旅游业态，积极推进"青岛奥帆海洋文化旅游区"国家5A级旅游景区创建工作。

烟台市围绕芝罘湾都市休闲核与蓬长文化生态旅游核加快推进芝罘仙境、海上世界、烟台文化广场、蓬莱开元度假、复星普罗旺斯、鲁商奇缘仙谷等重点项目建设，长岛国际度假岛、"耕海一号"配套游客码头项目稳步推进，长岛综试区聚力推进智慧旅游建设，全力打造国内一流的滨海休闲度假旅游目的地。

威海市持续举办2021中国（威海）国际海鲜美食节活动，推出了2021半月湾国际沙滩音乐节、威海青岛啤酒海鲜美食嘉年华、那香海·海洋文化嘉年华等主题活动，启用中国威海海鲜美食广场，打造夜间美食新地标，持续打响"中国海鲜·享威海"美食品牌。结合千里山海自驾旅游公路打造，推出 20 条精品线路和 100 个打卡点，形成自驾游品牌产品体系。

日照市聚焦优质产品供给、阳光海岸品质提升和接待住宿能力提升，启动开元森泊度假乐园、黄海之眼等项目建设，日照海洋公园、海洋科普馆、安东阿掖文化旅游度假区等投入运营，高标准打造 61.8 公里的阳光海岸绿道、山海风情绿道，建成一批精品民宿和高品质酒店。

三、存在问题

（一）旅游业态产品不够丰富

山东省海洋旅游产品以观光型产品为主，高端度假、海滨康养、邮轮旅游、海上夜游、低空旅游、水上运动、海洋演艺、海洋研学发展程度较低，海上牧场、潜水冲浪、海洋沉浸式体验产品起步较晚，海洋旅游与其他产业融合发展缺乏有吸引力的"网红"业态，旅游消费场景过于单一，海洋旅游产业链条不够完善，业态产品质量效益有待提升。沿海四个国家级旅游度假区的业态优势未能转化成产业优势，仙境海岸文化旅游带尚未形成世界级的温带休闲度假连绵带。

（二）海洋旅游基础设施薄弱

海洋旅游立体交通体系不够完善，沿海地区国际机场洲际航线较少，除青岛机场外，其他机场与国际航空联系缺乏紧密联系；区际滨海旅游交通游憩性不足，滨海自驾旅游公路未能形成主题统一的建设标准；机场、高铁、汽车站、码头到景区（点）、旅游度假区的交通便捷性不足，旅游交通缺乏全域化思维；传统景区存在旅游基础设施老化、设备陈旧的问题；旅游码头、游客中心、旅游厕所、智慧旅游建设存在明显短板，建筑景观缺乏海洋主题性和海洋文化性，难以为游客带来良好的旅游体验。

（三）特色海岛旅游发展缓慢

山东省海岛旅游发展起步较晚，海岛旅游整体发展水平较低，与马尔代夫、印尼巴厘岛、韩国济州岛、三亚蜈支洲岛等国内外知名海岛旅游目的地存在较大差距。海岛旅游缺乏统筹规划与顶层设计，传统的粗放型海岛旅游开发模式与绿色、低碳发展理念存在矛盾关系，而严格的海岛使用审批监管又降低了旅游企业的投资开发积极。丰富的海岛旅游资源向高质量旅游产品的转化度较低，尚未出现以海岛度假与海岛康养为特色的国际旅游度假岛和海岛旅游目的地。

四、对策建议

（一）统筹规划，加强发展管理

坚持规划引领，由山东省文化和旅游厅联合山东省海洋局共同启动《山东省海洋旅游发展规划》或《山东省海岸休闲旅游发展规划》编制，整合滨海 7 市优质海洋旅游资源，探索优化海洋旅游发展空间、统筹推进重大项目建设、创新设计海洋业态产品、全面升级"仙境海岸"旅游品牌，共同实施海岸自然生态保护、构建滨海自驾旅游观光廊道体系、优化海洋旅游公共服务配套体系。《山东省海洋旅游发展规划》与《山东省海洋强省建设行动计划》一体化推进，做好重点行动计划的衔接。

（二）品牌引领，做大旅游蓝海

结合山东省海洋文化和旅游资源、产品业态开发现状，全面升级"仙境海岸"海岸休闲旅游品牌体系，实现品牌 IP 增值。根据品牌价值溢出效应，实施符合市场需求的营销与推广策略，通过多元化渠道展示山东海岸休闲旅游形象、讲好山东海洋故事、提升山东海岸休闲旅游吸引力，实现山东省海岸休闲旅游的品牌知名度、市场美誉度、消费忠诚度与国内国际市场竞争力的整体提升。

（三）对接需求，创新业态产品

针对海洋旅游客群年轻化、消费高端化、体验个性化的需求趋势，依托优势资源，重点开发滨海观光、自驾露营、海岛度假、海上运动、海洋探奇、海洋研学、海洋夜游等核心产品。优先培育游艇旅游、邮轮旅游、休闲海钓、海洋牧场等新业态项目，积极申办和举办海洋旅游论坛、海洋旅游节会和海上精品赛事活动，依托长岛综试区建设实现海岛度假旅游目的地建设突破。科技赋能提升海洋旅游业态产品的智慧化水平，开发"仙境海岸"元宇宙场景体验产品，实现数旅融合高质量发展。

（四）系统推进，完善基础设施

优化全域化游客集散服务体系建设，加强游客服务中心与陆海空交通枢纽、景区（点）、度假区、休闲街区、海洋牧场的交通联系，拓展旅游服务半径，配套升级旅游厕所、休闲购物、特色展示、应急救援等设施。整合沿海各市滨海观光道路，积极打造千里海岸自驾旅游观光廊道，建设旅游驿站，构建游憩型滨海绿道体系。针对入境旅游，完善交通、餐饮、住宿、旅游厕所等旅游服务设施的多语种引导标识。依托青岛中国邮轮旅游发展实验区建设，完善滨海各市邮轮港口、游艇码头基础设施建设，优化海上旅游观光航线。

五、趋势探索

山东省第十二次党代会提出："拓展公众亲海岸线和生态空间，打造千里海岸观光廊道。"在国民大休闲时代，依托自然海岸 4S 要素（Sun、Sand、Sea、Seafood）的滨海休闲度假旅游逐渐成为消费热点，海洋旅游呈现出生态化、特色化、品牌化、高端化发展趋势。邮轮旅游、游艇旅游、滨海度假、滨海康养、自驾旅居、海上运动、海洋研学、潜水探索、海上夜游等新型业态将得到长足的发展。山东省将坚持陆海统筹、城海融合、山海一体，聚力"仙境海岸"品牌打造与载体建设，大力培育富有海洋文化与齐鲁文化底蕴的世界级旅游景区和度假区，完善旅游公共基础设施建设，提升个性化与品质化旅游服务，打造内涵丰富的精品旅游"蓝丝带"和全球著名海岸带、世界级滨海休闲度假旅游目的地。充分发挥海洋旅游的精品"驱动器"和"加速器"作用，引领全省文化和旅游高质量发展。

第三章

2021年山东研学旅行产业发展报告

李巧巧

自2013年国务院发布《国民旅游休闲纲要（2013—2020年）》，首次提出"逐步推行中小学生研学旅行"的畅想以来，研学旅行产业稳步向好，现已提升至全面提高中小学生综合素质教育的国家战略高度，在全国已经初步形成规模化发展态势。有数据显示，2021年全国研学企业已达到3万多家，研学市场总体规模将突破千亿元。

山东省是著名的"孔孟之乡、礼仪之邦"，是中华文明的发祥地，享有"一山一水一圣人"的美誉，具有发展研学旅行的资源优势。近年来，山东高度重视研学旅行建设，出台了一系列政策文件，打造一批游学地标品牌，取得了显著成效。本报告通过对山东省研学旅行大数据和问卷调查分析，总结2021年研学旅行的产业概况、存在问题，建设性地提出发展建议，洞察产业发展趋势，以期为山东省研学旅行发展提供有效参考。

一、产业发展基本情况

（一）政策支持

1. 政策推动，"双减"背景下研学旅行产业迎来新契机

2021年5月，中央全面深化改革委员会第十九次会议审议通过《关于进一步减轻义务教育阶段学生作业负担和校外培训负担的意见》。该意见指出，

全面压减作业总量和时长，减轻学生过重作业负担；提升学校课后服务水平，满足学生多样化需求；坚持从严治理，全面规范校外培训行为。意见强调，构建良好教育生态环境，满足学生个性发展需求。

研学旅行是一种将研究学习与旅行体验有机结合的综合实践课程，在自然实践中感悟科学真理，在理性研究中探索自然世界，是学生积累知识、认识世界的有效路径。开展研学旅行有利于引导学生主动适应社会，加深与自然和文化的亲近感，有利于推动全面实施素质教育，创新青少年的培养模式。在"双减"政策背景下，作为学校教育和校外教育衔接创新形式，研学旅行成为核心素养不可缺少的重要方式与途径。"双减"政策落地后，研学旅行将成为教育领域的发展风口。

2. 高位引领，研学旅行上升到综合素质教育国家战略

2013年2月，国务院办公厅印发《国民旅游休闲纲要（2013—2020年）》，纲要中首次提出"研学旅行"一词，指出要"逐步推行中小学生研学旅行""鼓励学校组织学生进行寓教于游的课外实践活动，健全学校旅游责任保险制度"。2014年8月，国务院印发《关于促进旅游业改革发展的若干意见》，该意见首次明确了"研学旅行"要纳入中小学生日常教育范畴。2016年，教育部等11部门联合印发了《关于推进中小学生研学旅行的意见》，意见明确了研学旅行的概念，提出"结合当地实际，把研学旅行纳入学校教育教学计划，与综合实践活动课程统筹考虑，促进研学旅行和学校课程有机融合"。自此，研学旅行正式上升到国家战略高度。

近年来，国家层面陆续出台了《研学旅行服务规范》《中小学德育工作指南》《中小学综合实践活动课程指导纲要》《研学旅行指导师（中小学）专业标准》等研学旅行的相关文件，开展了20大全国研学旅游示范基地、全国中小学生研学实践教育基地或营地等评比活动。研学旅行承载着新时期学校践行社会主义核心价值观、培育学生发展核心素养的战略期望，已然成为实践素质教育的新途径、新课程改革的突破口。

3. 强化供给，研学旅行管理与服务专业列入高校计划

加强研学人才专业化培养是实现研学旅行高质量发展的重要举措。2019年10月，国家教育部发布公告，增设"研学旅行管理与服务"专业，列入

《普通高等学校高等职业教育（专科）专业目录》2019 年增补专业，并计划自 2020 年起实施招生工作。该专业主要面向文博场馆、研学旅行基地等就业单位，培养从事研学旅行运营、设计、营销等工作的技术技能人才，以满足广泛开展研学活动的需求。与此同时，教育部将"研学旅行策划与管理""研学旅行课程设计与实施"列入"1+X"职业技能等级证书体系，进一步规范了研学师资的市场准入标准。据统计，全国共有 87 所高职院校设立"研学旅行管理与服务"专业。其中，山东省包含山东旅游职业学院、青岛酒店管理职业技术学院等 9 所高职院校设立了此专业。2022 年，山东旅游职业学院面向省内生源设立 28 个招生计划，旨在培养具备研学旅行咨询策划、项目开发运营、活动课程研发等实操技能的高素质复合型技术技能人才。研学旅行人才市场需求旺盛，专业化、标准化的研学人才培养刻不容缓。

4. 全域布局，持续开展研学基地和精品课程评定

研学旅行不仅是一种体验式的素质教育模式，也是加快文化和旅游产业转型升级的重要板块。立足高质量发展的新起点、新要求，近年来，山东省陆续出台《山东省推进中小学生研学旅行工作实施方案》《山东省文化旅游融合发展规划（2020—2025 年）》《山东省省级中小学生研学基地管理办法》等方案和规划，积极引导研学旅游业态的规范健康有序发展，助推旅游产业转型升级和创新发展。凭借得天独厚的研学旅行资源优势，山东省已成功打造出一批在海内外具有较高知名度的目的地、线路、课程、示范基地与营地。

自 2017 年《山东省推进中小学生研学旅行工作实施方案》发布以来，省政府及各地市大力推进研学基地评定、研学专题会议等工作。烟台市、省文旅厅、淄博市相继发布首批市级研学实践基地、100 家山东省红色研学基地、中小学生研学基地及研学旅行精品课程等名录，进一步推进研学旅行实践活动的创新发展。此外，2021 年 6 月，东营市召开研学旅行工作会议，印发东营市研学旅行工作意见、管理办法和 2021 年工作要点，发布东营市研学旅行吉祥物及口号，开通线上研学旅行网站，加快建设全域研学旅行目的地。

（二）产业概况

1. 主题类型丰富多样

依托风景名胜、红色革命、文化展馆等优秀的研学旅游资源，山东省逐步形成了主题多样、类型丰富的研学旅行产业体系。结合《旅游资源分类、调查与评价》（GB/T 18972—2017）有关分类标准，可将研学旅行基地划分为红色教育类、文化遗产类、自然资源类、综合实践类、农业生产类、工业厂区类、事件活动场馆类、知名院校和科研院所八大类（见表2-3-1）[①]。其中，文化遗产类、红色教育类等主题研学活动如火如荼。

山东省拥有丰厚的历史文化遗产，各省市结合研学活动，积极发扬中国传统文化。围绕优秀的齐鲁传统文化，济宁市打造了以尼山圣境、孔子博物馆等文旅项目为主的研学旅游产业集群，成功推出"去圣地，寻找中国人的精神密码"的"港澳青少年内地游学推荐产品"。淄博市积极构建"齐文化+"的研学旅行体系，开设"国情研学旅行大课堂"，建构"国际研学旅行考察课程"。为充分调动红色旅游、推进研学工作，2021年6月，山东省文化和旅游厅重点推出包含沂蒙红色影视基地、冀鲁边区革命纪念园、济南战役纪念馆等在内的100家红色研学基地名录。沂蒙红色影视基地是一处集红色旅游、影视拍摄、康养度假、研学教育、餐饮住宿等功能于一体的国家级中小学生研学实践教育基地。冀鲁边区革命纪念园以图版、文字、场景、展柜、多媒体等形式，重现冀鲁边区波澜壮阔的革命历史。通过红色研学教育，赓续红色基因，弘扬革命精神。

表 2-3-1　山东省研学基地主题类型划分（部分）

主题类型	代表单位
红色教育类	沂蒙红色影视基地、日照市抗日战争纪念馆、威海马石山红色教育基地、郭永怀事迹陈列馆、新泰市龙廷红色研学基地
文化遗产类	曲阜三孔、尼山圣境、王羲之故居、惠民县孙子兵法城
自然资源类	临沂市蒙山旅游度假区国有天麻林场、蒙阴孟良崮景区、山东萤火虫水洞旅游区、威高海洋公园

---

① 李贵清，田广增. 我国研学旅行基地的类型与发展研究 [J]. 教学与管理，2021（9）：40-42.

续表

主题类型	代表单位
综合实践类	山东黑虎山生命安全基地、滨州秦台国防教育综合实践活动营地、环翠楼总体国家安全观主题公园
农业生产类	山东博华高效生态农业科技有限公司、山东鑫诚现代农业科技有限责任公司、山东尚古农业发展有限公司
工业厂区类	潍坊 1532 文化产业园、坊子炭矿遗址文化园、烟台智能制造产业园
事件活动场馆类	临沂市科技馆、聊城市东昌府区博物馆、五莲县青少年学生校外活动中心、钱学森航天科技馆
知名院校和科研院所	东阿县中小学生素质教育实践学校、乳山市中小学综合实践学校、山东泰安力明科技职业学院研学基地

2. 评定体系日臻完善

为深入贯彻国家、省市关于推进中小学生研学旅行工作等系列文件精神，2020 年 10 月，省教育厅等 3 部门联合印发《山东省省级中小学生研学基地管理办法（试行）》，对省级研学基地的申请条件、管理周期、复评要求等做出明确规定，为地市建设省级中小学生研学基地指明了方向。截至 2022 年 6 月，山东省共开展三批省级中小学生研学基地评定，共计认定泰山景区、威海马石山红色教育基地、德州董子文化街等 180 家省级研学基地。

各地市结合区域特色，陆续推出市级中小学生研学旅行工作实施方案、管理办法等规范性文件，进一步提升对研学组织、基地、活动、人员、安全等方面的管理监督。各地市组织开展市级研学旅游示范基地（营地）认定和复评工作。自 2018 年以来，青岛市经过复评和认定，选出了 121 所研学旅行基地。菏泽市确定了冀鲁豫革命纪念馆等 25 家单位为市中小学生研学基地。临沂市评选了包含创客盒子、宏智齐鲁行等 34 门研学课程。通过部门联动、社会参与，各地市研学旅行基地呈现出百花齐放的良好局面，初步建立了覆盖全省以基地为站点、课程为枢轴的互联互通的研学旅行网络布局。

3. 市场热度逐步升温

在新冠肺炎疫情、内循环经济、消费升级等因素的影响下，旅游需求向近地性、安全性、主题化、年轻化、体验化转变。伴随着"双减"落地，研学旅行回归教育的本位意义，具备寓教于乐、亲子互动、校外实践特点的研学旅行受到广泛关注。在后疫情时代，我国旅游经济呈阶梯形复苏、波动式回暖态势。其中，研学旅行市场逆流而上、持续回温。数据显示，2019 年上半年，泰山景区泰山研学基地接待超万名研学游师生；刘公岛景区接待研学团队同比增长 60%；沂蒙山云蒙景区接待研学团队 156 个，同比增长 100% 左右。2021 年，"双减"后的国庆期间，亲子游、家庭游成为假日旅游消费主流，3 人以上的团体出游占据 54.1% 的市场，亲子研学旅游需求集中释放。

4. 研学活动精彩纷呈

近年来，山东多家景区加大与学校学院、培训机构、旅行社的合作力度，着力研发研学课程、提高研学教育水准、丰富研学互动体验，举办一系列研学旅行活动。淄博市陶瓷琉璃博物馆结合端午节庆，举办"庆端午、迎六一、陶琉馆软陶龙舟公益研学课堂"线下体验活动；济宁依托孔孟、运河、水浒、微山湖等景区，打造国学经典研学游等"四大主题线路"和拜圣习儒等"六大体验活动"。枣庄市以台儿庄古城、鲁班纪念馆等为载体，推出"古滕文化""走千年运河，读抗战故事"等枣庄研学游线。东营市孙子文化园大力推出"品读黄河家国情　传承兵家强国梦——孙子文化园精品研学"的研学课程，成功入选首批黄河流域精品研学课程和优秀研学课程。

5. 研学品牌乘势而上

依托优质的研学旅行资源，"十四五"期间，山东省将着力打造高品质研学旅游 IP，大力开发陶瓷文化研学之旅、岱崮地貌研学之旅等 6 条研学旅游主题文化旅游线路，并将"游学山东"作为全省计划打造的八大要素产品体系之一。深入挖掘曲阜三孔、齐国故城、沂蒙精神等重要资源，精心打造"尼山圣境（儒家文化）""稷下学宫（齐文化）""蒙山沂水（红色文化）"三大游学地标品牌。策划打造孔孟儒家研学游产品、兵学研学旅游产品、博物馆研学旅游产品等 13 个产品为核心的精品研学旅游产品体系，努力培育"齐鲁游学"品牌。

6. 行业组织持续发力

为推进教育和文旅事业的融合发展，2020 年 12 月，山东省成立了山东省旅游行业协会研学分会，分会致力于搭建协会研学服务平台，汇集整合全省优质研学资源，规范省内研学行业发展秩序，为旅游和教育行业高质量发展做出贡献。2021 年 4 月，以济南市为核心的省会经济圈积极打造"研学旅行共同体"，成立山东省会经济圈研学旅行促进会，并发布以水浒梓里、中共旧址、红色基因、科技魅力等主题的 10 条研学旅游线路和"天下第一泉风景区"等 21 个单位为首批研学旅行目的地。促进会汇聚各方资源力量，搭建政府与企业桥梁，致力于搭建产业共兴、市场共建、社会共享的研学平台，推动省会经济圈研学旅行的高品质发展。

二、典型案例——曲阜三孔景区

（一）基本情况

曲阜三孔景区历史底蕴悠久，人文资源深厚，于 1994 年被联合国教科文组织列为世界文化遗产，是首批全国中小学生研学实践教育基地，是世界儒家文化旅游与研学的中心。凭借优越的人文资源，三孔景区联合北京大学传统文化发展基金会、曲阜师范大学、孔子研究院等著名高校及学术研究机构，开展学术交流、企业家国学培训、读书会、中小学研学旅行、夏（冬）令营、人文旅游定制等系列主题学习活动。2016 年，三孔景区获得"全国研学旅游示范基地"称号，是全国首批 20 家、山东省唯一入选单位。曲阜市荣获首批中国研学旅游目的地称号，成为全国首批 10 个、山东省唯一入选城市。2017 年，三孔景区入选首批"全国中小学生研学实践教育基地"名单。

（二）经验借鉴

1. 创办研学专题节会

为传承和弘扬优秀传统文化，2006 年，曲阜依托三孔景区成功举办第一届孔子修学旅游节，也是中国首个以儒家文化为主题的节庆活动，受到广大游客青睐。十多年来，曲阜市累计接待修学游团队 21 万个，参加修学游客超过 500 万人次。2016 年，孔子修学旅游节更名为曲阜孔子研学旅游节，成为中国第一个研学旅行专题的节庆活动。依托孔子研学旅游节，三孔景区大力发展研学旅行项目，深度推进"学"与"游"的有效融合，不断挖掘中华优秀传统文化蕴含的人文精神、思想观念和道德规范，加快中华传统文化的创造性转化和发展，传播儒家文化新时代风采。

2. 丰富研学旅行产品

三孔景区全面整合旅游资源，加大市场开发力度，打造了祭孔朝圣、修身研学、"六艺"体验、《论语》背诵、考古寻源等趣味项目和智慧研学探秘方略、诗礼堂三礼（成人礼、拜师礼、开笔礼）、非遗手作等体验项目，形成了一套较为完备的儒家传统文化研学产品体系。结合不同阶段的学生需求，三孔景区以启航·知礼、行余·学文、学而·求索等为主题，推出设计一系列主题鲜明、形式多样、内涵深厚的研学游线。线路融合景区参观、博物馆游览、活动体验等特色项目，带领游客体悟孔子修身治学的智慧、体验独具特色的古鲁民俗民风，寻觅历史遗踪、感悟儒家文化，培养学生的社会责任感和使命感。

3. 加快智慧研学建设

三孔景区结合物联网、大数据、云计算、人工智能等现代信息科技，大力推进智慧建设，逐步实现服务智能化、营销信息化、体验智慧化。在服务方面，景区引入数字化购票系统、刷脸智能入园系统、AI智能导览系统等功能模块，实现一部手机入园服务。在营销方面，市文物局借助区块链技术发行的虚拟文化商品，推出了首个3D数字藏品——"杏坛"，通过数字化手段创新儒家文化传播和发展方式。在体验方面，将研学教育、遗产保护、网络营销、游客管理融入三维全景虚拟景区，推出研学随身课堂，打造智慧研学服务。

4. 开拓研学营销市场

围绕三孔景区等研学基地，济宁市、曲阜市以打造研学旅游"济宁样板"为目标，积极开展研学旅行营销活动。自2016年以来，先后举办了中国（济宁）国际研学旅游创新发展峰会、中国研学旅游推广联盟成立大会、探寻中国智慧之源——首届全球孔子学院山东文化旅游推广峰会、中国（济宁）研学旅游国际营销大会等研学大会，开通了首个研学旅游高铁推广专列，接待了第五届世界摄影大会考察采风团，开通了"中国研学旅游推广联盟"官方网站，面向国内重点客源市场、海外旅行商、孔子学院等拓展研学市场，推广三孔景区研学旅行基地。

5.完善研学管理体制

济宁市政府高度重视三孔景区等研学基地的旅游环境建设，建立长效的体制监管网络。成立了济宁中小学生研学旅行工作协调小组，在基地评定、旅游线路、导师管理等方面进行规统筹调度。在全省率先出台《关于加快推进修学游发展打造全省修学游先行区的实施意见》《济宁市推进中小学生研学旅行工作实施方案》等文件，实现市级研学旅游示范基地动态化管理。率先挂牌成立济宁市研学旅行协会和济宁市远景研学旅行研究院，形成推动研学产业发展智慧引擎。

三、存在问题及发展建议

（一）存在问题

1.优势资源整合不足

山东省拥有齐鲁文化、红色遗址等良好的研学旅行资源基础，但现有的研学基地、课程、线路较为零散，呈现良莠不齐、碎片化的形态。在市场方面，研学旅行多是以景区为单位单打独斗，跨市跨区的研学产品较少，没有形成规模化、产业化的发展。在品级方面，研学旅行产品呈现散、小、差的特点，有同质化、低端化的发展倾向，缺少高质量高品级的龙头研学产品。在产业融合方面，文化和旅游融合的深度不足，非遗、工业、自然等特色文化资源在研学产品中未得到充分利用。

2.智能科技支撑较弱

研学产业缺少科技支撑，在旅行体验方面，仍停留在"声光电"、展板展示的初级阶段，智能化、信息化建设相对滞后。在运营管理方面，互联网科技与营销服务融合深度不足。整体上，研学旅行产业在5G、大数据、云计算、物联网、区块链、人工智能等新技术的研发与使用方面相对欠缺。建议加快全省研学产业的信息化建设，发展一批功能配套、服务优质的智慧研学旅行地。

3.基础设施服务滞后

研学旅行客群以中小学青少年为主，对目的地的安全、卫生、环境、服务等要素要求较高。在公共基础设施及服务上，大部分研学基地主要依附于所属景区和展馆，缺少独立的公共设施空间，在区域发展、设施分布、服务对象、投入主体、活动供给等方面存在公共设施服务不平衡、不协调现象。整体上研学基地存在经营规模小、配套设施不足、服务能力不强等问题。难以满足团体游客的食宿需求，制约了基地接待能力。

4.研学师资力量薄弱

不同于其他旅行，研学旅行主要面向中小学生，其身心、思想和行为均处在成长发育阶段，在旅行中的思考、观察、认知能力需要教师在实践中加以引导。师资成为影响研学旅行高质量发展的关键因素。在省内研学基地遍地开花的发展态势下，出现了师资短缺的现象。亟待培养从事研学旅行运营、设计、咨询、营销、方案实施等工作的技术技能人才。研学旅行人才培养应注重强化育人意识、突出教育专业性，结合地理、历史等学科有针对性地开发研学活动课程。

5.安全保障有待提升

在研学旅行中，青少年以户外自主探究的形式完成学习任务，涉及景区、服务等诸多因素，加之青少年自我控制能力及安全意识较为薄弱，在旅行中极有可能出现安全事件。尤其在新冠肺炎疫情后，研学旅行的安全问题受到广泛关注。当前，研学旅行安全权责划分不清，教师难做到全程监管；保险制度不完善，参保险种不完善；基地管理不到位，在开放的研学活动中设备设施存在一定的安全隐患。亟待建立一个景区、学校、旅行社等多方主体共同参与、协同互动的安全保障机制。

（二）发展建议

1.优化课程研发，创新产业业态

结合中小学素质教育的标准和要求，深挖省内研学旅行资源，根据学段特点和地域特色，加强研学旅行校本课程建设，融合知识性、体验性和互动性，逐步开发自然文化、历史地理、人文科技、工业农林等主题的研学活动课程体系。坚持校企合作，充分发挥企业的资源优势和学校的教育优势，精心设计活动计划和方案，做到校外与校内密不可分，研学与旅行有机结合，实现研学旅行与学校课程相互衔接、相互补充的育人作用，优化研学旅行社会实践教育课程。

以文化为灵魂，以旅行为载体，大力推进研学旅行产业业态创新，配套商业街区、精品民宿、文化学堂等空间，延伸食、住、游、购等要素，打造全产业、全链条的研学产品。充分挖掘"好客山东"的文化内涵，重点围绕齐长城文化、大运河文化、黄河文化、泰山文化、海洋文化、沂蒙文化、非遗文化等主题规划设计精品研学旅游线路。结合元宇宙、剧本杀、打卡旅游、研学盲盒等新玩法，通过观光升级、休闲延展、度假深化，实现研学产品转型升级。整合优质资源串点成线，开发适合高中、初中、小学等不同年龄段学生和其他人群的研学旅行主题线路。通过"研学＋非遗""研学＋文创""研学＋体育"等形式，推动"研学＋"引领业态创新，实现研学产业融合新突破。

2. 强化科技支撑，打造研学平台

借助网络信息化技术，打造智慧研学旅行服务平台，将省内旅行资源、学校资源和运营渠道进行整合，打造全产业链生态闭环资源平台，助力教育领域更便捷、智能地开展研学活动。开发云课程，以图文、视频等形式分享主题内容，开展线上研学课程和实时互动功能；采集云数据，统计学生、家长、学校、机构等全方位研学系统数据；实施云安全，涵盖实时定位、轨迹记录、亲情通话、健康监测等管理功能；实现云营销，在线提供信息查询、门票购买、酒店预订等一站式服务；打造云体验，通过裸眼 3D 技术、全息影像、沉浸式光影等科技手段提升溯源科普、沉浸体验研学场景体验，在满足游览观摩的同时又增加体验互动性和场景调动性。

3. 提升基地建设，优化设施服务

严格依据《研学旅行基地（营地）设施与服务规范》指导，遵循教育性、实践性、安全性、公益性的原则，加强研学基地基础设施与服务建设。结合研学旅行活动需求，提升基地小团体就餐、住宿等接待能力；配备一定的专职医护人员，提供基本的医疗保障；根据不同研学教育主题以及不同年龄段的学生配备相应的研学场地和教学辅助设施，如电脑、多媒体、实验室、教具等。依据研学团体的规模，配备研学专业服务人员，相关人员应举止文明、

热情服务，具备一定的灾害应急常识，熟悉基地内的医疗服务点、紧急避险通道等。

4.培育专业人才，健全师资队伍

强化研学旅行人才培养，坚持把研学人才队伍纳入各市重点人才培养计划，推出研学创客扶持计划、研学人才交流挂职计划等。加强校企合作，鼓励高等院校开设"研学旅行管理与服务"专业，转向培养研学人才。建立山东研学人才发展智库、研学人才信息库，为各类研学活动的开展提供智力决策咨询和智力支撑。围绕研学产品特点，开展研学导师培训，提升导师的观察、研究能力以及指导学生的能力。各地健全研学旅行导师全员培训制度，建立专兼职相结合、相对稳定的研学旅行指导师队伍。

5.统筹各方资源，提升安全保障

由教育部、文旅局牵头成立研学旅行工作小组，联合财政、商务、农业等部门共同参与，形成部门联动、齐抓共管的工作局面，全力推动研学旅行工作落地落实。加强研学目的地的安全设施建设，包括疏散通道、安全提示和应急设备等。明确权责，学校开展大规模研学活动时应通知家长，与家长签订协议书，明确学校、家长、学生的责任权利，鼓励家长购买出行保险。报备教育局，提交应急预案、课程设计等材料，进一步确保研学旅行活动的安全。

四、趋势探索

（一）研学教育课程化

作为一种校外教育课程模式，研学旅行以培养学生综合素质为目的，以多元社会实践活动为载体，组织学生走出课堂、走出校园，体验自然、感悟生命。在新课改、素质教育的背景下，研学旅行的教育属性得到重视，研学市场朝着课程化、系统化、规范化方向发展。结合学生的个体属性、知识层次和学科要求等，将研学旅行纳入校内课程体系中，既是响应政策的必要选择，也是市场发展的未来走向。

（二）研学市场数字化

Web2.0 时代，文旅和教育产业的发展离不开数字科技的支持，而新冠肺炎疫情加速了数字技术演进。后疫情时代，文化和旅游产业逐渐复苏，省内及各地市积极推进文旅行业进行数字化改革，着力突破智慧化难题。学校大力推进数字校园建设，提升学校线上教育水平，实现学校教育现代化。以"研学＋互联网"的智慧研学构架已基本形成，研学旅行朝着网络化、数字化方向转变，开启"智慧研学"时代。

（三）研学体验沉浸化

在内容为王的时代，青年消费市场对沉浸式旅游需求的不断扩大，传统的观光展览已无法满足研学需求。多媒体交互、虚拟现实结合、360° 全景还原带来的沉浸式体验具有高体验感，能最大限度地调动视觉、听觉等多感官、多维度的刺激，有助于青少年更好地理解学习主题。发展沉浸式演艺、沉浸式展览、沉浸式娱乐体验等业态，创建沉浸式的学习空间，为研学旅行打开新的大门。

第四章

2021 年山东康养旅游产业发展报告

路　飞

　　进入 21 世纪，康养旅游产业以旅游新业态成为我国现代旅游中最受欢迎和最具活力的组成部分。随着旅游者消费观念的不断升级，山东省旅游发展从数量规模增长阶段步入高质量发展阶段，推进旅游产业融合发展是旅游转型升级的着力点，与健康、养生相关的旅游活动顺应了人类追求健康的潮流，日益受到市场的青睐。"健康＋旅游"产业融合模式得到快速发展。山东拥有丰富且优质的康养旅游资源，近年来，山东省的康养旅游市场显示出较高的增长速度和发展潜力。同时，山东旅游产业面临新旧动能转换的重要关口，康养旅游产业以其"健康、可持续"的特点，成为推动山东省传统旅游产业转型升级的可行发展路径。

一、产业发展概况

（一）资源状况

　　山东省地处黄河下游、东临黄渤海，全省气候属于暖温带季风气候，大陆海岸线约占全国海岸线的 1/6，境内水系发达、地质地貌景观种类繁多、森林覆盖率高，齐鲁大地钟灵毓秀，人文荟萃，历史文化悠久，素有"孔孟之乡、礼仪之邦"的美誉。目前，山东省有 A 级旅游景区 1200 多家，国家级旅游度假区 3 个，国家森林城市 16 个，国家湿地公园 66 处，省级湿地公园 134

处，省级以上地质公园 60 余个，国家级水利风景区 105 个。海岸线绵延 3300 多公里，山东半岛东部、北部、南部海岸线各具特色，有近海岛屿 500 多个，发展康养旅游的条件得天独厚。

（二）产品开发情况

山东省依托仙境海岸丰富海洋资源、茂密的森林、特色的温泉、众多的运动基地、优美的乡村山水田园风光、悠久的历史文化、传统中医文化、红色文化等旅游资源，融合旅游、医疗与养生、农业、房地产业、教育文化等产业领域，打造以海滨康养旅游、森林康养旅游、温泉康养旅游、体育休闲康养旅游、乡村康养旅游、中医药康养旅游、文化康养旅游等为主题特色的康养旅游产品，经过多年的发展逐渐形成类型众多、特色鲜明的康养旅游产品体系。

2020 年，山东省文化和旅游厅联合山东省卫生健康委开展康养旅游示范基地评定工作，评定了房干森林康养旅游基地、青岛海泉湾康养旅游基地、烟台龙口南山养生谷小镇、威海天沐温泉度假区、东阿阿胶康养旅游综合体等 18 家山东省康养旅游示范基地。2021 年评定宏济堂中医药文化旅游集聚区、泰山碧霞湖文旅康养融合发展区等 8 个康养旅游示范区和商河县温泉康养融合发展区、微山岛文旅康养度假区、郓城县水浒文旅康养融合发展区等 13 个康养旅游试点区。未来，山东省计划在黄河沿线、优质海岸线、特色湖区山区、温泉集中地带等，建设一批高端健康体检、医学美容、养生护理、医疗保健等健康旅游项目，开发滨海疗养、森林康养、温泉浴养、研修康养、中医药养生等健康旅游产品。

（三）市场发展状况

山东省的康养旅游产业仍处于起步阶段，特别是近年受新冠肺炎疫情影响，整体旅游市场低迷，康养旅游市场发展放缓，但随着社会经济发展，城市化、老龄化进程加快，亚健康、银发族等人群显著增多，人们健康意识的快速提升，使得山东省康养旅游市场未来仍具有巨大的发展空间。

从入境康养旅游市场看，山东省地处中国大陆东部，与朝鲜半岛、日本列岛隔海相望，山东距离日本不到 800 公里，距离韩国仅为 500 公里，由于地缘优势，三地的联系与交往由来已久，日、韩一直是山东省排名前两位的客源输入国，两国客源占山东省接待外国游客人数的一半，大量的日韩游客入鲁开展体育休闲康养旅游及文化康养旅游活动。

从国内康养旅游市场看，山东省的国内游客主要来自省内、华东地区、华北地区、华中地区和东北地区，相比其他北方省份，山东拥有雄厚康养旅游资源基础和独特地理区位优势。近 10 年，"好客山东"旅游品牌及之下的"一山一水一圣人""仙境海岸""文化圣地、度假天堂"旅游产品体系已在旅游市场有较强影响力，在此基础上整合、创新、转化而来的康养旅游产品在市场拓展中有了先发优势。山东省地处中国大陆东部的南北交通要道，位于北京、天津和上海三大直辖市之间，是连接华北和华东地区的重要纽带，山东省内，无论是铁路、公路、航空还是海运都较为发达，交通基础设施完备，国内游人来往便利。山东省国内康养旅游市场既有天时，又有地利，发展潜力巨大。

（四）政策支持

康养旅游作为旅游发展新业态萌发于社会经济发展和大众旅游市场发展的需求，初期的发展壮大离不开政府的扶植和催化。山东省各级党委政府高度重视"文旅＋"新业态发展，大力推进旅游与康养产业融合发展。2018 年 1 月，《山东新旧动能转换综合试验区建设总体方案》发布，方案中指出推动旅游业与农业、教育、文化以及上下游产业融合发展，同时支持旅游演艺、生态休闲、康体健身等旅游新业态项目建设。2018 年 6 月，山东省人民政府印发《山东省医养健康产业发展规划（2018—2022 年）》，要求依托独特的生态、康养与旅游资源，加快开发滨海疗养、森林康养、温泉浴养、研修康养等健康旅游业态以及高端健康体检、医学美容、养生护理、医疗保健等健康旅游项目，推动医养健康与旅游深度融合。2020 年 7 月，编制的《山东省文化旅游融合发展规划（2020—2025 年）》提出要强化要素集约，推动医养健康产业和旅游产业融合发展，打造康养山东等要素产品体系。2021 年 2 月，山东省委办公厅、山东省人民政府办公厅印发《关于促进文化和旅游产业高质量发展的若干措施》提出建设康养旅游发展高地。

山东省文化和旅游厅紧紧围绕旅游消费需求，2020 年山东省文化和旅游厅依据《国家康养旅游示范基地标准》编制了《康养旅游示范基地建设指南》，成为全国第一个康养旅游示范基地省级地方标准。依据标准，山东省文化和旅游厅联合山东省卫生健康委员会开展康养旅游示范基地、康养旅游示范区、康养旅游试点区、康养旅游示范县等评选工作，改革创新，特色发展，推动形成若干促进文旅康养融合发展的经验模式，探索打造文旅、康养产业高位发展平台。

二、康养旅游产业存在的问题

（一）产品同质化严重，特色不突出

近年，康养旅游作为山东旅游新业态受到关注，康养旅游产品在既无政策限制，也没有专利特权的状态下，进入门槛较低，因而在传统旅游产品转型、新产品开发基础上数量急剧增长。但是，在数量增长的同时，山东省大多数康养旅游产品的开发设计仍处于初级阶段，更多的是依靠自然资源，设计主要以观光型或短期休闲度假型为主，同类型康养产品之间差异性小，同质化竞争严重，如复制化森林浴、温泉，雷同的海滨设计等，也造成了自然资源的浪费。产品开发层次较低，在内涵表现上单调，开发设计中无法摆脱传统的旅游形式，缺乏娱乐性强、参与度广的项目，旅游者康养体验感甚微，没有真正将传统养生方法和养生文化融入游客的养生旅游过程中，真正体验养生文化、达到养生效果的产品较少，导致游客的停留时间短、重游率低和吸引力不大等。

（二）配套设施相对薄弱，区域发展不均衡

由于山东省内不同区域社会经济与康养旅游发展差异，各地区及同一地区各康养项目的配套设施建设参差不齐，整体来讲较为薄弱。在可进入性设施方面，部门康养产品如森林康养、温泉康养、乡村康养等远离城市，位置偏僻，公共交通方式缺乏整合，车辆班次较少，乡村道路设施条件较差，停

车场管理不够规范，常出现道路堵塞、无法停车等问题。在公共服务设施方面，部分景区公共厕所建设滞后，急救站点设置较少，缺失警示类标识牌，公共网络服务较弱，缺乏中型的休憩场所，使旅游者的康养体验打了折扣。在住宿设施方面，景区内部及外部接待宾馆或民俗硬件设施和服务水平不等，有些景区的住宿设施难以留住过夜旅游者。康养旅游景区在关注康养产品开发设计的同时要统筹配套设施的设计，在完备的同时使之与景区达到和谐统一。

此外，部分康养旅游景区未将承载力考虑在经营管理范围内，随着旅游者的大量涌入，造成康养资源、周边环境、配套设施承受较大压力，大众旅游者对环境级设施保护意识有限，可能导致脆弱的资源、环境和设施遭到破坏，从而影响地区康养旅游的可持续发展。

（三）人才培养和培训滞后，影响产业发展

康养旅游是旅游产业与健康、养生、文化、休闲等产业融合为一体的"旅游+"新形态，山东省的康养旅游形式主要以海滨康养、森林康养、温泉康养、体育休闲康养、乡村康养、中医药康养、文化康养等类型为主，康养旅游从业人员与一般旅游行业要求有所不同，除需要一定的旅游从业能力外，还需要具备医疗卫生、养生等相关方面的专业知识，管理人员需要有宏观的视野、资源整合的能力。康养旅游人才的水平直接关系着康养旅游发展，目前，山东省的康养旅游人才的培养和培训与近年来康养旅游发展的速度不相匹配，从业人员文化程度低、年龄偏大，下岗人员和农村务工人员居多，专业技能有限等是康养旅游业人才供给的突出问题。无法满足康养旅游的发展需要，从长远看，可能会成为康养旅游无法健康发展的阻碍因素。

（四）产品市场知名度低，市场竞争力不强

康养旅游产业虽然是社会经济发展的必然，各级政府大力扶持的旅游新业态，但是由于山东省多年来主打海滨度假旅游和文化旅游，人们对养生旅游认识不足，对大多数人来说，并没有意识到养生旅游是为了改变自身的状态，所以康养旅游在旅游市场上并未得到大众旅游者的足够关注，现有康养

旅游产品宣传力度比较小、广度窄，缺乏市场营销的主动性，大多依赖旅游者间口耳相传。加之发展处于初级阶段，特色凝练不鲜明，宣传形式比较单一，在"好客山东"旅游品牌之下，尚未真正就康养旅游作为主题进行全省统一宣传营销，形成山东省的康养旅游整体的子品牌，较之于国内外已有的知名康养旅游目的地，山东省的康养旅游市场竞争力不强。

三、产业发展展望

大力发展康养产业，无疑成为符合市场需求的一大趋势。结合本地资源实际，立足本地特色开发，完善康养旅游设施，从而打响知名度，产生持久吸引力，促进康养旅游产业进一步发展。突出资源的健康环保、积极向上的养生作用，加上一些特色的体验活动，增强游客获得感。旅游目的地应该完善基础公共设施，并发展旅游产业与其他产业协同并进，整合旅游目的地公共资源，为康养旅游打好坚实的基础，提供更好的公共服务。

（一）以健康中国为基础，推动康养旅游向"大健康""大养生"进行融合

一方面，随着大众旅游时代的发展，旅游已经不只是人们观光、休闲、开阔眼界、增长见识的活动，人们已经开始希望通过旅游提升身体素质、缓解焦虑、平衡心态、塑造性格、充实灵魂，国务院印发的《"健康中国2030"规划纲要》也提出，积极促进健康与养老、旅游、互联网、健身休闲等融合，催生健康新产业、新业态、新模式，康养旅游即作为旅游新业态中的"强笋"萌发成长起来。

另一方面，伴随着社会的进步，特别是新冠肺炎疫情驱动之下，人们现在对健康养生的观念也有很大的转变，出现了"大健康""大养生"理念，即倡导一种健康的生活方式，不仅是"治病"，更是"治未病"，消除亚健康、提高身体素质、减少痛苦，做好健康保障、健康管理、健康维护，帮助人们从透支健康、对抗疾病的方式转向呵护健康、预防疾病的新观念。在康养旅游活动中，旅游是健康养生的手段，健康养生是旅游的目的。康养旅游产业

的未来发展实践必须紧紧围绕"大健康""大养生"这个核心，积极推进旅游产业与其相融合，康养旅游产品突出旅游活动包容性、灵活性和健康养生的特色、创意，以满足大众身心健康、精神愉悦、心灵慰藉为最终目标。

（二）以政府为指导、市场为主导，深入推进"康养旅游+"

在国内包括山东省在内的各省、市康养旅游产业多起步于行政主导的接待事务，单位没有自主管理权和经营权，政府的行政力量完全主导经营和发展。在市场化改革和康养旅游产业规模化发展阶段，政府和市场"两只手"相互配合、相辅相成，共同推动康养旅游产业由事业型向产业型转变，并吸引了多元社会资本进入康养产业推动康养产业迅猛发展。

康养旅游产业是一个巨大的产业体系，涉及互联网行业、交通运输业、医疗产业、餐饮业、住宿业、娱乐业、房地产行业等多个产业与行业。目前，在市场的驱动下，康养旅游产业已经呈现多元化延伸的趋势，产业边界不断向相关产业和衍生产业领域拓展，与关联产业之间形成了多业共生、混同发展的模式。未来，山东省康养旅游在产业结构上，应在充分把握康养旅游者消费心理、促使消费行为产生、满足潜在康养消费需求、提升满意度的基础上，充分考虑产业间匹配度，借鉴国内外康养产业前沿项目成功经验，推动康养旅游产业结构不断合理化演进、转变升级。

（三）以康养文化为核心，敏锐把握市场变化，助推康养旅游产品迭代升级

康养旅游产品是康养产业与康养旅游者连接的纽带，在满足物质生活基础上，大众旅游者在旅游中更加注重产品的文化内涵。因此，康养旅游需要转变开发意识，明确开发方向，生理健康是康养产品开发的前提，精神和心灵慰藉才是康养旅游产品开发的落脚点。浓厚的康养文化会催生旅游者旅游活动前的向往，提升旅游活动过程中内心的康养体验，达成旅游活动后记忆中对旅游产品印象的刻印。

从纵向层次维度，康养旅游产品需依托山东省内优质的自然、人文资源，植入康养元素，实现养眼、养身、养心的层次迭代融合，从外延的"有"到

内涵"精"。第一层次，优化康养产品开发，使自然、美学、养生等内容相互协调，和谐统一，打造使康养旅游者"养眼"的"康养+"观光基础产品，使旅游者在产品的各个细节都能感受到养生氛围，怡情怡人；第二层次，完善"医、养、食、住、行、游、购、娱"等康养旅游配套服务设施建设，提升服务品质，融入现代科技，为康养旅游者提供互动性强、体验感丰富的休闲"养身"系列产品；第三层次，挖掘康养产品文化元素，塑造康养文化内涵，在中国的文化基因中"养生"与"养心"融为一体，康养旅游最终落脚点是旅游者在旅游活动中心灵得到诗意栖居。

从横向拓展维度，康养旅游产品需加强资源的多元化整合，从单一产品转向多元化发展，针对康养旅游者不同需求，开发具有地域文化特色的复合型康养旅游产品。一方面，根据康养旅游产品的自身特点，整合地域资源，对现有产品深度挖掘、丰富拓展，打造诸如"温泉+中医药"型的温泉理疗康养产品、"滨海+体育"型的娱乐运动康养产品，增强整个旅游场景吸引力，丰富文化元素、增添娱乐设施，加大游客的参与程度，延长游客逗留时间，拉升游客消费水平。另一方面，加强不同康养产品之间的联合，打造复合型的产品组合，突出产品间差异化及互补性优势，制订康养旅游精品线路，打造地域康养旅游品牌。

（四）以品牌为引擎，整合优质资源，构建立体化、多维度市场营销体系

品牌可以增加旅游者对康养旅游产品的认同感、信任感、忠诚度。树立品牌意识，建立品牌形象是提高康养旅游地产品竞争力的重要途径。山东自2007年在全国首开先河形成以全省地市旅游目的地旅游形象为支撑，以旅游企业和旅游产品为基础的"好客山东"旅游品牌体系以来，通过采取"联合推介、捆绑营销"的模式广泛开展目的地品牌形象宣传推广，山东旅游目的地的竞争力大幅提升，品牌价值和品牌带动力、辐射力得到巨大体现。康养旅游作为山东旅游新业态，借助"好客山东"品牌影响，整合区域有效资源，将统筹发展、上下联动，构建地区的整体形象，凝练出山东省康养旅游子品牌。

在品牌凝练的同时，通过活动、会议、广告等形式，运用大众媒介、网络手段以及新媒体运营，多维营销，对山东省康养旅游产品进行宣传，强化客户对山东省养生旅游的认知。例如，举办采摘活动、登山比赛、广场舞大赛、太极表演等养生旅游活动，让社会大众广泛参与，在活动中宣传养生理念，举办或参加国内外旅游推介会，增加对外交流，扩大山东康养旅游产品在国内外的知名度；加强与直播平台、旅游 OTA 合作完善康养旅游推介、查询、交流，宣传康养旅游产品，介绍养生常识，实现山东省康养旅游产品高频次、高密度的宣传覆盖。

（五）以人力资源为支撑，培养和引进高素质专业人才团队

只有拥有康养旅游专业人才，才能让康养旅游顺应时代，进行创新和发展，高质量人力资源将成为未来康养旅游发展的重要支持力量。山东省要全方位构建康养旅游人才培养体系，多渠道培育和引进专业人才。

首先，针对目前山东省康养旅游从业人员专业知识匮乏的问题，建立康养旅游培训基地，制定康养旅游专项培训规划，对现有康养旅游从业人员开展旅游服务、医疗保健知识、产品营销、管理思想等内容培训，补足短板，提升康养服务的品质。其次，着力制定康养旅游人才培养的长效机制。联合教育行政部门、专业学校，在旅游专业人才中增加康养旅游相关专业课程或直接开设康养旅游专业，直接、高效地培养康养旅游专业的复合型人才；加大对中医药、体育、艺术、营销等相关专业学生的引进，入职后对人员开展康养旅游服务培训，包括行业发展认知、康养理念等内容。最后，通过校企合作、研企合作等多种形式，引进医学、生态学、旅游规划、旅游管理等方面资深专家，为山东省康养旅游"把脉"、定策略、解难题、指方向。

第五章

2021 年山东工业旅游产业发展报告

于逢荷

工业旅游是旅游业和工业的有效结合，二者的融合对于调整完善工业产业结构和培育旅游发展新亮点具有重要意义。山东是中国近代工业的重要起源地、我国工业大省，也是目前中国制造业的重点分布区，工业发展历史久远，工业基础厚重，工业体系完备，拥有丰富的工业旅游资源。近年来，在不断加快经济结构转型升级的过程中，山东一直重视工业遗产保护利用工作，积极开展工业旅游顶层设计，传承弘扬工业精神，打造具有工业文化特色的旅游示范基地和工业文化教育实践基地，推进工业与文化旅游的融合发展，大力发展工业旅游，呈现工业文化繁荣发展新局面。

一、产业发展基本情况

（一）政策支持

1. 工业旅游发展迎来新机遇

文化和旅游既是拉动内需、繁荣市场、扩大就业、畅通国内大循环的重要内容，也是促进国内国际双循环的重要桥梁和纽带，"十四五"时期是文化和旅游发展的重大机遇，"旅游+""+旅游"成为国家政策导向，工业旅游成为推动产业融合的重要领域。

2021 年 4 月，文旅部印发《"十四五"文化和旅游发展规划》，强调加强工业遗产保护，积极推进文化与工业等产业融合发展，提高其文化内涵与附加值；培育文化和旅游融合发展新业态，发展工业旅游，活化利用工业遗产，培育旅游用品、特色旅游商品、旅游装备制造业；深化体制机制改革，支持盘活利用存量工业用地，依法依规发展旅游业。同时，为更好发挥工业文化在推进制造强国和网络强国建设中的支撑作用，工业和信息化部、国家发展和改革委员会、教育部、财政部、人力资源和社会保障部、文化和旅游部、国务院国有资产监督管理委员会、国家文物局8部门联合印发《推进工业文化发展实施方案（2021—2025年）》，对工业旅游发展提出具体任务要求：一是挖掘工业文化价值内涵，弘扬工业精神；二是发挥文化赋能作用，促进工业文化与产业融合发展；三是培育工业旅游资源，拓展消费新空间；四是提高科教水平，传播工业文化；五是建立分级保护机制，提高工业遗产活化利用水平；六是支持工业博物馆规范发展，拓展工业文化新载体；七是多渠道加大宣传力度，增强文化自信和认同；八是加强部门协同配合，推动中国特色工业文化建设取得新进展新成效。

2022年8月，中共中央办公厅、国务院办公厅印发了《"十四五"文化发展规划》，规划强调丰富优质旅游供给，加强对工业遗产资源的活化利用，开发旅游用品、特色旅游商品，培育旅游装备制造业，发展工业旅游；加强区域文化协同创新，健全合作互助、扶持补偿机制，加大力度支持中西部地区以及东北等老工业基地文化发展，形成相互促进、优势互补、融合互动的区域文化发展格局。

2. 国家持续助力工业旅游发展

2001年国家旅游局出台《工业旅游发展指导规范》，2002年制定《全国农业旅游示范点、全国工业旅游示范点检查验收标准（试行）》，有效推动我国工业旅游的快速起步和有序发展。2013年国务院印发《全国资源型城市可持续发展规划（2013—2020年）》，结合资源型城市产业基础和发展导向，积极发展类型丰富、特色鲜明的现代服务业，推进工业历史悠久的城市发展特色工业旅游。2014年《国务院关于促进旅游业改革发展的若干意见》中强调"创新发展理念，坚持融合发展，推动旅游业发展与新型工业化相结合"。

自2016年以来，各部门发布的关于工业旅游的文件，提出了更为具体的指导意见，对推动工业旅游创新发展起到了引导作用。2016 年 11 月，国家旅游局公布《全国工业旅游发展纲要（2016—2025 年）（征求意见稿）》（以下简称"纲要"）。纲要提出，要在全国创建 1000 个以企业为依托的国家工业旅游示范点、100 个以专业工业城镇和产业园区为依托的工业旅游基地、10个以传统老工业基地为依托的工业旅游城市，初步构建协调发展的产品格局，成为我国城乡旅游业升级转型的重要战略支点。纲要确定六大举措助力工业旅游创新发展：一是加强组织领导，充分发挥各地旅游发展委员会（旅游局）的指导协调作用，积极推进工业旅游发展促进中心建设，鼓励工业旅游行业协会建设；二是统筹规划布局，积极推进工业旅游规划编制工作，优化空间布局，加快探索研制工业旅游示范点规划编制规范，积极开展工业旅游与旅行社的合作与联合；三是完善行业标准，全面推广工业旅游示范点建设与服务标准；四是支持精品示范，认真抓好工业旅游精品建设和示范推广工作，给予资金倾斜，完善公共服务体系；五是抓好综合监管，强化工业旅游经营者主体责任，完善市场退出机制，强化旅游市场行为监管；六是强化政策支持，加大资金投入，创新财税支持，积极开展金融支持，探索土地支持。12月，工业和信息化部联合财政部印发《关于推进工业文化发展的指导意见》，提出主要任务：发扬中国工业精神，夯实工业文化发展基础，发展工业文化产业，加大工业文化传播推广力度，塑造国家工业新形象。

2017 年，国家旅游局又公布《全国工业旅游创新发展三年行动方案（2018—2020 年）》，提出计划到 2020 年全国将培育 100 个国家工业旅游示范基地、国家工业遗产旅游基地等示范品牌，初步构建"景区、园区、城区协同发展，生产、遗产并行发展，观光、体验互补发展，东中西全面发展"的基本格局；实施工业旅游规划引领工程、工业旅游资源开发和标准提升工程、工业旅游产品提质和示范工程、旅游营销推广和培训工程；提出具体行动目标计划从 2018 年到 2020 年，分别实现工业旅游年接待达 1.7 亿人次、2亿人次、2.4 亿人次。

2018 年发布《国家工业旅游示范基地规范与评价》，指导工业旅游示范基地的创建。2019 年 11 月，国家发展和改革委员会、工业和信息化部等 15个部门联合印发《关于推动先进制造业和现代服务业深度融合发展的实施意见》，提出发展工业文化旅游，支持有条件的工业遗产和企业、园区、基地等，挖掘历史文化底蕴，开发集生产展示、观光体验、教育科普等于一体的旅游产品，厚植工业文化，弘扬工匠精神。

3. 山东省积极开展工业旅游

近年来，在不断加快经济结构转型升级的过程中，山东积极开展工业旅游顶层设计，加强工业遗产保护，通过实施规划引领、制定行业标准、采取政策扶持等一系列举措，致力推动山东工业旅游工作走在全国前列。2017年发布《关于推进山东省工业文化发展实施意见》，指出要充分发挥工业文化在建设制造业强省中的柔性支撑作用，整合全省政策资源和社会资源，加快山东工业新旧动能转换。

2018年《山东省新旧动能转换重大工程实施规划》中指出要重点"发展质量更好、结构更优、效益更高的精品旅游产业"，在数量上突出质量、在普品上强化精品、在标准化服务基础上提升个性化服务水平，工业旅游成为新旧动能转换背景下工业转型的新动能和旅游发展的新领域。同年，《山东省工业旅游发展规划（2018—2025）》发布实施，提出山东省将从解决发展瓶颈入手，有计划地推进工业旅游发展，将主攻产品融合化、品牌高端化方向，主要突破大健康、海洋、航空、遗产、体育领域，系统构建"葡萄美酒、未来家电、激情鲁啤、养生阿胶、齐鲁霓裳、鲁酒金樽、味美山东、大国重器、现代海洋、云天翱翔、百年记忆、齐鲁工匠"十二大工业旅游品牌。

2019年，山东省发布《山东省人民政府办公厅关于加快推进工业旅游发展的意见》，提出构建工业旅游产品体系，涵盖观光工厂、工业博物馆、工业遗址公园、工业文化创意基地、工业旅游小镇、工业节庆会展活动等。同时，意见制定了完善的政策引导和保障措施，为大力发展工业旅游提供了良好的制度保障。

2020年7月，《山东省文化旅游融合发展规划（2020—2025年）》提出培育文化旅游新业态，激发产业发展新动能，大力发展"文化旅游+工业"，将工业旅游培育成文化旅游发展的新领域和工业转型的新动能，建成具有齐鲁地域风格、鲜明时代特征、完备品牌体系的国内外著名工业旅游目的地。

（二）产业概况

我国是工业大国，工业旅游资源类型全、覆盖面广。《2019 年中国工业旅游行业分析报告——产业供需现状与发展前景预测》显示，2015 年，全国工业旅游人数占全国旅游总人数的 3.25%，三年间工业旅游游客接待量年均增长 31%，旅游收入年均增长 24.5%，潜力巨大。目前，我国已经形成了完整的工业旅游体系，共有 354 家全国工业旅游示范点，1000 家左右省级工业旅游示范点。2020 年，工业旅游接待游客量达 2.4 亿人次，旅游收入超过 300 亿元。工业旅游已成为中外游客感知"工匠精神"的重要途径。

山东是中国近代工业的重要起源地，也是目前中国制造业的重点分布区，拥有丰富的工业旅游发展基础，从引入近代工业技术开始，几乎包含了中国工业发展历史的各个阶段，而且已经形成了诸多的品牌工业和基地型城市。近年来，在不断加快经济结构转型升级的过程中，山东积极开展工业旅游顶层设计，推动工业旅游工作走在了全国前列，目前共有国家级工业旅游示范基地 1 家，国家工业旅游创新单位 3 家，国家级工业旅游示范点 39 家，国家工业遗产 14 家，省级工业旅游示范点 337 家，省级工业旅游示范基地 67 家。其中到 2021 年全省 558 家博物馆中有 17 家工业类博物馆，全省工业旅游商品研发基地达 100 家以上，涌现出青岛海尔、张裕集团、东阿阿胶等一批工业旅游龙头企业，形成了一批较为成熟的工业旅游线路和品牌；在 2020 年全省工业旅游现场推进会上，联合省旅行社协会、省自驾车旅游协会推出齐鲁养生文化之旅、琼浆玉露品鉴之旅、红酒探秘轻奢之旅等 16 条工业旅游秋冬游线路和自驾游线路，将工业遗产博物馆作为线路重点突出内容，宣传山东省工业精神。

二、典型案例分析——阿胶世界

（一）项目概况

阿胶世界位于山东省东阿县阿胶街 78 号，是阿胶股份有限公司依托东阿阿胶百年老字号打造的集工业旅游和养生体验等功能于一体的大健康养生体验平台。项目以近 3000 年的阿胶文化为载体，以中医药文化为依托，以工厂为舞台、产品为道具、消费者体验为核心，将中医药养生文化传承与科技创新相结合，打造具有科普性、互动性、趣味性等独特体验感的中医药健康养生体验旅游项目，项目主要包括东阿阿胶体验工厂、中国阿胶博物馆、东阿阿胶城、东阿药王山和毛驴博物馆等部分，运用飞行影院、全息投影、4D 体验、裸眼 5D 等现代科技，营造宏观和微观世界不同的场景，直观地展示中医药传承千年的魅力，给游客带来刺激性、趣味性、科普化的中医药文化体验。

阿胶世界现已成为最具代表性的全国中医药健康旅游示范基地，荣获了国家 4A 级旅游景区、全国工业旅游示范点、国家工业旅游创新单位、山东省工业旅游示范基地、山东省金星级文化主题酒店、网友最喜爱的中国十大工业旅游企业等荣誉称号，并纳入第一批国家中医药健康旅游示范基地创建单位名单。2018 年国庆节期间，"阿胶世界"正式对外开放，当年共接待游客 242 万人次，工厂摇身一变，成为旅游热点项目。2019 年 8 月，东阿阿胶世界入选首批"文旅融合示范单位"，开创工业旅游体验新格局。

（二）经验借鉴

1. 活化体验·精品旅游

阿胶世界以强大品牌和深厚文化底蕴为支撑，围绕"游客变顾客，顾客变游客"的经营理念，以优质的产品、深厚的文化、优质的服务与游客沉浸体验有机融合，以开放的思想挖掘东阿阿胶的文化内涵，通过实景探访、研学课程、特色美食等活动，借助全息投影、裸眼 5D 等智慧化手段，从味觉、视觉、嗅觉、听觉、触觉多方面打造沉浸式体验，营造宏观和微观世界不同场景，活化旅游体验，打造文化旅游精品，开创东阿阿胶体验旅游新格局，迈向文旅发展新时代。

2. 多元发展·深度融合

东阿阿胶以多元发展、深度融合为主线，围绕阿胶主产业进行一二三产整合、跨界融合的发展新模式。带动毛驴养殖培育第一产业，发展"东阿黑毛驴"养殖和良种繁殖，实施以肉谋皮策略，发挥龙头带动作用；做强第二产业，聚焦阿胶主业，培育多个品牌，做大补血、滋补、美容三大市场，打通药店、医院、商超、健康连锁、电商五个终端；拓展健康旅游第三产业，以中医理论为基础，以工厂为平台，以健康服务、文化体验为核心，向大健康服务、康养旅游、工业旅游拓展，实现东阿阿胶全产业链建设，成功打造用好工业遗存、实现新旧动能转换的工业旅游新样板。

3. 品牌 IP·创新营销

挖掘东阿阿胶文化属性，深入分析市场需求，以"产品 IP 化、营销内容年轻化"为核心策略，将阿胶文化 IP 通过各种形式实现兑现。开发毛驴公仔、阿胶文化剪纸等纪念品，着力实现工业旅游和文创产品的深度结合；通过与太平洋咖啡联名推出的"咖啡如此多胶"系列饮品，激发消费群体好奇心、唤醒品牌形象，打破品牌用户圈层，开拓增量市场并深入年轻消费者心里；携手携程旅行网等公司签署战略合作协议，通过传统旅行团实现口碑宣传，通过个性化定制体验锁定高端康养团体，通过人性化客户管理，达成二次消费，提高游客转化率，全方位提升阿胶世界旅游形象，打响阿胶世界旅游品牌。

4. 科技创新·智慧发展

阿胶世界开发过程中注重科技创新与智慧化发展，在众多项目场馆中融入引进新技术，融入科技元素。例如，阿胶探秘长廊采用"胶香弥漫"的设计风格，通过视频特效技术、体验互动设计、近距离观赏等方式，实现味、视、嗅、听、触"五觉"全方位立体式体验近 3000 年的阿胶养生文化；金屋藏胶馆设有严格温度、湿度控制及完善的监测传感设备，为广大游客和消费者提供阿胶储藏超值服务。

三、存在问题、发展建议及趋势探索

（一）存在问题

1. 产品体系不完备

现有工业旅游体系基础较为薄弱，缺少专业规划设计，互动性、趣味性、休闲性不足，尚未形成包含工业遗产旅游、工业科普旅游、产业公园旅游、企业文化旅游和工业购物旅游等完整的产品体系，能适应大众需求的产品较少。现有工业旅游产品结构单一，特色不明显，大部分项目工业旅游活动只是简单地参观工厂，游客参与的要求没有得到满足，没有体现出"游"味，缺乏特色旅游商品和旅游纪念品。

2. 项目开发不深入

目前，山东省工业旅游虽已形成了部分特色工业旅游产品，但总体来说，体验项目多数仍为生产线参观、产品推介等，深层次、复合型的创意体验型旅游产品较少，产品特色不浓、功能不完善、挖掘文化内涵不够，不能满足广大游客个性化、多样化的消费需求，现有的开发深度也不足以满足市场对工业旅游的体验需求。

3. 营销模式较单一

工业旅游尚处于初级阶段，目前多数仅存在于企业同行、经销商或政府之间的参观与交流，大众游客对工业旅游相对陌生。现有的宣传和营销活动针对性不足，对工业旅游特点、特色等结合较少，"大众化"开发与推广不足，政府、旅行社、新兴媒体、行业组织等各方力量联系较少，营销和管理工作不到位，致使公众对工业旅游了解少、参与少，工业旅游影响力不足。

4. 专业型人才短缺

工业旅游具有极强的专业性，需要既具有工业生产知识又要具备旅游产品组织能力的专门化人才。但就目前来讲，相关专业的人才储备远远跟不上工业旅游的发展需求，专业技术人才的短缺和人才队伍整体素质不足，严重影响了工业旅游相关项目、产品的研究、开发、销售、服务等的提高，也严重影响了旅游服务质量、发展效益、旅游品质的提升，阻碍了工业旅游的发展与推进。

（二）发展建议

1. 加强政策支持，助力产业发展

政府部门加大政策扶持力度，加强顶层设计，创新政策支持，完善政策引领，提供制度保障，创新发展格局。首先加强资金支持，积极争取中央、省级政策和资金支持，统筹使用工业、旅游等领域的财政资金；遵循财税政策改革方向，强化财政激励和税收引导；优化专项资金支出结构，成立工业

旅游发展专项扶持资金，切实加强对工业旅游的投入。政府及相关职能部门加强联动，完善工业旅游土地使用政策、加强信贷支持力度，优化项目申请审批手续，加快项目推进。

2. 深挖工业文化，推进精品旅游

深挖工业文化内涵，盘活工业文化遗产，传承工业文化脉络，汇集工业发展重要历史资料，诠释齐鲁工业文化，展示齐鲁工匠精神，着力把工业文化与旅游相融合，依托有形的物质载体，将工业文化内涵渗透到旅游中，展示工业文明独特的文化价值、历史价值、社会价值。丰富工业旅游产品形式，支持具有发展潜力的工业旅游企业争创国家工业旅游示范基地，引导各地市开设工业旅游精品线路，支持发展较好的工业旅游企业加大宣传，推进精品工业旅游项目打造，撬动全省工业旅游市场的发展。

3. 统筹资源整合，打造品牌体系

依托山东工业文化资源优势，创新工业旅游发展业态，统筹资源整合，促进旅游与钢铁、食品、化工、工业遗产等资源的整合利用，以品牌创建为引领，以产品项目为抓手，融合齐鲁文化，塑造具有较强吸引力的新型工业旅游产品与项目，展示山东制造品质，宣扬齐鲁工匠精神，树立山东工业文化新形象，打造山东工业旅游鲜明品牌，全力推动山东工业旅游高质量发展。

4. 强化科技创新，提升旅游体验

支持利用大数据、物联网、人工智能、虚拟现实等新一代信息技术，采用"旅游＋科技＋内容"的发展模式，推动数字科技与景区活动、项目深度结合，提升旅游产品、项目的科技水平和互动体验感，推动工业文化创新发展。催生文化创意新业态，拓展工业文化消费新空间；以 AR、VR 等前沿技术为载体，融合光影技术、虚拟现实、全息成像、裸眼 3D、文化创意、工业文化资源数字化处理、互动影视等打造新型沉浸式工业文化旅游项目，以科技加持旅游区亮化美化和旅游产品开发，探索数字文旅新体验，增强工业旅游项目的文化承载力、展现力和传播力。

5. 深化产教融合，加强人才培养

积极构建产、学、研、用一体化的人才培养机制，支持高等院校开设工业旅游课程，采取校企合作、企业互助、行业帮扶等多种形式，开展工业旅游服务和技能培训，培养一批专业化的工业旅游设计和服务管理人才。增设工业旅游协会和相关的研发机构，定期开展相关培训课程，营造人才培养的良好氛围，提升工业旅游从业人员的专业能力和综合素质，尤其是培养一批工业旅游规划设计、创意策划和市场营销等方面专业人才，为工业旅游的发展提供有效的人才支撑。

（三）趋势探索

目前，山东的工业旅游正快速发展，工业旅游呈现不断创新的趋势，产品业态不断丰富，从单一观光逐步向文化体验、研学、主题游乐、购物等多业态发展，"工业＋旅游"深度融合推动产业链条不断延伸，涵盖食、住、行、游、购、娱多类要素，同时也加速了工业旅游品牌做强进程和工业转型化升级。

接下来，山东省将坚持文化引领，挖掘、传承、利用、创新山东工业文化，讲好山东工业故事，提升山东工业知名度和美誉度；加大对工业文化遗产等的保护力度，促进工业遗产的科学保护和有序开发，实现遗产的保护继承和旅游的开拓创新并举；推动产品多样化，在工业转型升级过程中，以旅游化推动新旧动能转化，不断衍生新产业、新模式、新业态，完善形式多样、内涵丰富、功能齐全的工业产品体系；促进品牌高端化，深入实施质量强省和品牌战略，加强质量标准建设，打响"好品山东""好客山东"品牌，树立山东特色工业旅游新形象；实现景区智慧化，把握新时代全球科技革命和产业变革趋势，加快科技创新利用，提升工业旅游景区科技含量，丰富互动体验；目标定位国际化，坚持世界眼光、国际标准、山东优势，以国际化引领工业旅游整体升级，把山东建设为国内外知名的世界工业旅游目的地。

第六章

2021 年山东自驾游产业发展报告

冯立明

随着机动车的普及以及疫情防控进入常态化，自驾游已经成为文化和旅游产业复苏的先遣队和风向标。2021 年山东省文化和旅游厅启动了"好客山东自驾旅游推广季"活动，创新宣传推广方式，用"小切口、快转化、大成效"理念聚焦推广目标客户群，系统性推进了自驾游宣传推广，点燃了自驾消费热情、激发了文旅市场活力、充分释放了消费潜能，为全省扩内需、促消费、推动经济提振复苏与高质量发展贡献了力量。

一、产业发展概况

（一）自驾游爆发式增长

2021 年自驾游消费力爆发式增长，当年全省文旅行业单位累计组织开展7600 余场大型自驾游体验活动，带动 830 万辆自驾车次出行，吸引超过 2490万人次参与自驾出游，直接拉动消费超 87.3 亿元，间接带动消费超过 230亿元。

全省"自驾游"搜索热度 2021 年较 2020 年增长 137%，春节期间较去年同期热度涨幅高达 232%，清明节涨幅 141%。五一"黄金周"期间涨幅103%。周末、节假日与朋友、家人一起周边自驾游成疫后热门选择。携程发布的《2021 用户旅行新趋势洞察》显示，当年山东地区自驾游暴增 147%，山东自驾游搜索指数暴涨 252%，山东省内城市，如济南、青岛、威海搜索指数和自驾游关注指数居高，分别上涨 333% 和 281%、492%。

（二）综合拉动效应明显

自驾游是人和车的结合，自驾出行在路上人和车都在产生消费，拉动住宿、餐饮、景区（点）、旅游商品、汽车、石油、保险、通信等相关行业，产生源源不断的消费流量。

2021 年在山东省自驾车旅游协会千人样本中，测算 3~4 日游自驾游单车产生费用为 5060 元。国庆假期全省高速公路客车通行量 2000 万左右。按照其中 30% 为自驾车旅游，每车按照 3 天消费计算，自驾综合带动收入过 300 亿元。

自驾游的勃兴，不仅为文旅行业振兴找到了新路径，培育了疫情防控常态化下文化和旅游产业转型升级发展的新引擎，还有效拉动了与自驾游紧密相关的汽车、石油、交通、金融、乡村等行业的消费回暖。数据显示，中石油山东销售公司围绕"六个一百自驾游行动"配套 8000 万元油券补贴，全省 16 市 1100 座加油站通用，汽车 4S 店因自驾直接带动了 4S 保养收益，高速公路因自驾增加道路通行费及服务区收益，全年带动百万自驾车出游为相关行业带动超过 100 亿元消费。自驾游加速了文旅＋交通、文旅＋石油、文旅＋汽车、文旅＋会展、文旅＋地产等融合发展，为后疫情时代立足新发展阶段、激发新消费潜能、畅通国内大循环打下了良好基础。

（三）助力产业发展新格局

2021 年，山东省文旅厅大力发展自驾游，实施"六个一百自驾游行动"，创新推出 8 大主题 418 条产品线路及 550 余项活动。

在政策层面，山东省文化和旅游厅出台了一系列政策措施，推动自驾游产业规范健康发展。2021 年 2 月 5 日发布的《2021 年省文化和旅游厅工作要点》中列明，将"编制山东省自驾车旅游总体规划，推动黄河、滨海等自驾游风景廊道建设"。4 月 28 日，山东省人民政府办公厅印发《关于进一步加强文物保护利用工作的若干措施》，明确指出将与"一带一路"沿线省份、国家和地区合作，组织学术研讨、交流展览、自驾游活动等，依托驼山石窟、白佛山石窟、青州石造像、铁山岗山摩崖石刻等资源打造山东石窟寺及石刻展示品牌和文化旅游线路。6 月 28 日，山东省文化和旅游厅印发《"好客服务"——全省旅游服务质量提升三年行动（2021—2023 年）实施方案》，明确"鼓励旅行社深耕细分市场，在做专做精做特上下功夫，培育一批研学游、自驾游、康养游、乡村游等特色经营品牌企业"。9 月 9 日，2021 年山东省自驾游精品线路发布暨"驾游好客山东"体验团首发仪式在潍坊举行，为秋季旅游市场拉开序幕。活动现场，围绕山水自然、文化研学、休闲度假三大主题发布省内 30 条特色鲜明、针对性强的山东省自驾游精品线路。9 月 18 日，省文化和旅游厅、省发展改革委、省财政厅、省自然资源厅、省交通运输厅、省地方金融监督管理局制定了《关于加快推进文旅重点项目建设扩大有效投资的若干措施》，明确"培育工业旅游、体育旅游及自驾游等新业态，到 2023 年，在全省建成 50 个旅游新业态示范基地，推出 50 条自驾游精品线路"。

全省各地也竞相发展自驾游，把自驾游列为重点推进工作，济南、临沂、威海、聊城等地均举办多场自驾游宣传推广活动，出台自驾游惠民和自驾团队奖励政策，其中威海市由市委书记挂帅推进自驾游发展的体制机制等，烟台蓬莱区、威海文登区、聊城阳谷等地县区书记把自驾游列为重点工程，直接推动自驾游产业发展，形成了"自驾需求牵引供给、供给创造需求"的新发展格局。

（四）重铸市场信心

新冠肺炎疫情对文旅行业造成严重冲击，尤其对传统团队出行旅游市场影响巨大，游客对乘坐公共交通工具以及扎堆参团出游顾虑重重，旅游出行被严重抑制，旅游消费亟须引导和释放。自驾游是新发展格局的内在要求，它能拉动市场消费，促进内循环、双循环，培育经济新亮点，打造文旅发展新名片，积蓄发展新动能。同时，自驾游通过参与群体的自媒体的传播效应，能够带动市场宣传效益。关键时间节点上，山东省文化和旅游厅启动了"6 个 100 自驾游行动"，顺应了疫后出游方式变化，短时间内引爆了市场复苏，激发了自驾出游的新热潮，全省各地迎来了一批批自驾游客，济南、东营、泰安、淄博、菏泽、威海、烟台等地都接待了千人自驾团队，自驾出行成为市场复苏主引擎，带动了客流、消费流回暖，有效释放了消费潜能、汇聚了行业复苏新力量，起到了抓机遇、鼓干劲、凝共识、提信心的积极作用，奏响了全省文旅行业复工复产响亮号角。

二、主要做法和亮点

（一）山东百场红色自驾

山东省文化和旅游厅把"山东百场红色自驾游"纳入全省庆文旅祝建党100周年的重要活动之一，创新红色旅游宣传推广方式，突出群众参与性，用"自驾"这种喜闻乐见的方式调动全省广大游客参与其中。

1. 推出 100 条红色线路开展周周自驾

3月，围绕全省红色旅游资源策划推出 100 条红色自驾线路，发动全省自驾企业开展了周周红色自驾游，直接带动游客参与的积极性，掀起红色出游的人潮，形成红动齐鲁的声势，尤其是通过一场场红色自驾活动打造流动宣传风景线，通过一辆辆自驾车带动更多人参与，擦亮山东红色旅游品牌、提升红色旅游的感召力和吸引力。

2. 组织承办全国红色自驾游大会启动

5月，山东省文化和旅游厅携手中国红色旅游推广联盟启动了全国红色自驾游启动仪式，邀请北京、湖南、江西等 26 省自驾机构汇聚山东，联合发布红色自驾宣言、举行红色自驾誓师大会、发布红色自驾旅游产品、启动全国百城红色自驾接力活动，营造喜迎建党百年热烈氛围，成为红色 5 月最具代表性的庆祝活动。

3. 组织千名车友重走刘邓大军之路

5月30日，在红色革命老区聊城市刘邓大军渡河指挥部旧址举行"山东省红色旅游宣传推广现场会暨重走刘邓大军之路"活动，带动 300 辆自驾车、1000 余名游客参与；弘扬刘邓大军勇往直前、千里挺进的战斗精神，在广大游客中引发热烈反响。

4. 百辆自驾车致敬百年风华

6月26日，组织 100 余辆自驾车汇聚组成"100"造型，营造建党 100 周年创新创意点，寓意全民进入小康社会，汽车已经成为富裕起来国人的标配，透过现场十足"画面感"能够生动诠释党领导下中国发生的翻天覆地的变化。让车友以此礼赞百年风华、庆祝建党百年、抒发爱党情怀。

（二）构建山东精品自驾线路库

在前期广泛调研、精心策划、集中研讨的基础上，推出文化研学类、山水自然类、休闲度假类三大系列，共 30 条自驾精品线路。充分发挥自驾旅游串点成线、连线成面的优势，依托全省丰富的文化旅游资源，形成"自驾 + 乡村""自驾 + 红色""自驾 + 体育""自驾 + 非遗"等多主题多业态融合产品，有效拓宽自驾旅游产业链条。

1. 山东精品自驾线路发布

按照山水自然、文化研学、休闲度假三大类别梳理山东旅游资源，推出了一批特色鲜明、主题突出、针对性强的自驾线路和产品，重点推荐 2~3 日、4~5 日自驾线路，注明每条线路后备厢特产、特色美食、网红民宿等实用信息，建立起全省自驾线路产品库，形成丰富的自驾产品体系，满足万千游客出行的愿望。

2. 山东自驾攻略短视频征集

启动山东自驾攻略短视频大赛，汇聚万千游客及网络大咖力量，调动自驾爱好者短视频创作激情，上传一段段让人怦然心动的自驾主题短视频，营造浓厚自驾氛围，激发自驾出游的热情，把自驾热转换为文旅市场热，抖音播放达到 3000 万 +。

3. 山东精品自驾线路上线导航地图

在文旅部资源开发司的支持下，山东精品自驾线路与导航企业深度对接，有 10 条精品自驾线路在百度地图、高德地图、腾讯地图上线，标注了 172 个自驾旅游点和 56 个自驾露营地，为游客提供及时、精准的自驾旅游信息。同时推出山东省自驾游系列地图，满足不同游客的个性化需求。

4. 山东精品自驾线路系列体验行

组织山东精品自驾游线路系列体验团，系统推介自驾线路和产品，组织自驾爱好者、网红主播、汽车 4S 店代表、新闻记者、自驾俱乐部参与，通过实地体验展现自驾线路魅力，记录自驾沿途过程，分享自驾路上精彩时光，打造品牌化、系列化精品自驾系列体验活动。

（三）畅游美丽中国自驾行

2021年10月，由文化和旅游部指导，中国文化传媒集团、山东省文化和旅游厅、威海市人民政府主办的"最美风景在路上·畅游美丽中国（威海）自驾行"活动在威海市启动。一次高规格宣传推介自驾旅游业态活动，一项打造自驾旅游公路品牌的重要举措，更是畅游美丽中国行系列活动的扬帆起航。

1. 发布最美公路系列自驾产品

围绕川藏旅游公路、新疆独库旅游公路、陕西沿黄旅游公路、山东千里山海自驾旅游公路、河南太行山挂壁公路、河北张北草原天路、青海火星公路推出5~7日自驾线路产品，形成有效自驾市场供给，打造公路旅游主题旅游产品体系。

2. "最美风景在路上"打卡点揭牌仪式

创意制作最美公路文创标识，在威海设立了"最美风景在路上"打卡点，让其成为流动风景线鲜活的符号，成为诠释最美风景在路上最亮丽的风景地标，进一步传播自驾生活理念，推广公路文化旅游，进一步调动和激发自驾出游的热潮。

3. 推进中国最美旅游公路宣传协作体系

积极推动最美旅游公路上升为国家品牌，精心培育公路旅游产品，延伸公路产业链，以自驾为核心打造创新型链条消费产业带。联合全国推进公路旅游较好的新疆克拉玛依市、四川甘孜藏族自治州、安徽宣城市、河北张家口市、浙江温州市等地文旅局建立联合宣传推广体制和机制，携手传播自驾公路旅游理念，扩大提升公路旅游影响力。

4. 导航企业与目的地战略签约

威海市与百度地图进行了旅游公路城市与导航企业数字智慧化签约，建立导航自驾数字智慧行动的探索。这将充分发挥旅游目的地发展自驾游的热情，释放自驾旅游公路城市的主体优势。导航自驾数字智慧行动在不断增强旅游公路串点连线能力、提高自驾导航智慧化服务、为自驾游客提供个性化服务的同时，也将全国自驾旅游公路更加紧密地联系起来，为未来导航自驾数字智慧发展提供更多可能性。

三、存在的问题

自驾游在提升居民生活质量、加强地域文化交流、加深亲友感情联络、促进文化和旅游产业复苏的同时，也存在诸多问题，这些问题也制约了自驾游产业的长足发展。

（一）配套设施不完善

尽管近年来山东省基础设施不断改善，但是自驾游相应的配套基础设施和基础服务还跟不上其发展速度。比较突出的是停车场地配套不足、自驾车营地建设滞后、道路网络建设不完善、路况信息发布不及时、路标设置不详细等，旅游区服务站设置不到位，加油站、充电桩布局不合理，旅游区餐饮、居住配套不适应等许多方面都远远落后于自驾游发展的需要。同时自驾游周边配套设施完善激励措施不够充分，普遍缺乏完善的价格机制，导致目前自驾旅游费用过高，还处于高档消费的层面，难以满足中低收入群体的旅游需求。

（二）出游准备不充分

尽管自驾游广受欢迎，但不可回避的是大多的游客旅游常识不足，缺乏对旅游目的地的详尽了解，准备工作不到位，在出行之前对路况信息、住宿餐饮、天气情况等了解不充分。出发前的车辆保养意识不够，不检查和保养，不注意携带应急维修工具、易损零配件，不具备简单的维修车辆的能力，没有准备应急药品，这些出游前的准备不充分会影响到自驾游的获得感，甚至对人身安全造成危险。

（三）安全隐患难消除

2021 年以来，山东省道路交通事故起数、死亡人数、较大事故起数实现

"三下降"。但是道路交通事故带来的损失和伤害依然不容忽视。马蜂窝数据显示，2021年自驾游行前有37%的用户关心路况、堵车、好不好停车，19%的用户关心目的地疫情防控政策，11%的用户关心自驾路线周边景点，8%的用户则更关心住哪里。用户对自驾游安全的关注比例还有很大的提升空间。自驾游过程中的道路交通事故大多是由于自驾游参与者本身驾驶经验不足、对旅游地路况不熟悉、长途开车导致疲劳驾驶、不遵守交通规则、为寻求刺激疯狂飙车等造成的。此外，所到之处的经济文化发展各有不同，个别地方治安状况较差，可能出现自驾车旅游者被劫、被盗、被骗、被坑等问题。外出探险旅游的游客在发生意外事故后得不到及时有效的救助，救援队伍不足、不完善，救援网络及安全服务保障设施建设的不健全等也导致自驾游的出游安全得不到充分保障。

（四）旅游信息不对称

山东是中国自然资源、人文资源最为丰富的地区之一。2021年，山东省文化和旅游厅以及各类团体、机构发动、组织了各种自驾游活动，自驾游推荐线路繁多，但是旅游目的地对自驾游群体的迎接等准备依然不够充分，在旅游信息方面存在目的地和参与者之间不对称的问题。除了停车、加油、充电等常规配套外，公路标志、路线指引、途中服务站、旅游地图等交通信息不详细或者缺失，游客很难找到当地有关住宿、餐饮、路况等方面全面、准确的旅游信息。这些问题都会使自驾车旅游的效果大打折扣。

另外，有些自驾游参与者个人素质不高以及景区、景点对自驾游的认知不到位，抵制、排斥自驾游的情况还不同程度地存在。

四、解决建议

（一）完善旅游基础设施建设

要想使自驾游产业得到更好的发展，完善旅游基础设施建设是关键。应该发挥市场在资源配置中的决定性作用，更好发挥政府作用。政府部门应该统筹考虑、整体谋划，加大旅游基础设施的财政投入，通过政策扶持、政府引导、企业参与来完善旅游基础设施的建设。主要是要完善旅游交通网络的建设、旅游信息服务的建设、旅游餐饮服务的监管、旅游住宿条件的改善、旅游泊车点的合理设置以及旅游景点配套改进。通过完善基础设施建设，提供更好的自驾游基础服务，吸引更多的自驾游旅游群体参与其中。

（二）转变居民旅游消费理念

尽管近年来自驾游得到了大规模发展，但从总体来看加入自驾游中的还不到旅游散客群体的三成，要想进一步将自驾游产业做大做强，仍需转变游客的旅游消费理念，使其能从传统的粗放型旅游消费走出来，吸引更多群体加入自驾游行列中来。可以通过政策扶持、宣传推广、丰富产品等立体化、系统化的举措，转变中等收入人群的消费理念，让他们接受旅游消费这一更高消费层次来提高生活质量、陶冶生活情操、培养生活情趣，进而接受、参与自驾游。

（三）增强游客安全防范意识

旅游者自身的安全问题是自驾游最受关注的问题之一。政府部门、主流媒体、行业组织等机构应该完善各种信息，组织各种活动，比如通过举办旅游安全知识竞赛、用车基本技能大赛，以及发放旅游安全知识手册，宣传医学急救常识，讲解防身防盗技巧等形式，不断提高自驾游参与者的安全防范意识和基本技能。同时完善安全服务保障设施建设，做好路标、路牌、警示牌、防护网等交通安全服务保障设施建设，做好旅游景区治安管理、生产监管、卫生监管等安全保障措施。

自驾游参与者要提高自己自驾游中车辆使用、保养的基础知识和能力，提高安全防范意识，通过网络查询、旅行社咨询、朋友问询的途径学习自驾游出行的安全知识，提前做好周密的准备，以应对突发事件、自然灾害、身体病患、交通事故等安全隐患，做到未雨绸缪，防患于未然。

（四）加大旅游信息宣传推广

目前，有很大一部分的旅游景点景色优美、风光独特，但是由于信息发布不到位、文化传播不充分、渠道开发不得力等各种原因，路标、地图、住宿、餐饮、标注不明确，还处于"养在深闺人未识"的层面，游客难以寻觅，或是要耗费更大的代价才能获得。做好旅游信息的宣传推广就显得尤为重要，充分利用好各种各类媒体的传播优势，以及自驾游群体的朋友圈传播渠道，适应新的传播生态，在形式、内容上进行深度创新，及时对路况信息、气象信息、景点介绍、配套服务，特别是景区（点）的独特优势进行介绍宣传，对自驾游群体具有重要的吸附效应。

（五）加强政府主导行业联合

应通过政府的主导作用，放大行业协会等组织的带动作用，规范自驾游的收费机制，通过行业组织以及企业间的联合作用，利用规模效应缩减自驾游群体的支出；通过对燃油费、过境费的补贴，节假日过境高速免缴费，旅游机构对服务费的折扣和优惠，以及跨境自驾游签证的便捷办理等方式来促进更多的自驾游群体加入新型旅游消费行列，以此来推动自驾游产业更好更快地发展。

（六）宣传绿色旅游环保理念

在自驾游过程中，由于汽车尾气的排放、生活垃圾的丢弃，会对生态环境造成一定程度的破坏。自驾游游客应当树立生态旅游、绿色旅游的理念，养成良好的环保习惯。主要是要通过在购置车辆时选择小排量汽车来减轻大气污染，通过自备垃圾袋来减少白色垃圾的污染，通过使用环保产品来减少对环境的污染，通过爱护动植物来减轻对生态环境的破坏。通过提升游客自身素质，宣传环保知识，配备景区环保设施，加强景区的环境管理等方式来共同营造绿色旅游、生态旅游的氛围。

2021 年山东文旅企业改制报告

寇建伟　王旭科　李姬贤

2021 年，山东启动全省国有景区体制机制改革试点工作，并将天下第一泉景区、崂山景区、台儿庄古城景区、蓬莱阁景区、刘公岛景区、沂蒙山旅游区、青州古城景区 7 个国有景区列为试点范围，试点单位坚持市场化取向和去行政化方向，以国有景区所有权、管理权、经营权"三权分置"为突破口，加快建立更加精简高效的管理体制、更加灵活实用的开发运营机制、更加完善具体的干部人事管理体制、更加系统集成的政策支持体系。

一、政策概况

2021 年 3 月，山东省委办公厅、省政府办公厅印发《关于促进文化和旅游产业高质量发展的若干措施》，提出推行国有景区"三权分置"改革，实行国有景区所有权、管理权、经营权分置，推进国有景区"管委会＋公司"管理运营体制改革。2021 年 5 月 21 日，省文化和旅游厅联合 12 家部门（单位）印发实施《全省国有景区体制机制改革试点方案》（以下简称《试点方案》）和《全省国有景区体制机制改革工作推进方案》（以下简称《推进方案》）。2021 年 12 月，省文化和旅游厅会同省直 12 部门联合印发《全省国有景区体制机制改革方案》（以下简称《改革方案》），全面推开全省 4A 级国有景区体制机制改革。四个方案为 2021 年及今后一段时间内全省国有景区改革规划了时间表并明确了改革路径。

为有序推进国有景区体制机制改革工作，发挥改革试点示范突破带动作用，做大做强旅游市场主体，激发国有景区发展活力，促进全省旅游产业高质量发展而制定了《试点方案》。

《试点方案》以习近平新时代中国特色社会主义思想为指导，全面贯彻党的十九大和十九届二中、三中、四中、五中全会精神，深入落实习近平总书记对山东工作的重要指示要求，坚持和加强党对国有景区的全面领导，坚定不移贯彻新发展理念。目标导向为发挥国有景区在旅游业发展中的战略支撑作用，坚持市场化取向和去行政化方向，以国有景区所有权、管理权、经营权"三权分置"为突破口，加快建立更加精简高效的管理体制、更加灵活实用的开发运营机制、更加竞争激励的干部人事管理体制、更加系统集成的政策支持体系，增强全省景区发展活力和市场竞争力。通过以上实施路径最终建设一批富有文化底蕴的世界级旅游景区、全国文化旅游融合发展高地和国际著名文化旅游目的地。

方案坚持五个基本原则，一是坚持政府主导原则，充分发挥地方党委政府在改革过程中的"有形之手"作用，"谁主管、谁负责"，严格落实属地责任，统筹部署、整合资源、协调行动，形成国有景区改革工作合力。二是坚持市场运作原则，充分发挥市场在改革过程中的"无形之手"作用，突出政企分开、事企分开，鼓励多种所有制主体参与，构建清晰明确的责、权、利关系，形成社会效益、经济效益相统一。三是坚持问题导向。聚焦国有景区存在的管理体制不顺、运营机制不活、内生动力不足、发展效率不高等突出问题，对国有景区体制机制进行系统性、整体性、重塑性改革，形成适应现代旅游市场要求的体制机制、政策措施和产品体系。四是坚持分类施策。根据国有景区功能定位、主体属性和运行规律，按照中央、省委关于事业单位改革、国有企业改革的指导意见和政策规定，分层分级确定改革范围，因地制宜、分类指导，差异化推进，形成一批各具特色、务实管用的改革模式。五是坚持稳步推进。防止破坏生态环境、危及文物安全，妥善处理政府、企业和员工三方关系，稳妥推进，合理有序改革，条件成熟一个改革一个，不急于求成，不搞"一刀切"，形成国有景区可持续发展的良好局面。

《试点方案》明确将天下第一泉景区、崂山景区、台儿庄古城景区、蓬莱阁景区、刘公岛景区、沂蒙山旅游区、青州古城景区 7 个国有景区列为试点范围，并提出 2021 年的九大重点任务：推行国有景区所有权、管理权、经营权分置，优化国有景区发展布局，做大做强旅游市场主体，加快产品业态创新升级，推动资源要素集约集聚，健全人事管理和薪酬制度，加大金融财税政策支持，加强旅游发展用地保障，确保国有资产保值增值。

为保障方案的顺利实施，《试点方案》提出系列保障措施。即充分发挥省政府旅游工作领导小组作用，以加强对国有景区体制机制改革的推动和工作指导。压实工作责任，各市、县（市、区）承担主体责任，各有关国有景区承担具体责任，明确时间表、路线图，按照"先试点、后推开"的思路，稳妥有序地推进改革，不搞"一刀切"和层层加码。同时强化督促检查，由省委省政府督查办、省委政研室（省委改革办）牵头进行督查，对于矛盾比较突出、久拖不决的难点，采取挂牌督办的方式，列入省督办系统，由各级政府主要负责人领办。

为确保全省国有景区体制机制改革的各项工作顺利推进，省文化和旅游厅制定了《推进方案》。再次明确了 2021 年目标任务与时间表，通过健全工作机制、印发改革方案、启动试点改革、出台配套政策、统筹协调推进等系统工作，根据推进步骤，到 2021 年 12 月底前，统筹协调推进，全面启动国有景区体制机制改革工作，按照"一景一策"原则，所有纳入改革范围的 4A 级（含）以上国有景区，逐一制定改革方案，合理选择改革路径和改革模式。

《改革方案》是在《试点方案》基础上制定的。再次明确改革目标为，到 2022 年年底，完成改革主要任务，即全省 4A 级（含）以上国有景区基本实现所有权、管理权、经营权分置，形成所有权归国家所有、行政管理权由景区管委会或地方政府负责、经营权由企业承担的管理运营模式。

二、改革现状

（一）改革路径及典型案例分析

1. 推行"三权分置"管理模式

根据《改革方案》，"三权分置"改革要根据国有景区功能定位和作用，因地制宜，分类施策。推行所有权、管理权、经营权"三权分置"，探索"管委会＋公司（基金、行业协会、理事会）"等多种形式和组合的管理体制，创新完善规范高效的市场化运营管理体系。

（1）因地制宜，分类施策。

改革重点在于厘清各类景区的职责边界，并加以分类区分：以保护管理为主的突出公益化取向，以经营开发为主的突出市场化要求，创新发展模式，扩展发展空间，提高景区综合效益和竞争力。

①事业类景区。公益一类事业单位类景区，继续实行机构编制审批制，完善管理制度，简化审批程序，切实管住管好。可采取特许经营模式，引入第三方购买服务等多种方式，优化景区公共服务功能，提升旅游产品质量。公益二类事业单位类景区，可部分由市场配置资源的事业单位按照国家确定的公益目标和相关标准开展活动，在确保公益目标的前提下，可依据相关法律法规提供与主业相关的服务。加强国有景区的法人资格管理，建立"管委会＋公司"等多种形式的治理结构，健全决策、执行和监督机制，提高运行效率，确保公益目标实现。经营上组建公司作为景区建设发展的市场主体和投融资平台，切实担负起市场化运作的资金筹集、资源开发经营、项目建设、旅游产业链拓展等职责，实行市场化运作，围绕景区特色提升完善景区文化旅游产品品质和服务水准，收益的使用按国家有关规定执行。文博场馆、文保单位、红色革命教育基地等公益属性的国有景区，可继续实行现行管理体制不变，鼓励延伸产业链条，运营文创产品、旅游演艺、特色餐饮等经营性项目。

②企业类景区。按照现代企业制度要求，深化内部改革，转变管理机制，采取多种经营模式，整体推向市场，并依照政企分开、政资分开的原则，逐步与原行政主管部门脱钩，其国有资产管理除国家另有规定外，由履行国有资产出资人职责的机构负责。隶属于各级地方政府以派出机构来进行管理运营的景区也划归为此类推进体制机制改革，采取政企分开，解除政府与经营机构间的行政隶属关系，实行委托管理模式等多种形式推进市场化经营。

（2）"三权分置"制度。

推行国有景区所有权、管理权、经营权"三权分置"，"三权"相互分离，可以明晰各自的职责、权利与义务。"所有权"即国有景区产权归国家所有，凡是风景名胜区、文物保护单位、自然保护区、森林公园、地质公园、水利风景区、湿地公园等，以及其他性质的旅游景区，根据《中华人民共和国宪法》及相关法律法规，其所有权皆属于国家。一般情况下，其所有权不得进入市场流通领域。"管理权"即按属地管理的原则分别归各级地方政府管理，各级地方政府成立管委会及类似机构行使管理权，并根据我国现行的行业管理体制，各种类型的国有景区分别由住建、自然资源、林业、海洋、生态环境、水利、文化旅游等部门行使行业管理权。"经营权"即国有景区成立实体公司，要在人事、财务、建设等各方面与行政单位脱钩，使公司真正成为独立的法人实体，进入市场经济的轨道上自主经营。在景区内，原来由政府部门投资建设的食、住、行、游、购、娱和其他服务设施作为国有资产，或委任法定机构经营，或通过出售、租让、兼并、合资、合作等多种形式实行资产重组，形成新的产权主体。风景、森林、文物等国有资产，其所有权一般不能进入资本市场流通，但作为旅游吸引物具有观赏、游览、健身、益智价值，形成一种特殊形态的经营性资产，其经营权可进入旅游市场，甚至可以作为国有资产的一部分按法定程序进入资本市场运作。

（3）"管委会+公司"模式。

"管委会+公司"模式是一种市场化的景区体制机制改革的模式，着眼于景区转型升级，更加注重发挥市场在资源配置中的决定性作用，从顶层规划、产业引入、景区运营、公共服务等多方面创新体制机制。其重点是推动管委会的行政改革与公司的市场化经营机制改革，打造"小管委、大公司"的模式，推动政企分开、政企合作，充分发挥管委会的战略引领、资源配置作用以及公司的市场化运作的价值。同时，探索"管委会+公司（基金、行业协会、理事会）"等多种形式和组合的管理体制，逐步实现由政府主导向市场主导转变，明确权责关系并严格执行，支持一个管理机构管理多个景区，支持一个公司运营多个景区。

"管委会"作为景区的管理机构，承担景区战略定位、政策制定、发展规划、行政审批、社会事务管理等行政管理职能，是景区的发展战略大脑与前进的指挥棒。"公司"作为景区建设发展的市场主体，主要承担景区的招商引

资、资金筹集、项目建设、市场开发、产业引入培育、公共服务设施建设等
职责，作为市场化的平台公司是景区发展的主导，构建创新、规范、高效的
市场化运营体系起决定性作用。公司利用市场化手段，联合社会资本参与景
区建设，引进境内外有实力、有经验的管理团队或公司机构等，承担景区建
设运营。例如，在国有景区改革中，泰安市泰山景区构建"管委会＋公司"
组织框架，在管委会层面，将内设机构在原有 15 个职能局室基础上调整为 8
个工作部，撤并 9 个事业单位，组建景区社会事务服务中心，统一管理所属
乡镇村居的经济社会事务。在公司层面，组建泰山旅游集团，设置 8 个内设
机构、3 个直属单位，实行市场化运作。人事制度与景区改革同步进行，实行
竞争上岗、全员聘任。打破级别年资限制，推行全员绩效工资制，工资总额
与经营收入、游客人数挂钩。

2. 优化国有景区发展布局

根据《改革方案》，聚焦服务城乡统筹发展和乡村振兴战略，积极推进
"多规合一"，景区布局规划要符合所在地国土空间规划管控要求，与林业、
交通、环保、水利等各类专项规划紧密衔接。各景区对原核准的四至范围和
面积进行重新确定，优化带动区域整体发展。

（1）多规合一。

"多规合一"是指在一级政府一级事权下，强化国民经济和社会发展规
划、城乡规划、土地利用规划、环境保护、文物保护、林地与耕地保护、综
合交通、水资源、文化与生态旅游资源、社会事业规划等各类规划的衔接，
确保"多规"确定的保护性空间、开发边界、城市规模等重要空间参数一致，
并在统一的空间信息平台上建立控制线体系，以实现优化空间布局、有效配
置土地资源、提高政府空间管控水平和治理能力的目标。

景区旅游发展一是坚持保护生态环境是制定和各项配套政策的第一原则，
坚守生态保护红线，严格保护山水林田湖草生命共同体，落实节约优先战略，
实现科学集约，节约高效用地。二是景区布局规划要符合所在地国土空间规
划管控要求，与林业、交通、环保、水利、文物等各类专项规划紧密衔接，
强化旅游产业用地规划管控，旅游建设设施与耕地、林地、水域、文物等用
地性质不产生冲突。要坚持统筹保护国土资源，保障科学发展，探索旅游用

地分类管理，促进旅游业转型升级，逐步建立起符合旅游产业发展特点和要求的科学化和精细化土地利用管理制度，为旅游业健康持续发展提供用地保障和发展动力。三是建立由自然资源、生态环境、林业、水利、文化和旅游等部门组成的协调工作机制，及时解决在规划建设经营过程中出现的新问题和新情况，进一步理顺管理体系，强化服务平台建设，指导、监督项目按规划顺利建设，为旅游业发展保驾护航。四是对风景名胜区、森林公园、地质公园、自然保护区等的规划中有制约旅游发展的相关要素，如规划范围、功能区域划分进行统一梳理，并报相关部门对规划进行修编或调整；对正在编制或将要编制的重大旅游项目规划做好与相关规划的衔接，确保规划的前瞻性、整体性和延续性。

（2）确定范围。

国有景区要有序将区域内的村庄、基本农田、工业企业等剥离，按照《旅游景区质量等级的划分与评定》标准，对原核准的四至范围和面积进行重新测定和确定，涉及自然保护区的核心区、缓冲区或文物保护区的须标识清楚空间范围，如范围变动需按程序备案。准确核定景区的产权归属，确立产权主体，以免产生产权纠纷。

（3）优化布局。

严格遵守《中华人民共和国环境保护法》《中华人民共和国森林法》《中华人民共和国水法》《中华人民共和国文物保护法》《中华人民共和国海洋环境保护法》《风景名胜区条例》等相关法律法规的规定，科学对接所在地和景区编制的国土空间规划、风景名胜区规划、生态环境保护规划、森林公园规划、地质公园规划、水利规划、文物保护规划等的空间管控要求，构建科学的景区空间布局。

国有景区应充分利用自身的实力和影响力，辐射带动周边景区、乡村旅游发展，形成组合旅游线路产品，通过发展民宿集群、培育特色产业等方式，建立可持续的盈利模式，实现景区与周边区域合作共赢、共建共享。

3. 做大做强旅游市场主体

根据《改革方案》，事业单位类景区适宜转制的，可直接转制为国有企业，也可在转制后统一委托其他国有企业、民营企业经营管理。已实行企业化经营的国有景区，完善现代企业制度，健全公司法人治理结构，实现专业化管理；支持景区公司实施股份制改革，鼓励多种投资主体参与景区开发，推行职业经理人制度，引导企业逐步扩大业务板块，壮大主体规模，打造文旅行业的龙头企业和优质品牌形象。

（1）健全公司法人治理结构。

重点是推进董事会建设，建立健全权责对等、运转协调、有效制衡的决策执行监督机制，规范董事长、总经理行权行为，充分发挥董事会的决策作用、监事会的监督作用、经理层的经营管理作用、党组织的政治核心作用，切实解决一些董事会形同虚设、"一把手"说了算的问题，实现规范的公司治理。要切实落实和维护董事会依法行使重大决策、选人用人、薪酬分配等权利，保障经理层经营自主权，法无授权任何政府部门和机构不得干预。加强董事会内部的制衡约束，国有独资、全资公司的董事会和监事会均应有职工代表，董事会外部董事应占多数，落实一人一票表决制度，董事对董事会决议承担责任。改进董事会和董事评价办法，强化对董事的考核评价和管理，对重大决策失误负有直接责任的要及时调整或解聘，并依法追究责任。

（2）推行职业经理人制度。

职业经理人是经济发展中的一种特殊的人力资源，是人才市场中最具活力与前景的阶层，是企业经营管理中最关键的因素。推行职业经理人制度有助于打破国有景区经营者及员工国有身份的体制束缚，为市场化选人用人奠定制度基础，破除国有企业行政任命制，有利于减少行政干预，避免人情任命，实行市场化选聘和管理职业经理人，是法人治理运营机制的重大变革，为提升国有景区治理能力建设和增强企业经营活力开启了一个重要动力源。

职业经理人是指在一个所有权、法人财产权和经营权分离的企业中，承担法人财产的保值增值责任，全面负责企业经营管理，掌握着企业的经营权，运用所掌握的企业经营管理知识以及所具备的经营管理企业的综合领导能力和丰富的实践经验，受雇于雇主（出资人）的职业化的中、高层经营管理人员。相对于国有景区行政任命制的经营者，职业经理人是按照市场规则选择和管理的，原则上应该能进能出、能上能下、优胜劣汰。职业经营人的特点包括：一是企业经营权与所有权相分离，职业经理人掌握和运用企业经营权，独立承担企业的经营风险，用自己的劳动获得合理报酬，这是与企业所有者股东的根本区别。二是工作的职业化。职业经理人以经营管理活动作为特定的专业和职业，有其专业化的职业技能和行为规范，其职业标准与成就被社会广泛认同，三是人才配置的市场化。在国有企业内部，职业经理人已经脱离了国家干部身份，不再使用行政编制，不再由政府任命，其选拔、使用和流动完全通过人才市场竞争和供求关系来解决。

4. 加快产品业态创新升级

根据《改革方案》，要积极适应疫情防控常态化下旅游发展趋势，按照高质量发展要求，大力丰富景区有效供给，积极发展文创、康养、演艺等多种新业态，提升景区产品品质。

（1）开发建设沉浸式体验型文旅产品。

充分利用 5G、AR/VR/MR、人工智能等技术，推动景区产品智慧化升级，开发建设新一代沉浸式体验型文旅消费内容。沉浸式体验是指通过环境渲染、场景塑造、内容 IP 等，使受众在与现实世界存在有限边界的物理空间进行互动性体验的娱乐项目，最终达到实现"心流"的状态。

沉浸式体验产品边界正在不断延伸，通过不断融入文化和旅游产业消费场景来达到创造沉浸式消费场景、提升游客黏性的目的，其产业价值体现在三个方面：一是沉浸式旅游演艺在细节安排、仪式感设计、故事线条设计、场景感营造等方面优势突出，能真正使游客浸入到剧情中去，丰富旅游消费场景体验业态，颠覆了传统走马观花式的旅游；二是在产品落地方面，沉浸式娱乐体验产品偏向自带 IP 且具备较大流量的目的地景区、文旅商综合体等，为文旅体验产品实现引流；三是沉浸式体验产品和项目营收比传统业态产品高，能够促进文旅产品业态提质增效。目前，沉浸式体验赋能文化和旅游产业发展主要有沉浸式旅游演艺、沉浸式目的地场景、沉浸式餐饮住宿等形式。例如，安丘市国有青云山、青云湖景区积极探索沉浸式剧目进景区等模式。目前，已利用青云山景区安丘县衙旧址，围绕安丘历史人物典故，创新编排了《孔子纳婿》《月上槐花》《八仙闹青云》等系列沉浸式情景剧，丰富游客沉浸式互动演出体验。

（2）深入发掘打造健康旅游业态。

世界旅游组织从服务主题的角度出发，将健康旅游定义为以医疗护理、疾病与健康、康复与休养为主题的旅游服务。目前，健康旅游的快速发展已经成为不可阻挡的趋势，成为度假、观光、体验旅游之后的一种新潮流。健康旅游作为健康医疗行业和旅游业相结合的一种新型产业，在促进地区经济发展的同时，也带动了旅游业、健康医疗服务业、交通运输业和会展业等相关行业的快速发展。面对持续增长的世界健康旅游市场，发展新兴的健康旅游前景良好。国有景区要充分运用山东地区特色资源，深入挖掘山东康养资源优势，依托各种类型的景区开发滨海疗养、森林康养、温泉浴养、研修康养、中医药养生等健康旅游业态。

（3）全力推动景区文化旅游精品项目。

推动文创进景区，深入挖掘景区文化内涵，实施景区文创商品研发工程，打造一批精品文创产品项目。推动非物质文化遗产、民俗展演、山东绝活等进景区，策划创作一批"小而精、小而优、小而特"的景区剧场项目，引入以"剧本杀"为代表的实景角色扮演体验类项目，积极引进培育一批文化旅游演艺项目，推动景区旅游产品业态出新，满足新生代游客不断增长的旅游娱乐需求。

5. 推动资源要素集约集聚

根据《改革方案》，要推动资源要素集约集聚，构建起产权关系明晰、责任主体到位、市场对接充分的景区经营机制，实现国有资源与社会资本的优化组合，激发市场主体活力，提升景区综合竞争力。

（1）推进国有景区混合所有制改革。

以促进国有景区转换经营机制，放大国有资本功能，提高国有资本配置和运行效率，实现各种所有制资本取长补短、相互促进、共同发展为目标，稳妥推动国有景区发展混合所有制经济。对通过实行股份制、上市等途径已经实行混合所有制的国有景区，要着力在完善现代企业制度、提高资本运行效率上下功夫；对于适宜继续推进混合所有制改革的国有景区，要充分发挥市场机制作用，坚持因地施策、宜独则独、宜控则控、宜参则参，成熟一个推进一个。改革要依法依规、严格程序、公开公正，切实保护混合所有制景区各类出资人的产权权益，杜绝国有资产流失。

（2）支持骨干企业参与国有景区改革。

支持省内外旅游骨干企业以委托经营、特许经营、租赁经营、混合所有制等方式参与国有景区体制机制改革，通过出资入股、收购股权、认购可转债、股权置换、租赁承包、引资嫁接等多种方式，参与国有景区改制重组或国有控股景区企业上市公司增资扩股以及企业经营管理，形成管理科学的股权结构。实行同股同权，切实维护各类股东合法权益。加强与国内外知名专业旅游企业公司的合作，引进先进的团队和管理模式，进行专业化运营，提升景区品牌知名度和综合竞争力。

（3）建立多元化投融资机制。

支持省内国有旅游龙头企业以资产划转、重组整合、兼并收购等方式持续做强做优，鼓励其通过各种资本运作形式迅速壮大规模，提升市场竞争力。

建立健全旅游投融资市场化运行机制，加大信用担保机构对旅游企业和旅游项目的担保力度，支持企业性质的旅游景区以项目特许权、经营权、门票收入收费权作为质押物申请银行贷款；灵活运用贷款风险补偿、贴息、担保贴费和奖励补助等财政手段，引导信贷资金采取银团贷款、集合信托等方式支持景区重大旅游项目建设；支持符合条件的旅游企业进入资本市场，通过设立基金、发行债券、股票上市、企业债券、项目融资、重组兼并、产权置换、股权融资和外商投资等投融资方式筹措资金。支持具备条件的景区，除文物、各类保护区的核心资产外，其他各类国有资产，包括投资所形成的国有资产，中央、省、市、县各类政府性拨款、借款形成的国有资产，经审计机构认定后全部划转，作为景区经营性国有资产推向市场，实行市场化运作。

（4）推进景区一体化管理。

加快资源要素区域整合，推动旅游要素配置一体化，实现景区一体化管理。鼓励各地整合国有景区、饭店、培训中心等组建国有旅游公司，支持打包国有景区周边的土地、房屋等优质资产注入企业，扩大资产规模。对于跨区域的国有景区，可打破行政区划限制，由共同的上一级政府整合管理、统一经营，实现旅游规划、旅游基础设施建设、旅游服务标准和旅游市场机制一体化。

（二）2021年度改革现状

1.三权分置改革稳中求进

山东省文化和旅游厅数据显示，截至2022年5月底，全省135家国有4A级（含）以上旅游景区中，已基本完成三权分置改革任务的景区共98家，占比72.6%，7家景区正在研究推进，3家景区正在谋划中，暂不参与改革的景区共27家（见图2-7-1）。其中，24家属于免费开放式景区、文博场馆和红色（党性）教育基地，1家为烟台昆嵛山国家森林公园，由差额事业单位转为全额事业单位，因防火每年关闭近半年时间，景区经营收入少，暂不宜改革。千佛山风景名胜区和济南市植物园暂不进行改革。

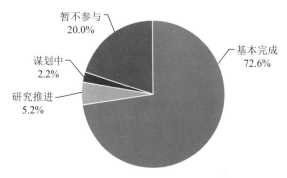

图2-7-1　全省135家国有4A级（含）以上旅游景区完成三权分置改革任务情况

2.各级政府积极探索，推动景区提质增效

山东省文化和旅游厅通过系列举措全力推动改革工作。一是加强政策解读。针对不同类型的国有景区，组织专家对《改革方案》进行解读，并梳理了省内外的典型案例，供各市、各景区借鉴参考。二是会同国家税务总局山东省税务局拟定《国有景区体制改革税费优惠政策》，发各市文化和旅游局，加强对各景区的指导，包括改革重组优惠政策、旅游行业优惠政策、小微企业普惠性减免政策三个方面，共13项税费优惠政策。

按照省级统筹、属地主导的原则，省级各相关部门统筹协调、合力推动，各市、县政府落实属地责任，全力推进。省级层面，在优化国有景区发展布局、做大做强旅游市场主体、产品业态创新升级、推动资源要素集约集聚等方面提出指导意见，并在人事薪酬制度、财税、用地等政策方面给予支持。市县层面，各级政府积极探索，推动景区通过改革提质增效。如潍坊安丘文旅集团有效整合青云山、青云湖景区资源，调整业态结构，实施山湖一体化改造提升工程，景区定岗、定员、定责、定奖惩，企业管理水平显著提升，焕发出新的生机与活力；淄博有序推进南北鲁山整合，梳理管理主体、人员编制、经营情况等，推动成立新的管理机构，由市文化旅游资产经营有限责任公司成立运营公司负责鲁山景区的统一运营，妥善安置现有从业人员；聊城推进现代企业治理模式，健全法人治理结构和薪酬绩效管理考核体系，东阿鲁森文旅开发有限公司建立科学的法人治理结构，明确董事会、监事会、经营班子职责，形成决策权、执行权、监督权相互制衡、相互协调的运行机制。

三、存在的问题

长期以来，管理体制不顺、机制不灵活、内生动力不足、发展效率不高等是制约我国国有景区效益提升的深层次问题。在经过试点探索后，山东省国有景区体制机制改革虽然已取得初步成效，但与产业转型升级的要求还有不少差距，改革尚需在实践中慢慢探索推进。问题主要表现在以下几个方面。

（一）改革还需深化

虽然多数景区已基本建立起"所有权、管理权和经营权"三权分置的管理模式，但是真正能实现现代化、市场化高效运转的景区并不多。有的景区改革流于形式，一方面虽然成立了"公司"，形式上所有权、管理权、运营权进行了分离，但原有格局并未打破，行政色彩浓厚。另一方面景区隶属多元、涉及部门和单位较多，政出多门，经营方受当地政府及景区管委会双重管理，制约过多，无法充分发挥作用。

（二）统筹协调力度不够

改革过程中涉及的体制机制、人事和薪酬管理、金融财税政策、用地保障等内容，分属不同主管部门管理。各市对景区改革工作认识不一，有的市还不够重视，导致文旅部门在推动景区改革上困难较大，亟须建立健全统筹协调机制，有序高效推进改革。

（三）景区创新力度不够

山东省大部分景区辐射带动作用不强，体验性强的旅游产品不多，可以说相当一部分景区现状无法满足人们日益提升的心理预期和多元消费需求。一方面部分景区发展依赖"门票经济"，吃资源饭，推动改革的动力不足；另一方面疫情之下企业周转困难，产品开发上缺少力度、缺乏体验度，也影响了改革推进效果。

（四）专业人才匮乏

国有企业景区改革不仅是管理模式改革，同时也是景区所供给市场的旅游产品改革。旅游新业态融合发展、高质量旅游产品供给离不开高素质复合型旅游管理人才，但目前景区普遍缺乏高素质的旅游管理团队、专业化旅游运营与营销人才。加上近年受疫情影响，人才流失情况较为普遍，改革缺少了人才要素支撑。

四、改革展望

景区改革必须坚持以发展为目的，以改革为动力，向改革要红利，坚定不移地把旅游景区体制机制改革引向深入。

（一）系统推进，抓住改革良机

近年从国家到地方，各级政府系列改革政策不断推出，为景区体制改革创造了良好的环境。景区体制改革是个系统推进的工作，它与产业布局和投资政策、财政金融政策、行政审批等宏观调控政策密切相关。要深入研究和用好宏观政策，对已有政策建议及时出台配套细则，梳理形成政策工具包，多渠道、多形式、多平台解读，在改革政策中寻找企业发展结合点，推动政策有效落地。

（二）逐步完善景区规范科学的管理体系

要以"使市场在资源配置中起决定性作用和更好地发挥政府作用"为标尺，构建起产权关系明晰、责任主体到位、市场对接充分的经营管理体制机制。继续深化改革，推动资源资本高效对接，要尽快让一些真正的经营实体和市场主体在旅游景区平台上落地。对纳入改革的国有 4A 级以上旅游景区，按周期督导调度，不定期开展现场督导，及时掌握改革进展情况。加强改革指导，对改革工作推进过程中发现的重大问题予以指导，并协助协调解决。

（三）加强示范带动，总结改革模式

选取省内 3~5 家具有影响力和发展前景的重点景区，进行重点关注和跟进，通过个案分析，详细了解改革和景区发展中的实际困难和问题，为全省改革积累经验、创造模式，及时总结经验，推出改革典型案例，加大宣传推广，供全省国有景区改革参考借鉴，带动全省文旅行业健康发展。

（四）加强培训，做好支持

山东省国有旅游景区需要建立一整套完善的人才储备和培养的现代化机制。实施景区管理人才精准交流行动，采取现场教学、现场观摩和交流互动相结合的方式，组织 4A 级重点旅游景区主要负责人、16 市文旅局分管负责人、县级政府分管负责同志开展考察培训，培育一批懂文旅管理和市场的干部，培养一批懂市场运营的景区经营人才，为景区深化改革奠定人才基础。建立全域旅游发展智库，引进一批高层次旅游专业人才参与山东省旅游景区经营管理。创新人才培养管理方法，搭建景区与学校、企业之间的合作平台，拓宽旅游人才培养渠道。

2021 年山东非物质文化遗产发展报告

孟祥梅　孔亚楠

　　非物质文化遗产（简称非遗）是各族人民世代相传并视为其文化遗产组成部分的各种传统文化表现形式，以及与传统文化表现形式相关的实物和场所。非物质文化遗产是中华优秀传统文化的重要组成部分，是中华文明绵延传承的生动见证，是联结民族情感、维系国家统一的重要基础。保护好、传承好、利用好非物质文化遗产，对于延续历史文脉、坚定文化自信、推动文明交流互鉴、建设社会主义文化强国具有重要意义。近年来，山东省坚持"保护为主、抢救第一、合理利用、传承发展"工作方针，非遗保护工作取得了显著成绩。在非物质文化遗产资源普查、立法保护、完善名录体系、强化遗产传承机制、促动非遗层面文旅融合等方面稳步推进，取得了良好效果。

一、山东省非物质文化遗产发展概况

（一）非遗保护工作基础不断夯实

　　一是非遗名录体系不断健全。山东省拥有联合国教科文组织认定的"人类非遗代表作名录"项目 8 个，国家级名录 186 项（居全国第二位），省级名录 1073 项，市级名录 4121 项，县级名录 12758 项（见图 2-8-1）；现有国家级传承人 88 名，省级传承人 424 名，市级传承人 2553 名，县级传承人 8025 名（见图 2-8-2）。二是制度体系不断完善。在全国较早颁布了《山东省非物质文化遗产条例》，印发《山东省非遗项目代表性传承人认定和管理办法》等。还会同省委组织部、省委宣传部等 22 个省直部门出台《关于进一步加强非物质文化遗产保护工作的若干措施》，保护传承制度建设更加完善。

山东省非遗项目数量

国家级名录	186项
省级名录	1073项
市级名录	4121项
县级名录	12758项

数据来源：山东省文化和旅游厅
数据说明：截至2022年3月

图 2-8-1 山东省非遗项目数量

山东省非遗传承人数量

国家级传承人	88名
省级传承人	426名
市级传承人	2553名
县级传承人	8025名

数据来源：山东省文化和旅游厅
数据说明：截至2022年3月

图 2-8-2 山东省非遗传承人数量

（二）非遗服务大局能力不断增强

一是积极推动非遗保护融入国家重大战略。印发《关于推进黄河流域、大运河沿线非遗保护传承弘扬的实施意见》《山东省黄河沿线非遗保护传承弘扬专项规划》等（见图 2-8-3），创新举办"河和之契：2021 黄河流域、大运河沿线非遗交流展示周"，加强齐长城非遗资源普查。二是大力推动文化生态保护区建设，促进非遗区域性整体保护。积极融入国家推进文化生态保护区建设规划，成功助推齐鲁文化（潍坊）生态保护区荣膺国家级保护区，并在全省开展省级文化生态保护区评审，先后评审命名 13 个省级文化生态保护区，其中黄河流域、运河沿线生态保护区就有 10 个。三是非遗助力乡村振兴取得新突破。开展传统工艺振兴行动，推选省级"非遗助力脱贫、推动乡村振兴"典型乡镇 60 个，指导认定非遗工坊 574 个，让一批扎根乡间的非遗项目成为群众富口袋的好帮手。

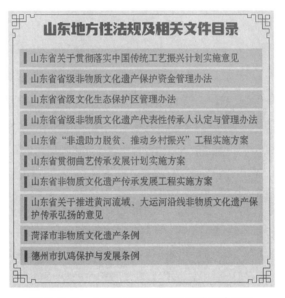

图 2-8-3　山东地方性法规及相关文件目录

（三）非遗保护能力不断提升

一是开展记录工作和分类保护。对 63 名 70 岁以上国家级非遗项目代表性传承人进行抢救记录，完成省级非遗普及读物编撰出版。山东省 17 个项目列入国家首批传统工艺振兴目录，公布了首批 89 个山东省传统工艺振兴目录。二是加强非遗研究，为非遗保护提供理论支撑。支持山东大学在全国率先设立非遗研究院，认定 37 所高校、科研院所为省级非遗保护研究基地，设立国家非遗展览展示研究中心齐鲁（邹城）展示基地。三是加大非遗传播普及力度。中国非物质文化遗产博览会落户山东，已成功举办 7 届。持续开展"文化和自然遗产日""山东省非物质文化遗产月"等系列非遗展演展示活动。山东省 3 个国家级、6 个省级非遗传承人研培院校共举办 60 余期培训班，直接培训 3000 多人，延伸培训 23000 多人，非遗传承队伍整体素质稳步提升。

二、非遗与旅游融合发展成绩斐然

山东非物质文化遗产资源蕴藏丰富，在国务院公布的第五批国家级非物质文化遗产代表性项目名录中，有 13 个项目入选。截至 2021 年年底，山东共有国家级非遗项目 186 项，其中，民间文学 28 项、传统音乐 18 项、传统舞蹈 16 项、传统戏剧 33 项、曲艺 13 项、传统体育游艺与杂技 15 项、传统美术 25 项、传统技艺 22 项、传统医药 6 项、民俗 10 项，总数继续位居全国第二位。

（一）非遗主题旅游线路让非遗更亲民

丰厚的非物质文化遗产资源，为文旅融合发展提供了良好的基础。省文旅厅立足山东实际，推出黄河入海非遗之旅等 10 条山东省非遗主题旅游线路，认定济南百花洲历史文化街区等 15 个基地为山东省非遗旅游体验基地（见表 2-8-1、表 2-8-2）。

表 2-8-1　山东省非遗主题旅游线路

序号	名称
1	黄河入海非遗之旅
2	鲁风运河非遗之旅
3	齐长城非遗之旅
4	胶东海洋非遗之旅
5	齐鲁康养非遗之旅
6	齐鲁手艺非遗之旅
7	水浒故里非遗之旅
8	齐鲁非遗美食之旅
9	齐鲁非遗研学之旅
10	齐鲁非遗演艺之旅

表 2-8-2　山东省非遗旅游体验基地

序号	城市	名称
1	济南市	济南百花洲历史文化街区
2	济南市	山东宏济堂中医药文化产业园
3	青岛市	青岛胶东非物质文化遗产博物馆
4	青岛市	即墨老酒博物馆
5	淄博市	山东领尚琉璃文化创意园
6	淄博市	周村烧饼博物馆
7	潍坊市	杨家埠民间艺术大观园
8	潍坊市	十笏园文化街区
9	济宁市	广育堂中医药博物馆
10	泰安市	泰山皮影艺术研究院
11	威海市	吉呈轩公益文化空间
12	威海市	赤山非遗创客中心
13	威海市	威高民俗文化邨
14	临沂市	费县手绣传承实训基地
15	菏泽市	水浒好汉城

（二）非遗助力乡村振兴

截至目前，全省共有各类非遗企业和经营业户 120 多万个，年产值 1600 多亿元，直接从业人员 400 余万人（见图 2-8-4）。全省出台了一批非遗助力乡村振兴的政策，拓展了一批乡村非遗新业态，形成了一批乡村非遗龙头品牌，形成了一批在全国叫得响甚至在世界上有一定地位的乡村非遗龙头品牌。例如，聊城市东昌府区堂邑镇路庄村占据了全国葫芦雕刻市场 80% 以上的份额；临沭县草柳编出口占全省柳编出口的 48%，占全国柳编出口的 26%；郯城县"中国结"产业份额占全国市场的 80% 以上；无棣县水湾镇苇帘产品占世界市场份额的近 70%，是全国最大的苇帘加工出口基地。全省涌现了一批乡村就业非遗集群，培养了费县手绣传承人卞成飞、传统糊香食用油制作技艺省级传承人谢梅木等一批乡村非遗领军人才，形成了乡村非遗旅游、夜游经济、非遗部落等一批乡村非遗旅游新模式。

图 2-8-4　山东省非遗赋能乡村振兴情况

三、山东省文化和旅游产业遗产传承存在的问题

（一）组织机构尚待健全

山东省非遗资源丰厚，加强管理必须有一个健全的机构和一批专业且热爱保护非物质文化遗产事业的管理人才和专业人士。截至 2021 年 8 月，全省设立文物保护管理机构 91 个，文物科研机构 12 个，博物馆 577 家，其他文物机构 68 处，人员共计 12401 人。各级非物质文化遗产保护中心多挂靠文化馆，非物质文化遗产保护人才队伍相当薄弱，专业素养和工作能力不足，并未建立起完善的人才培训体系，缺乏专业团队的整体工作能力，身兼数职，分身乏术，缺乏领军人物和复合型人才，基层人才力量比较薄弱。加之资金和物力缺乏，保护和挖掘力度还不够。政府及规划、文化、旅游、城建、城管等部门在协调管理辖区内文化遗产保护传承的职责分配尚存在权责不明确

的地方，体制上存在多头管理、责任不清等问题，如一个文化遗产往往分属多个单位管辖，还需要设立高规格层次的文化遗产保护传承协调机构，统筹解决部门还存在的问题。需进一步完善由各级政府分管领导牵头的文物工作协调机制，落实相关部门和单位依法承担的保护文物职责。

（二）传承梯队出现断层

随着现代化和工业化浪潮的快速前进、城镇化和市场化的推进，以传统族群、传统社区、传统村落维系的生活状态和生活方式被彻底打破，现代化和工业化生产影响了传统手工艺的生存空间。一是部分非物质文化遗产代表性项目保护名录的代表性传承人空缺。山东省获得国家级非物质文化遗产代表性项目保护名录 186 项，省级名录认定 1073 项，国家级非遗代表性传承人 88 名，省级非遗代表性传承人 426 名，部分非遗项目代表性传承人空缺，无法有效传承，使其面临失传的危机。二是非遗传承人老龄化现象严重，不少非物质文化遗产的民间绝活濒临消亡。以前，非遗传统技艺是一门糊口的手艺，传承人一般是从小开始接触技艺，并以口口相传的方式传承技艺。随着当今社会的快速发展和人们快节奏的生活，年轻人很难静下心把精力放在需要多年时间磨炼的一门技艺上。这种情况已成为社会文化问题。三是部分传统技艺赖以生存的生态空间有待改善。由于工业化的影响，传统技艺生产规模缩小，市场萎缩，传承人的处境相对艰难，传承人的生活状态和生活方式都受到极大影响，传承活动难以有效开展。

（三）品牌意识薄弱，内涵建设不足

非物质文化遗产利用中存在挖掘文化内涵、传承人品牌价值不充分的问题。为了满足市场化要求，目前非遗项目利用层级较低，对传承人的文化内涵挖掘不深，忽略了传承人的精神内涵和传承技艺。一是利用模式单一，缺乏多元化发展方向，对非遗的利用空间受到极大的限制，发展生存空间有限，无法适应产业化发展的进程。传承人通过非物质文化遗产的产业化发展提高了经济收益，但由于传承人整体创造力不强，使得文化产业对传承人的保护和利用的作用未能凸显社会经济价值。二是品牌化和产业化建设规模不足。

多数传承人以传承人作坊、商品店铺为主要商业化模式进行传承经营，传承人对于非物质文化遗产的利用缺乏与新时代审美价值结合的元素，他们所创作的衍生品创意不足，品牌效益不强，无法满足市场的差异化需求。品牌意识的缺失使得传承人的文化价值作用无法得到最大化的发挥，非遗产业链的可持续发展无法适应市场的实际需求和发展。

（四）财政投入落实保障欠缺

文化遗产的保护、传承和利用都需要大量资金投入，目前在文物保护、非遗传承和开发利用方面还存在很大资金缺口，导致保护不力、利用不足的局面。《中华人民共和国非物质文化遗产法》明确规定，县级以上人民政府应将非遗保护经费列入当地财政预算。但目前由于种种原因，将非遗保护经费列入财政预算的地方还不多，对传承人的经济补助不到位，非遗的普查、发掘、整理、评审、保护、利用等工作受到了制约。有的传承项目因缺少资金支持而面临断层，许多民间老艺人生活窘迫，无法带徒授艺，非遗的展示展演因缺少必要的经费保障而不能经常性开展工作等，这些都影响了非遗的传承和保护。省级资金对文物保护工作的还需加大支持力度，建立相应工作机制。另外，现有文物保护资金等财政预算还需做好投入预算，加强文物安全预防资金投入力度，完善文物保护重大项目和工程资金使用情况的监督、管理、评估和验收，提高资金使用效益。

四、非遗传承发展展望

（一）保障传承效度

"传承"是保护非遗的重要手段，也是非遗持续发展的不竭动力。多年来，山东通过建立传承体系、明确传承主体、创新传承方式，让多数非遗项目保持了旺盛的生命力。同时不能回避的是，传承的质量仍有待提高，传承的方法也有待多元化。根据《山东省非物质文化遗产传承发展工程实施方案》，未来山东的非遗将在全省经济社会发展大局中扮演更重要的角色。相关部门将推动非遗传承机制创新，创造崭新的非遗形态和表达方式，推动非遗 IP 的跨界合作，提升非遗传承创新能力，让非遗走进现代生活，焕发新的光彩与活力。

针对传承队伍建设，《山东省非物质文化遗产传承发展工程实施方案》明确提出鼓励对集体传承、大众实践且技艺性强的项目，探索认定代表性传承团体。建立代表性传承人履行传习义务情况考评机制，健全非遗传承人动态管理、进退机制和保护激励机制。要加强全省文化协管员、志愿者队伍建设，并采取进修、短训等方式进行有计划的培训，提高工作能力和业务水平，以满足当前文化遗产保护传承工作的急需，同时积极鼓励民间人士加入文化遗产研究、保护、传承工作中，动员全社会力量共同参与文化遗产保护传承工作。

针对项目传承人这一群体，山东将全面开展非遗活动进校园、非遗知识进教材、非遗传承人上讲台等，形成人人传承发展齐鲁优秀传统文化的生动局面；推进职业教育与非遗传承融合发展，鼓励有条件的中小学校建立非遗小讲堂和传习所，鼓励高校、研究机构培养专门人才，打造专兼结合的非遗传承师资队伍；倡导代表性传承人参与学校教学或设立工作室。

同时，山东还将扩大非遗传承工作的覆盖面。《方案》提出，山东将在推动传统工艺振兴和曲艺传承发展的同时，逐步开展民间文学、传统音乐、传统舞蹈、传统戏剧等传承发展工作；由重视非遗数量向注重提升传承质量转化，由重视外延式发展向注重内涵式提升转化，推动传承人提升素养。

（二）强化科技支撑

充分运用互联网、大数据、云计算、人工智能等信息技术，提升非物质文化遗产发展的智慧化水平。根据文化馆、博物馆、图书馆、美术馆、剧院等文化场馆功能，促进5G、云计算、大数据、物联网等信息技术应用，实现在线预约、客流监测、无感通行、线上展览、在线讲解、网上阅读等功能。加大文化场馆在线资源开发力度，丰富线上展览展演、艺术教育、非遗传承等文化产品，到2023年，评选认定30个智慧文化场馆示范项目。

利用新兴信息传播储存媒介的优势，加快文化遗产数据库建设，创建山东非物质文化遗产数据库。以现有文化遗产数据库为基础，通过分布式管理技术实现各数据库的共建共享，利用计算机网络将物理上分散在全省各地区和部口范围内的文化遗产档案资源数据库予以逻辑和网络上的集中，降低共享成本，加强对全省文化遗产资源内容和逻辑上的控制，提高资源利用和开发效率和质量。

建设非遗信息资料平台，构建山东非物质文化遗产网。通过加强档案机构与文化机构的合作，共同创建文化遗产档案信息网，各非物质文化遗产主体应加强分工协作，将各自所藏非物质文化遗产档案资源进行网络开发和宣传展示，提高非物质文化遗产档案资源的开发利用效益。鼓励社会公众参与遗产保护和开发互动，加强非物质文化遗产共享平台的沟通交流，了解公众需求，提高非物质文化遗产网络化建设的效率和质量。

加强非物质文化遗产档案网络化建设的安全保障措施。一方面，要正确处理非物质文化遗产资源公开与保密的关系，建立健全完善的网络管理制度，对共享资源进行科学合理的鉴定，保证涉密信息不上，维护非物质文化遗产的知识产权和技术秘密，维护国家集体权益不受侵害；另一方面，加强非物质文化遗产网站的安全技术建设，通过加强技术监控防范病毒、黑客等外在威胁的干扰和侵害，最大限度地保障非物质文化遗产资源的网络安全和合理存取利用。

（三）发挥"非遗+"效能

着眼于"文化＋旅游"的巨大潜力，山东正努力推动文旅融合高质量发展，作为文化资源重要组成部分的非遗助力文旅融合是今后工作的重点。《山东省非物质文化遗产传承发展工程实施方案》指出 5 年后非遗工作的一个目标是"在助力脱贫攻坚、促进文旅融合、新时代现代化强省建设中的重要作用进一步彰显"。为实现这一目标，山东计划打造有文化、有品位的非遗旅游品牌，为高质量发展注入强大的非遗动能，实现非遗与旅游深度融合；注重由单个项目保护向整体区域保护转化，重视涵养文化生态；统筹协调，形成政府主导、社会参与、多元投入、协作发展的非遗保护体制机制。

今后 5 年，山东非遗保护传承将与现代服务业、旅游发展、乡村文化振兴相结合，将非遗资源转化为具有地方特色的产品和服务，为经济社会发展提供新能量。山东将推动非遗与"好看的、好听的、好学的、好吃的、好玩的、好买的"结合，通过非遗不断拓展提升食、住、行、游、购、娱及商、养、学、闲、情、奇等旅游要素的文化内涵。今后 5 年山东非遗工作的总体目标是以"科学保护、提高能力、弘扬价值、发展振兴"为主要任务，使非遗成为增进民生福祉的崭新亮点，促进经济社会发展的重要支撑，推动乡村振兴的强大动力。

（四）提升国际传播力

加强对外交流合作，推动非遗"走出去"，充当文化使者、文明使者，走向国际舞台，彰显山东非遗的独特魅力，讲好山东故事。配合重要活动、节庆、会议等，举办对外和对港澳台非物质文化遗产交流传播活动。

加强与山东省共建"一带一路"国家和地区非物质文化遗产交流，提升我国在国际非物质文化遗产领域的话语权，维护国家主权和文化安全。

推出以对外传播山东省非物质文化遗产为主要内容的影视剧、纪录片、宣传片、舞台剧、短视频等优秀作品。

通过中外人文交流活动、黄河主题文化艺术节等形式，交流非物质文化遗产保护先进经验，向国际社会宣介齐鲁非物质文化遗产和中华优秀传统文化。

第九章

2021 年山东区域内国家公园发展报告

张东晨

国家公园是指由国家批准设立并主导管理，边界清晰，以保护具有国家代表性的大面积自然生态系统为主要目的，实现自然资源科学保护和合理利用的特定陆地或海洋区域。建立国家公园体制是党的十八届三中全会提出的重点改革任务，是我国生态文明制度建设的重要内容，对于推进自然资源科学保护和合理利用，促进人与自然和谐共生，推进美丽中国建设，具有极其重要的意义。自国家启动国家公园建设以来，山东省迅速行动，山东区域内国家公园建设在政策立法、顶层设计、规划编制、标准制定等方面均取得了积极进展。但我们也要看到，山东区域内国家公园建设总体推进力度还不够大，在建设过程中还存在诸多亟须解决的问题，需要采取针对性措施加以解决。

一、发展概况

目前，山东区域内建有国家森林公园 38 处，国家湿地公园 66 处，国家地质公园 9 处，国家级自然保护区 7 处，国家 5A 级旅游景区 13 家，拟建设黄河口国家公园、长城国家文化公园（山东段）、大运河国家文化公园（山东段）、黄河国家文化公园（山东段）。

2021 年 9 月 26 日，山东省自然资源厅就《黄河口国家公园总体规划》（以下简称《规划》）向社会公开征求意见。《规划》提出，黄河口国家公园总面积为352291.34公顷，以山东黄河三角洲国家级自然保护区、山东黄河三角洲国家地质公园、山东黄河口国家森林公园等现有8个自然保护地为主体，同时纳入黄河口区域海洋生物的重要产卵场和孵育场等生态价值较高的区域，确保黄河口区域"河—陆—滩—海"生态系统原真性和完整性得到有效保护。根据《规划》，黄河口国家公园分为核心保护区和一般控制区。核心保护区面积为184103公顷，全部为国家所有，其中新生湿地、近海湿地生态系统等全部划入核心保护区。而国家公园内的耕地、零散分布的居民点、宣教科普基地、游憩设施等划入一般控制区内，总面积168188公顷。

《规划》提出，到2035年，将黄河口国家公园打造成世界陆海统筹型自然保护的典范、中国生态文明成果展示区和黄河流域生态保护与高质量发展先行区，成为具有国际水准的国家公园。

国家公园不同于以往国家森林公园、国家地质公园、国家湿地公园等公园类型，从权属上来说，国家公园是由国家批准设立并主导管理，而国家森林公园、国家地质公园等都是由省级林业主管部门提出书面申请后由国家审批的，所以公园名字前需加上省市名称，比如湖南张家界国家森林公园、吉林长白山火山国家地质公园。而国家公园则不用加省市名称，比如三江源国家公园。从概念和功能上来说，国家森林公园主要以森林景观为主，国家地质公园以地质景观为主，它们的地域范围、概念范畴相对较窄，而国家公园是一个完整的生态系统，地域范围可能连跨几个省。国家公园能够以一个完整的生态系统为基本遵循，将各类分属不同行政辖区的自然生态系统统一起来，直接由中央统一管辖，实现自然资源科学保护和合理利用。另外，国家公园和森林、地质、湿地公园虽然都具有保护生态环境、科学考察、旅游观光等作用，但国家公园不是以营利性为目的的，它是作为提供给公众亲近自然、体验自然、了解自然的一种途径。

二、现状分析

（一）顶层设计情况

在自然保护地体系建设方面，山东要建立以国家公园为主体的自然保护地体系。按照"成熟一个、设立一个"的原则，履行报批程序，有序推动设立黄河口、长岛国家公园。"十四五"期间，山东将借鉴三江源、武夷山等国家公园体制试点单位经验做法，设立国家公园管理机构。2021 年 12 月 29 日，山东省人民政府办公厅印发了《山东省国家公园管理办法》，配套出台特许经营、社区共建等专项管理制度规定，建立健全符合山东省实际的国家公园管理体制、运行机制。

"十三五"期间，山东发挥历史资源优势，不断推进黄河、大运河、长城国家文化公园建设，不断完成工作体制机制，成立山东省国家文化公园建设工作领导小组，成立专家咨询委员会，建立了工作决策参谋和政策咨询机制。印发《山东省国家文化公园建设实施方案》，编制完成《山东省"黄河入海"文化旅游目的地品牌建设总体规划》《山东省大运河文化保护传承利用实施规划》等。为加强文化遗产保护利用，山东将在"十四五"期间打造中华优秀传统文化创造性转化、创新性发展先行示范区，建设长城、大运河、黄河国家文化公园（山东段）。"十四五"初期，山东精心组织编制《黄河文化保护传承弘扬规划》《黄河文化旅游带总体规划》《黄河流域非物质文化遗产保护传承弘扬规划》《大运河国家文化公园（山东段）建设保护规划》《长城国家文化公园山东段建设保护规划》等系列规划，通过抓重点项目建设推动国家文化公园建设。

（二）资源梳理

1. 国家森林公园

山东境内各种植物达 3100 余种，其中野生经济植物 645 种，树木 600 多种，以北温带针、阔叶树种为主，分属 16 科 34 属，因此，山东被称作"北方落叶果树王国"。截至 2021 年，山东建有国家森林公园 38 处（见表 2-9-1）。

表 2-9-1 山东省国家级森林公园

序号		名称	行政区域建设单位	面积（公顷）
1	济南	药乡国家森林公园	省林业局直属药乡林场	1463.67
2		柳埠国家森林公园	历城区国有柳埠林场	2465.53

续表

序号		名称	行政区域建设单位	面积（公顷）
3	青岛	崂山国家森林公园	崂山区国有崂山林场	7466.67
4		灵山湾国家森林公园	黄岛区国有环海林场	666.67
5		珠山国家森林公园	黄岛区柳花泊街道办事处	4000.00
6	淄博	原山国家森林公园	淄博市国有原山林场	1705.87
7		鲁山国家森林公园	淄博市国有鲁山林场	4133.33
8		峨庄省级森林公园	淄川区峨庄乡人民政府	6800.00
9	枣庄	抱犊崮国家森林公园	山亭区国有抱犊崮林场	666.67
10	东营	黄河口国家森林公园	垦利区孤岛、利津县国有一千二林场	50933.33
11	烟台	昆嵛山国家森林公园	烟台市国有昆嵛山林场	4733.33
12		罗山国家森林公园	招远市国有罗山林场	480.00
13		长岛国家森林公园	长岛县国有长岛林场	5700.00
14		艾山国家森林公园	蓬莱市国有艾山林场	2578.67
15		龙口南山国家森林公园	龙口市南山集团公司	949.00
16		山东招虎山国家森林公园	海阳市招虎山森林公园管理局	1762.70
17		山东牙山国家森林公园	栖霞市国有牙山林场	10140.00
18	潍坊	沂山国家森林公园	临朐县国有沂山林场	6466.67
19		仰天山国家森林公园	青州市国有杨集林场	2400.00
20		山乐昌乐寿阳山国家森林公园	昌乐寿阳山森林公园开发建设管理委员会	2006.00
21	济宁	尼山国家森林公园	曲阜市国有尼山、石门寺林场	590.00
22	泰安	泰山国家森林公园	泰安市国有泰山林场	12000.00
23		徂徕山国家森林公园	泰安市国有徂徕山林场	9000.00
24		腊山国家森林公园	东平县国有腊山林场	723.00
25		牛山国家森林公园	肥城市国有牛山林场	3000.00
26		山东新泰莲花山国家森林公园	新泰市国有莲花山林场	2164.00
27	威海	刘公岛国家森林公园	威海市国有刘公岛林场	247.53
28		槎山国家森林公园	荣成市国有槎山林场	106.67

续表

序号	名称		行政区域建设单位	面积（公顷）
29	威海	双岛国家森林公园	环翠区双岛林场	2477.30
30		伟德山国家森林公园	荣成市林业局	8362.40
31		岠嵎山国家森林公园	乳山市国有岠嵎院林场	1204.00
32	日照	日照海滨国家森林公园	东港区国有大沙洼林场	788.67
33		五莲山国家森林公园	五莲县林业局	6800.00
34	莱芜	莱芜华山国家森林公园	莱城区国有华山林场	4603.33
35	临沂	孟良崮国家森林公园	沂南县国有孟良崮林场	800.00
36		蒙山国家森林公园	蒙阴县国有天麻林场	3675.87
37	聊城	东阿黄河国家森林公园	东阿县黄河森林公园管理处	2446.33
38	滨州	鹤伴山国家森林公园	邹平市国有鹤伴山林场	480.00

资料来源：https://wenku.baidu.com/

2. 国家湿地公园

山东地处黄河下游，境域东临海洋、西接大陆，全省共有近海及海岸湿地、河流湿地、湖泊湿地、沼泽湿地、库塘湿地 5 大类 23 种湿地类型，湿地资源十分丰富。目前，山东区域内建有国家湿地公园 64 处（见表 2-9-2）。

表 2-9-2　山东省国家级湿地公园

序号	名称	所在地区
1	微山湖旅游区	山东省微山县
2	滨州秦皇河水利风景区	山东省滨州市经济开发区
3	少海风景区	山东省胶州市区东南侧
4	白云湖旅游区	山东省济南市章丘区明水城区
5	唐岛湾景区	山东省青岛西海岸新区
6	山东马踏湖国家湿地公园	山东省淄博市桓台县起凤镇
7	东昌湖旅游区	山东省聊城市
8	东明黄河国家森林公园	山东省菏泽市东明县
9	枣庄市月亮湾旅游区	山东省枣庄市山亭区城头镇

续表

序号	名称	所在地区
10	山东潍坊白浪河国家湿地公园	山东省潍坊经济开发区
11	山东泰安汶河国家湿地公园	山东省泰安市
12	山东王屋湖国家湿地公园	山东省胶东半岛西北部
13	山东黄河玫瑰湖国家湿地公园	山东省济南市平阴县
14	山东禹城徒骇河国家湿地公园	山东省德州市禹城市
15	山东潍坊禹王国家湿地公园	山东省潍坊市寒亭区
16	山东夏津九龙口国家湿地公园	山东省德州市夏津县
17	麻大湖景区	山东省滨州市博兴县
18	山东曹县黄河故道国家湿地公园	山东省菏泽市曹县城西魏湾
19	山东茌平金牛湖国家湿地公园	山东省聊城市茌平区
20	山东九龙湾国家湿地公园	山东省枣庄市
21	山东博山五阳湖国家湿地公园	山东省淄博市博山区
22	山东蟠龙河国家湿地公园	山东省枣庄市薛城区
23	山东金乡金水湖国家湿地公园	山东省济宁市金乡县
24	山东济西国家湿地公园	山东省济南市长清区
25	山东莒南鸡龙河国家湿地公园	山东省临沂市莒南县
26	山东东阿洛神湖国家湿地公园	山东省聊城市东阿县
27	山东寿光滨海国家湿地公园	山东省寿光市
28	山东黄河岛国家湿地公园	山东省滨州市无棣县
29	山东钢城大汶河国家湿地公园	山东省济南市钢城区
30	莒县沭河国家湿地公园	山东省日照市莒县
31	山东单县浮龙湖国家湿地公园	山东省菏泽市单县浮岗镇
32	山东滨州小开河国家湿地公园	山东省滨州市
33	山东牟平沁水河口国家湿地公园	山东省烟台市牟平区
34	山东肥城康王河国家湿地公园	山东省泰安市肥城市
35	山东武河国家湿地公园	山东省临沂市罗庄区
36	山东德州减河国家湿地公园	山东省德州市
37	山东安丘拥翠湖国家湿地公园	山东省潍坊市安丘市

续表

序号	名称	所在地区
38	山东云蒙湖国家湿地公园	山东省蒙阴县
39	山东汤河国家湿地公园	山东省临沂市河东区
40	山东沂水国家湿地公园	山东省临沂市沂水县沂水镇
41	山东临朐弥河国家湿地公园	山东省潍坊市青州市
42	山东垦利天宁湖国家湿地公园	山东省东营市垦利区
43	山东台儿庄运河国家湿地公园	山东省枣庄市台儿庄区
44	山东曲阜孔子湖国家湿地公园	山东省曲阜市尼山镇
45	山东峡山湖国家湿地公园	山东省潍坊峡山生态经济发展区
46	山东滕州滨湖国家湿地公园	山东省滕州市滨湖镇
47	山东日照两城河口国家湿地公园	山东省日照市东港区
48	山东成武东鱼河国家湿地公园	山东省成武县
49	山东诸城潍河国家湿地公园	山东省潍坊市诸城市
50	山东昌邑滨海国家湿地公园	山东省潍坊市昌邑市
51	山东泗河源国家湿地公园	山东省济宁市泗水县
52	山东莱州湾金仓国家湿地公园	山东省烟台市莱州市
53	山东邹城太平国家湿地公园	山东省济宁市邹城市
54	山东日照西湖国家湿地公园	山东省日照市东港区
55	山东日照付疃河口国家湿地公园	山东省日照市经济技术开发区
56	山东威海五垒岛国家湿地公园	山东省威海市南海新区
57	山东高密胶河国家湿地公园	山东省潍坊市高密市
58	山东沂南汶河国家湿地公园	山东省临沂市沂南县
59	山东东平滨湖国家湿地公园	山东省泰安市东平县
60	山东兰陵会宝湖国家湿地公园	山东省临沂市兰陵县
61	山东乐陵跃马河国家湿地公园	山东省德州市乐陵市
62	山东浚河国家湿地公园	山东省临沂市平邑县
63	山东齐河黄河水乡国家湿地公园	山东省德州市齐河县
64	山东日照西湖国家湿地公园	山东省日照市东港区

资料来源：www.maigoo.com

3. 国家地质公园

山东因受生物、气候、地域等因素影响，土壤呈多样化特征，共有 15 个土类、36 个亚类、85 个土属、257 个土种，适宜于农田和园地的土壤主要有潮土、棕壤、褐土、砂浆黑土、水稻土、粗骨土 6 个土类的 15 个亚类，其中尤以潮土、棕壤、褐土的面积较大。当前，山东共建有世界 / 国家级地质公园 14 处（见表 2-9-3）。

表 2-9-3　山东省国家地质公园

序号	名称	所在地区	等级
1	山东东营黄河三角洲国家地质公园	东营市	国家级
2	泰山世界地质公园	泰安市	世界级
3	山东沂蒙山世界地质公园	临沂市	世界级
4	山东沂源鲁山国家地质公园	淄博市	国家级
5	山东长山列岛国家地质公园	烟台市	国家级
6	山东五莲县五莲山—九仙山地质公园	日照市	国家级
7	山东山旺国家地质公园	潍坊市	国家级
8	邹城市峄山风景旅游区	济宁市	国家级
9	山东青州国家地质公园	潍坊市	国家级
10	山东诸城恐龙国家地质公园	潍坊市	国家级
11	山东昌乐火山国家地质公园	潍坊市	国家级
12	熊耳山国家地质公园	枣庄市	国家级
13	山东莱阳白垩纪国家地质公园	烟台市	国家级
14	枣庄熊耳山—抱犊崮国家地质公园	枣庄市	国家级

资料来源：www.maigoo.com

4. 国家自然保护区

山东近海海域占渤海和黄海总面积的 37%，滩涂面积占全国的 15%。近海栖息和洄游的鱼虾类达 260 多种，主要经济鱼类有 40 多种，经济价值较高、有一定产量的虾蟹类近 20 种，浅海滩涂贝类百种以上。目前，山东建有国家级自然保护区 8 处（见表 2-9-4）。

表 2-9-4　山东省国家级自然保护区

序号	名称	等级
1	山东昆嵛山国家森林公园	国家级（1982 年建区）
2	山东东营黄河三角洲国家地质公园	国家级（1990 年建区）
3	长岛国家级自然保护区	国家级（1982 年建区）
4	山旺古生物化石国家级自然保护区	国家级（1980 年建区）
5	马山国家级自然保护区	国家级（1993 年建区）
6	滨州贝壳堤岛与湿地国家级自然保护区	国家级（1999 年建区）
7	荣成大天鹅国家级自然保护区	国家级（1982 年建区）
8	山东黄河三角洲国家级自然保护区	国家级（1992 年建区）

5. 国家 5A 级旅游景区

截至 2021 年年底，山东区域内国家 5A 级旅游景区 13 家，分布在济南市、青岛市、枣庄市、东营市、烟台市、潍坊市、济宁市、泰安市、威海市、临沂市（见表 2-9-5）。其中烟台市、威海市、临沂市各有 2 家国家 5A 级旅游景区。济宁市正全力推动微山湖旅游区创建 5A 级旅游景区，全速推进项目建设，持续提升服务能力，确保相关工作按照时间节点高标准有序推进。

表 2-9-5　山东省国家 5A 级旅游景区名单

序号	名称	所在地区	评审年份
1	泰山风景区	泰安市	2007 年
2	烟台蓬莱阁（三仙山八仙过海）旅游区	烟台市	2007 年
3	曲阜明故城（三孔）旅游区	济宁市	2007 年
4	青岛崂山风景区	青岛市	2011 年
5	刘公岛	威海市	2011 年
6	烟台龙口南山景区	烟台市	2011 年
7	天下第一泉景区	济南市	2013 年
8	台儿庄古城	枣庄市	2013 年
9	沂蒙山旅游区	临沂市	2014 年

序号	名称	所在地区	评审年份
10	青州古城	潍坊市	2017 年
11	威海华夏城景区	威海市	2017 年
12	萤火虫水洞·地下大峡谷旅游区	临沂市	2020 年
13	黄河口生态旅游区	东营市	2020 年

6. 国家文化公园

山东区域内拥有黄河、长城、大运河三大国家文化公园资源，是考古、革命文物等资源大省。山东省文化和旅游厅、省委宣传部联合印发《文物保护利用"十大工程"实施方案》，通过"十大工程"突出特色，实施一批黄河流域、齐长城、大运河遗产的保护、考古和展示项目，为国家文化公园建设打下坚实的基础（见表 2-9-6）。下一步，将组织专家实地调研、搭建沿线各市、县（市、区）交流学习平台、创新组织策划各项活动、推动大项目落地等方式，深入挖掘国家文化公园承载的内涵精神，讲好山东故事。目前，山东区域内围绕黄河、长城、大运河沿线各地开展的国家文化公园活动共计 200 多项，内容涵盖群众文化活动、艺术创作、节庆赛事、旅游休闲、体育活动、会展论坛、宣传推广等类别。今后，将进一步推动国家文化公园深入走近大众，与公众的精神文化生活深度融合，成为每一个中国人集体认同的国家文化记忆。

表 2-9-6　山东省国家文化公园推进情况

国家文化公园	建设现状	完成时间
黄河口国家文化公园	《黄河口国家公园创建方案》印发	2035 年
长城国家文化公园（山东段）	《长城国家文化公园（山东段）建设保护规划》印发	2035 年
大运河国家文化公园（山东段）	《大运河国家文化公园（山东段）建设保护规划》印发	2035 年

资料来源：http://whhly.shandong.gov.cn/

（三）建设进展

2021 年，在自然保护地整合优化上，山东按照建设黄河口国家公园的目标定位和总体思路，在确保自然生态系统原真性、完整性的前提下，对黄河口各类自然保护地及周边区域开展自然生态资源调查评估和保护地整合优化。黄河口国家公园整合优化了山东黄河三角洲国家级自然保护区等 8 个自然保护地，规划总面积 3500.10 平方公里，其中陆域面积 1338.35 平方公里，占38.24%，海域面积 2161.75 平方公里，占 61.76%。目前，山东省自然保护地整合优化预案已先后经省政府常务会议、省委常委会会议审议通过，并按要求上报自然资源部、生态环境部和国家林草局。

在生态修复、维护生物多样性方面，山东遵循"尊重自然、顺应自然、保护自然"的生态文明理念，坚决落实"重在保护，要在治理"的要求，推进国家公园区域生态修复，同步开展黄（渤）海候鸟栖息地保护和申报世界遗产工作。积极协调健全国家公园和自然保护区生态补偿省级财政支持保障制度，2019 年以来，争取中央和省级财政资金重点支持保护区生态修复，先后投资 5.3 亿元在黄河口国家公园区域开展 9 个生态修复项目，为黄河口国家公园的创建打下了坚实的基础。

山东推动黄河、大运河、齐长城国家文化公园建设列入省"十四五"规划、新旧动能转换重点项目，策划推出大运河国家文化公园（山东济宁）建设工程、德州水韵德风生态综合体、京杭运河聊城段文化旅游产业综合体等项目，促进齐长城、大运河国家文化公园（山东段）沿线城市文化旅游产业快速发展。强力推进曲阜"三孔"、泰山古建筑群、明府城等重大文物项目活化和保护利用，快速推进齐河博物馆群、泉城中华饮食文化小镇、章丘明水古城等沿黄文化旅游重点项目建设。推动"天下第一泉景区"、黄河口生态旅游区等 5A 级旅游景区建设，为黄河文化旅游带建设奠定了坚实的基础。

2021 年，山东加大推动力度，召开长城国家文化公园建设现场会。颁布长城、大运河、黄河国家文化公园（山东段）建设保护规划。修订制定黄河相关配套法规规章，完成大运河文化遗产保护条例相关立法研究等工作。建立齐长城国家文化公园、黄河文化旅游带项目库，推动重大项目建设。推进数字再现工程，逐步构建长城、大运河、黄河国家文化公园"一张图"。打造齐长城国家文化公园形象标识体系。开展课题征集，推出一批科研成果。扩大宣传展示，讲好长城、大运河、黄河故事。

2020年，山东共贴息支持沿黄地区15个重点文旅项目2962万元，完成投资近110亿元。省财政筹集260万元，对符合条件的5个长城山东段项目予以贷款贴息扶持；依托齐长城世界遗产廊道和沿线文旅资源，打造"齐长城文化旅游带"，有序开发齐长城沿线原山、鲁山溶洞群等8家国家4A级旅游景区和牛记庵、五阳湖等17家3A级旅游景区。在文化遗产管控保护方面，将黄河、大运河、齐长城沿线纳入检查和整治重点，持续开展文物法人违法案件专项整治行动。不断加大黄河流域文化遗产保护力度和优秀传统文化传承弘扬力度，曲阜优秀传统文化传承发展示范区、齐文化传承创新示范区建设快速推进，尼山世界文明论坛、世界儒学中心影响力不断扩大。制定2020年大运河非遗保护行动计划，开展大运河国家文化公园、国家文物保护利用示范区相关工作。指导齐长城沿线有关地市做好相关点段遗址保护方案、保护修缮工程方案的编制工作，实施大运河文物本体保护修缮、展示利用工程。争取国家专项保护经费1745万元，以不改变文物原状和最小干预为原则，对齐长城博山风门道关、两平段和淄川城子段等进行修缮。此外，为全面深化文旅融合发展，持续培育"水浒故里""平安泰山""鲁风运河"等文化旅游品牌。围绕黄河"一廊四区多点"空间布局，培育主题鲜明、布局合理的儒学研学之旅、黄河记忆乡愁之旅等7条黄河精品旅游线路，打造"黄河入鲁""黄河古风""黄河入城""黄河入海"等黄河旅游品牌。组织实施产业融合发展示范评定，对达标的单位予以重点培育和倾斜，目前已有台儿庄大运河文化和旅游产业园等4个大运河单位申报创建单位。丰富齐长城文化游、考古游等产品内容和旅游新业态，开展"齐长城徒步游"等活动，推动齐长城保护与旅游经济效益实现"双赢"。

三、存在的问题

当前，山东区域内国家公园建设取得了积极进展，但也存在诸多问题，主要有以下几个方面。

（一）总体推进力度不强，与山东大省地位不相称

山东是全国经济大省、人口大省、资源大省、文化大省、教育大省、旅游大省，与国家公园建设相关的自然资源和文化资源极其丰富，其中许多具有全国性乃至世界性价值。山东建设国家公园、国家文化公园的基础极其丰厚。以国家文化公园建设为例，在已经进入国家建设视野的长城、大运河、长征、黄河、长江五大资源中，与山东相关的就有 3 个。所以无论从哪个方面讲，山东都应该在国家公园建设进程中走在前列、担当重任，在顶层设计、规划编制、管理体系设计构建、市场主体培育、标准制定等方面先行先试，采取创新性的举措为全国国家公园建设做出表率、积累经验，形成国家公园建设的"山东实践"和"山东模式"。目前，山东区域内国家公园建设进度、强度、力度、深度与山东大省地位不相称。

（二）研究深度不够，诸多重大理论问题需进一步厘清

在世界范围内，国家公园建设不是新事物。但对我们国家来讲，国家公园建设尚处在起步阶段。特别是国家文化公园建设，属于我们国家首创，在世界上没有先例。没有理论的厘清，就没有实践的创新。在这样的背景下，加强对国家公园、国家文化公园理论方面的研究就显得尤为迫切和重要。比如国家公园和国家地质公园、国家湿地公园、国家森林公园、国家自然保护区等之间是什么样的关系？如何实现它们之间的资源整合？国家文化公园的内涵、特征、建设路径是什么？应该采取什么样的体制实现对国家公园的管理？如何界定国家、省级、市级、县级政府、企业在国家公园建设中的权利和义务？如何解决国家公园建设中的跨区域合作问题？如何处理保护、开发和利用之间的关系？这些深层次的问题不解决，思想和观念就不能统一，国家公园建设就不能顺利推进。

（三）资源整合力度不够，空间范围界定不清晰

一是资源底数尚不清晰。按照国家公园的准入标准，山东省哪些资源或

区域符合国家公园的建设标准，可以准备或者开展国家公园建设？目前还没有形成准确的资源清单。二是保护地体系交叉重叠。国家公园既是一种新生事物，同时又与原有的保护地体系有着千丝万缕的联系。国家公园的资源本底来源于众多保护地，包括国家自然保护区、国家森林公园、国家地质公园、国家湿地公园、国家矿山公园、国家重点风景名胜区、国家水利风景区等多种类型，各级政府在设立这些生态保护地的时候，目的也不完全一样，有些以保护为主，有些更偏重开发利用，这与国家公园"严格保护基础上的合理开发利用"不尽相同。在国家公园建设中，必须对这些资源进行重新梳理、整合、优化，对现有的生态保护区进行取舍。三是边界界定不清晰。科学界定空间边界是国家公园建设的基础性工作，由于国家相关文件没有明确规定国家公园的空间边界明确标准，各省（区）在制定规划时出于各自目的，存在边界界定不科学的问题。2020年3月，山东省人民政府办公厅印发《关于建立以国家公园为主体的自然保护地体系有关事项的通知》，要求摸清资源本底，完善边界数据，构建科学合理的自然保护地体系。特别要求，对区域交叉重叠、保护管理分割、破碎化严重的保护地提出整合优化意见，对同一自然地理单元内相邻、相连的保护地提出归并重组意见，对未纳入自然保护地范围的重要生态系统、自然遗迹、风景名胜资源和重要保护物种集聚区域等提出纳入意见，做到应保尽保，确保自然保护地保护面积不减少、保护强度不降低、保护性质不改变。但从目前情况看，这项工作的进度需要加快。

（四）建设资金需求体量巨大，渠道相对单一

国家公园核心功能是保护自然生态和文化遗产不受损害。与国外不同，我国的国家公园要承担保护传承、研究发掘、环境配套、文旅融合、数字再现等建设职责。要实现上述目标，需要数额巨大且可持续的资金支持。2017年9月出台的《建立国家公园体制总体方案》中规定：建立财政投入为主的多元化资金保障机制。立足国家公园的公益属性，确定中央与地方事权划分，保障国家公园的保护、运行和管理。中央政府直接行使全民所有自然资源资产所有权的国家公园支出由中央政府出资保障。委托省级政府代理行使全民所有自然资源资产所有权的国家公园支出由中央和省级政府根据事权划分分别出资保障。加大政府投入力度，推动国家公园回归公益属性。在确保国家公园生态保护和公益属性的前提下，探索多渠道多元化的投融资模式。从中可以看到，与发达国家国家公园运营主要靠财政支持不同，我国国家公园建设资金采取的是中央和地方共担的方式。地方仍然是项目建设资金的主要承担方，地方财政压力巨大，经费渠道多元化的资金保障机制尚没有建立起来。

（五）存在重保护、轻利用的倾向

我国国家公园建设坚持"严格保护基础上的合理开发利用"原则，其中问题的核心是合理开发利用的边界在哪里。从山东省和其他各省的实践看，一定程度上存在重保护、轻利用的倾向。大多数关于国家公园的各类相关文件和规划中"旅游"被刻意规避。然而，国家公园毕竟是一些自然禀赋和历史遗存较好的区域，对国内外游客有着强大的吸引力，因此，国家公园的旅游活动是国家公园的功能特性所决定的，国家公园的发展与旅游活动并行不悖，并不意味着国家公园即为完全圈禁的保护地，不允许任何旅游活动的存在。2017 年中共中央办公厅、国务院办公厅出台的《建立国家公园体制总体方案》中提出要"严格规划建设管控，除不损害生态系统的原住民生产生活设施改造和自然观光、科研、教育、旅游外，禁止其他开发建设活动"。这在一定程度上理顺了国家公园生态保护与开展旅游活动的关系。如何在严格保护的前提下，最大限度地发挥国家公园的辅助功能，特别是旅游功能，需要我们深入思考和创新推动。

四、建设展望及对策建议

随着国家相关政策的进一步明确、细化、强化，可以预见，山东省国家公园建设将步入快速推进阶段。在这个进程中我们有大量工作要做。归纳起来，有以下几点。

（一）加强理论研究，攻克难点问题

对我们来讲，国家公园是新生事物，需要解决的问题很多，需要研究清、

研究深、研究透。为此就必须充分动员学界、业界和政府部门的力量，集中力量攻克理论难题，为山东省国家公园建设奠定坚实的理论基础。一是组建山东省国家公园建设专家智库。吸纳各个学科领域的顶尖专家，集中力量进行研究，为政府决策提供理论基础和科学建议。二是鼓励国家公园科学研究。在各相关部门设立的科学研究项目中设置国家公园建设专项课题，或者加大立项比重和资助经费数额，广泛动员和鼓励社会各界参与国家公园建设方面的研究。三是组建山东省国家公园建设联盟，政府部门、企业、院校各方参与，形成山东省国家公园建设的强大合力。

（二）强化资源整合，合理界定边界

从国外国家公园建设经验看，国家公园空间范围不宜过大，否则会造成功能区过于分散、设立目的相互冲突、与行政区划交叉重叠等诸多问题。应通过与中央、与地方协商、科学论证等方式，将国家公园的空间面积确定在科学合理的范围。一是制定《山东省国家公园建设资源清单》。按照国家制定的国家公园建设标准，加快区域内本底资源普查和论证，本着准确合理的原则，尽快制定形成《山东省国家公园建设资源清单》，在此基础上，分批分期确定规划和建设周期。二是对现有自然保护地体系进行整合优化。对区域内国家自然保护区、国家森林公园、国家地质公园、国家湿地公园、国家矿山公园、国家重点风景名胜区、国家水利风景区等进行整合优化，摸清资源本底，对区域交叉重叠、保护管理分割、破碎化严重的保护地进行整合优化、归并重组。在推进该项工作时，应特别注意省级统筹，从全省生态文明建设和国家公园整体布局的大局出发，最大限度地避免部门、地方各自为政。三是落实落细落地国家公园系列技术规范。在国家公园建设中，中央出台了《建立国家公园体制总体方案》《关于建立以国家公园为主体的自然保护地体系的指导意见》。随后，有关部门又发布了《国家公园设立规范》《国家公园总体规划技术规范》《国家公园监测规范》《国家公园考核评价规范》《自然保护地勘界立标规范》5项国家标准，为国家公园建设提供了技术指南和依据。对山东省来讲，一方面要加快推动这些方案、标准落实落地，用它们来指导和规范山东省国家公园建设，另一方面要结合山东省实际，对这些方案和标准要进一步细化，探索制定不违背国家标准，同时又符合山东省实际的详细方案和标准，探索构建国家公园"山东标准""山东方案"。

（三）统筹资金来源，形成强大合力

建设国家公园是我国生态环境保护的一次重大改革，要实现国家公园既定的功能，需要巨额资金投入。《建立国家公园体制总体方案》已经确立了财政投入为主的多元化资金保障机制，并对中央和地方的事权划分、各自的支出保障做了原则性规定。但在实践中，这些原则规定如何落实需要我们不断去研究和探索。另外，方案提出：在确保国家公园生态保护和公益属性的前提下，探索多渠道多元化的投融资模式。要吸引社会资本和市场资本进入，就必须充分考虑这些资本的利益诉求，进一步完善国家公园建设中的市场化运作机制，如特许经营的范围、方式、细则等。只有政策明晰可靠，社会资本和市场资本才会进入、才敢进入。一是设立政府投资基金。国家公园建设是一项长期工程，涉及面广，资金需求量大，既属于支持基础设施和公共服务领域，也属于支持新兴产业发展内容，符合设立政府投资基金的要求，可考虑通过设立政府投资基金，确保国家公园建设可持续发展。在这方面，江苏省已经有了很好的探索。2019 年 1 月，成立了全国首个大运河产业发展基金——江苏省大运河文化旅游发展基金，发行了国家文化公园地方债券。二是探索生态保护补偿制度。加大重点生态功能区转移支付力度，健全国家公园生态保护补偿政策。鼓励受益地区与国家公园所在地区通过资金补偿等方式建立横向补偿关系。加强生态保护补偿效益评估，完善生态保护成效与资金分配挂钩的激励约束机制。鼓励设立生态管护公益岗位，吸收当地居民参与国家公园保护管理和自然环境教育等。三是完善社会参与机制。在国家公园设立、建设、运行、管理、监督等各环节，以及生态保护、自然教育和科学研究等领域，引导当地居民、专家学者、企业、社会组织等积极参与。鼓励当地居民或其举办的企业参与国家公园内特许经营项目。建立健全志愿服务和社会监督机制。依托高等学校和企事业单位等建立一批国家公园人才教育培训基地。尽快制定出台国家公园特许经营实施细则，明确社会资金参与的范围、原则、标准、机制，让它们愿意来、进得来、能出去。

（四）创新管理体制，理顺权责关系

任何一项重大改革的推进，必须以构建科学有效的管理体制为基本前提。只有这样，才能实现责权利的有效统一，才能做到职责清晰、责任明确、流程规范。就国家层面来讲，《建立国家公园体制总体方案》已经确立了"统一事权、分级管理"体制，明确规定：建立统一管理机构，分级行使所有权，构建协同管理机制，建立健全监管机制。就山东省层面来讲，《山东省国家公园管理办法》也对山东省区域内国家公园管理体制做出了规定。比如明确规定：省政府设立国家公园管理机构，实行与国家林业和草原局（国家公园管理局）双重领导、以省政府为主的管理体制；国家公园管理机构统一履行园区内自然资源管理、生态保护修复、特许经营管理、社会参与管理和宣传推介等职责。国家公园所在地设区市政府负责协调、推动落实国家公园保护、建设和管理工作。通过这些工作，国家公园管理体制的整体框架已经搭建起来，但要在实践中将原先分散在多个部门、条块分割的职责统一起来，建立集中统一的管理模式，难度很大，还有大量的工作要做，需要各级各部门创新工作思维，采取创新性的举措加以推进。

第三篇
案例分析

　　"创新"是引领山东文旅发展的第一动力,也是推动文旅高质量发展的澎湃动能。2021年山东以激活创新潜能为手段,以精品意识为引领,不断推动文化和旅游产业提质增效、赋能升级,发展新动能持续释放,在文旅企业数字化转型、乡村旅游赋能乡村振兴、创建全域旅游示范区等方面涌现了诸多典型,这些好经验、好做法,对推动山东文化和旅游产业创新高质量发展具有很好的借鉴作用。

省属文旅企业数字化转型案例

——一部手机游山东

于 庆

疫情是对文旅企业生产经营的考验，也是转型升级的契机。事实证明，搭乘"数字快车"，加速向数字化、智慧化发展，是文化和旅游产业应对疫情的重要途径。2021年，由山东文旅集团所属山东文旅云智能科技有限公司承建和运营的"好客山东 云游齐鲁"智慧文旅平台（一部手机游山东）正式上线，打造了山东文旅的"总入口、总出口""新引擎、新大脑"，并以平台为依托，在智慧文旅、沉浸式互动项目、元宇宙及产业互联网等领域全面布局。一部手机游山东为山东省属文旅企业推进数字化转型蹚出了新路子。

一、基本情况

2020年12月24日，经山东省委、省政府重点部署，山东省文化和旅游厅批准，由山东文旅集团、海看网络科技（山东）股份有限公司、深圳市腾讯产业创投有限公司、山东省财金集团共同出资组建山东文旅云智能科技有限公司（简称"文旅云"）。文旅云全面负责"好客山东 云游齐鲁"智慧文旅平台（一部手机游山东）的承建和运营。一部手机游山东致力于打造山东文旅的"总入口、总出口""新引擎、新大脑"，全面破局"数字孤岛""信息烟囱"等问题，统筹推动"省、市、县、企"四级涉文、涉旅数据、资源、生产、消费和传播的全链条数字化转型升级，持续推进山东文化和旅游产业"1+N"

数字化体系建设。同时，以平台为依托，深入探索 5G、大数据、北斗技术、GIS、数字孪生、人工智能、VR/AR 等技术在文化和旅游产业的研发和应用，在智慧文旅、沉浸式互动项目、元宇宙及产业互联网等领域全面布局。

截至目前，"好客山东　云游齐鲁"智慧文旅平台先后荣获第一届中国新型智慧城市创新应用大赛特等奖、第三届山东省数据应用创新创业大赛数字经济赛道第一名、山东省数字文化创新创业大赛二等奖、2021 年度省级大数据创新应用解决方案、2021 年度山东省大数据创新应用场景、山东省 2021 省属企业数字化转型试点示范项目等荣誉，并先后被列入山东省"十四五"规划、2021 年山东省政府工作报告、山东省 2021 年重大项目名单、山东省新基建重点项目名单、山东省数字经济重点项目、《山东省新基建三年行动方案（2020—2022 年）》《山东省文化旅游融合发展规划（2020—2025 年）》《关于加快推动山东省文化和科技深度融合的实施意见》等。

二、主要做法

（一）着力打造"一部手机游山东"

"好客山东　云游齐鲁"智慧文旅平台充分利用互联网、5G、大数据、云计算、AI、区块链、NFT 等先进技术，发挥山东省文化和旅游产业资源优势，推动"文化＋旅游＋科技"融合创新发展，实现游客与居民旅游体验自由自在、政府旅游管理服务精准高效、文化和旅游产业生态开放共赢。

平台核心构成包括"一中心四平台"，即山东智慧文旅融合大数据中心、国内外游客智慧服务平台、政府综合监管服务平台、文旅企业综合服务平台、全域文化创意产业平台，多维赋能文旅资源数字化、旅行体验智慧化、行业监管在线化、文旅企业智能化、文旅产品精品化。平台一期（山东智慧文旅融合大数据中心、国内外游客智慧服务平台）已于 2021 年 4 月上线，平台二期正稳步推进中。

（二）加速拓展智慧文旅细分应用领域

公司以"好客山东　云游齐鲁"智慧文旅平台为核心，延伸拓展平台型领域、深入开拓智慧文旅场景，打造"一云多端"体系，通过多平台发力，精准锁定用户，提高平台使用频率，做大平台流量流水，建设好管道式盈利模式。

在平台型领域，充分发挥省级平台的定位优势、经验优势和技术积累，围绕文旅相关的领域，为省直部门及各地市目的地输出建设智慧文旅平台，并深入到大文旅及关联空间的垂直领域，开发运营专精平台。截至目前，已先后推出山东智慧研学平台、山东文旅惠民消费券官方发放平台、旅行社分销平台等。

在智慧文旅场景领域，深入研究文旅领域的场景、痛点，依托公司技术能力和资源整合能力，实现对关联主体诸如智慧景区、智慧酒店、智慧文博场馆、智慧城市、智慧校园等提供智慧化改造、数字化转型的技术赋能与方案输出，承接开发建设集成及相关运营服务。截至目前，已先后推出智慧工会——惠心卡项目、实景物联项目、好客山东一码通、"山东手造 优选100"与山东手造线上商城项目、云游齐鲁票仓房仓系统、云游齐鲁商城等。

（三）稳步推进"1+N"数字文旅体系建设

作为山东省重大项目、山东省新基建项目，平台将通过系统化工程，在政府端、企业端、用户端三端发力，打造山东智慧文旅新型基础设施的支撑体系，为山东文化和旅游产业转型升级提供新生动力。在山东省文化和旅游厅的指导下，将通过横向互联、纵向互通，稳步推进"1+N"山东文旅数字化体系建设，即以"好客山东 云游齐鲁"智慧文旅平台（省平台）为基础，纵向互联互通国家文旅部（文物局）平台、省市县三级智慧文旅平台、省直文旅系统细分领域服务平台，横向连接省级各厅局涉文涉旅平台数据、各商业平台涉文涉旅数据。通过"1+N"体系完成涉文涉旅数据全面汇聚山东文旅融合大数据中心，实现对政府侧监管、企业侧赋能、用户侧服务的全面应用。

三、解决的行业痛点

山东省拥有"好山好水好文化"的优质文旅资源以及强大的经济基础，

文化和旅游产业发展的潜力巨大。但在长期发展中，存在优势资源向优质文旅产品的创造性转化不足、文旅服务场景的智能便捷化体验不足、文化和旅游产业的在线化数字化转化不足等问题。虽各地重视信息化建设，但是智慧文旅建设普遍存在进度不一、平台不一、技术不一的情况，存在平台互相割裂、数据沟通不流畅、数据资源利用率不高、平台建设标准缺失、制度规范不健全等问题。总体来看，呈现"碎片化、低端化、封闭化"的特征，"数据烟囱""数据孤岛"的现象未能有效打破。公司通过建设"好客山东　云游齐鲁"智慧文旅平台，并全面推进山东智慧文旅应用场景创新，以"数据化、系统化、融合化"破局"碎片化、低端化、封闭化"，全面赋能政府端、企业端、游客端的效能升级，进一步激活产业发展活力、释放文旅消费动力。

四、应用成效

（一）全面监管文旅企业

面向 G 端，打造了山东文旅智慧大脑，即"一中心"——山东智慧文旅融合大数据中心，实现政府管理精准高效。针对各地信息化建设进度不一、平台不一的短板，从省域层面引导资源优化配置，推进地市县平台"能接尽接、能连尽连"，将文化、旅游、文物等相关资源平台、监管平台等数据进行汇总整理，有效破除数据烟囱、打破信息孤岛。

截至目前，已接入诸如景区、文化场馆、酒店、旅行社、导游等山东文旅全要素，可对 295 家景区实现 2289 路实时视频监控，完成景区监测、产业经济、文旅资源、客情分析等数据可视化，实现"一张图看山东管山东"，完整刻画山东省文化和旅游产业整体情况，对政府产业规划提供精准指导。"山东文旅融合大数据中心"已是山东省委、省政府、省文旅厅应急或假日调度的必备工具。

（二）多维服务文旅企业

面向 B 端，实施精准减负兴企。采用"零佣金"策略，助力企业拓销、减负，吸引酒店、景区、文博场馆 20000 余家进驻平台。着力推进诚信监管平台建设，以动态长效评价机制开展文旅企业信用评价，还将联合金融机构，创建山东智慧文旅科技基金，提供便捷授信贷款业务，助力文旅企业纾困发展。

以科技赋能企业运营管理。引进 5G、北斗、虚拟现实、人工智能等新技术，为天下第一泉、天蒙景区、微山湖风景区等提供智慧解决方案，在现有设施基础上进行改造升级，有效提升了文旅企业数字化水平，丰富了产品和服务体系，有助于提升管理效能、降低营销成本、提高客单价。

平台正逐步获得省委、省政府、省级部门的认可和支持。"好客山东 云游齐鲁"智慧文旅平台已成为山东省级文旅惠民消费券唯一指定发放平台，发放 5000 万元的惠民消费券，对于疫情下艰难运营的文旅企业来说将形成有效助力，更惠民利民、更精准纾困、更安全规范、更有效刺激消费、更带动内需。

（三）有效提升全域智慧旅游体验

面向 C 端，推进平台打通和资源整合，打造"一平台"——资讯最全、资讯最鲜、资源最多、最懂山东的国内外游客智慧服务平台，实现"一机在手 畅游山东"，更有利于传播"好客山东"品牌、讲好山东文旅故事。

目前平台基本汇聚山东食、住、行、游、购、娱等全文旅资源要素，接入山东省景区、酒店、民宿、文博场馆等 2 万余家，实现一站畅玩，游客可 5 秒完成预订酒店、门票、餐饮等。16 城市"数字名片"专题频道，便于游客快速检索各地旅游资源。截至目前，平台累计服务 600 余万人次。

优化了全环节的服务功能。已具备预约入园、全景 VR、智慧导览等 13 大类功能，实现游前、游中、游后环节全覆盖，满足游客不同阶段的需求。出游前，查阅咨询、出行攻略，提前观看 VR 全景、景区直播、智能规划，提前预订景区门票，预约场馆活动，预订酒店服务；出游中，使用智能导览、智能客服、智慧停车、智慧文旅项目、智慧园区体验游览、扫码购物等；出游后，互动点评、海报分享、投诉建议等。

提升游客智慧旅游体验。以"手绘地图＋精准导航＋语音讲解"三位一体形式的智慧导览，方便游客快速获得路线导引，不走重复路，游客可根据所处位置实时获享景点语音讲解，提高游览效率和质量，同时方便快速寻找景点、餐馆、洗手间、景区出口等，解游客燃眉之急。通过"线上购票＋景区人脸识别"的组合拳，实现游客快速入园，缩短等待时间，减少聚集时间。

惠民活动刺激文旅消费。先后推出"英雄山东"红色旅游景区专题、"暑期嗨游"亲子消夏专题、"1元专享 惠游齐鲁"秒抢全省景区门票、红叶节、滑雪季、文旅惠民消费季、寻味山东年、我为家乡添福气、山东手造评选等各类主题活动，刺激文旅消费。

五、借鉴意义

（一）打造全省联动的智慧旅游平台

立足于旅游目的地管理，构建"好客山东 云游齐鲁"智慧文旅平台，盘活全身一盘棋，打造省域文旅消费的"总出口""总入口"，为"好客山东"品牌提供可落地、可变现的产业载体，为山东人游山东和省际旅游提供一个涵盖游前、游中、游后的官方智慧文旅平台。目前，文旅云公司正按照省委、省政府部署积极推进文旅资源"应接尽接""应连尽连"，积极推进智慧文旅平台及文旅企业融入省级"云游齐鲁"平台体系中来，共享一机游价值。

（二）构建资源整合的文旅生态体系

致力于推动 G 端政府侧、B 端企业侧和 C 端用户侧的转型升级，不断做优文旅生态体系。明确不做 OTA，做 CTM（文化旅游生态）；不赚佣金，赚服务费。对消费者而言，不杀熟、无套路，开展惠民活动让利游客；对企业而言，不收佣金、减负运营，诚邀山东文旅企业入驻；对于政府而言，当好帮手、做好参谋。文旅云公司已与腾讯、深大智能、力石科技、飞思达科技、中鼎天下、联通等优秀科技供应商开展交流合作，整合产品、技术、智力资源，优化平台功能，让消费者爱用、文旅企业愿用、政府职能部门管用。

（三）产学研合作提高科研成果转化水平

积极承担科研项目，主动融入山东文化和旅游产业发展格局，依托"好

客山东　云游齐鲁"智慧文旅平台建设，参与1项国家重点研发计划、2项省级重点研发计划，这在文旅行业尚属首例。通过文旅科技课题研究，将提升技术科研实力、增强创新产品研发能力。目前依托于"好客山东　云游齐鲁"智慧文旅平台开展的实景物联、研学平台、惠工卡、惠民消费券发放平台、乡好露营等孵化项目有序推进，将有利于助力文旅行业探索更多新业态、新模式、新产品。先后与飞思达技术（北京）有限公司、山东大学、中国联通、海康威视等共建文旅大数据联合实验室、国内首家旅游行为实验室、5G+创新应用实验室、文旅物联大数据实验室等。已获得云游齐鲁平台软件、票仓房仓、分时预约和智慧导览等18项软件著作权和2项发明专利。成为山东省数字经济协会理事单位、山东省新型智慧城市发展促进会理事单位、山东省虚拟现实产业联盟会员单位，接连两年获批入库全国科技型中小企业。与山东财经大学、齐鲁空天信息研究院、泰山学院等开展校企合作，增强创新研发能力。携手国内32家顶级科研院校、头部科技企业，发起成立山东文旅科技融合发展联盟，打造科创高地。年内还将争创文旅部重点实验室，申请创立省级技术标准中心，持续加强科研力量和科研投入。

六、推广性

（一）智慧文旅平台的推广性

目前，日照、烟台、威海、泰安、临朐、单县等市县已建设了各种类的C端应用平台，全省绝大多数市县未建设文旅大数据中心与G端监管平台，多数市县尚未建设C端用户应用平台。此外，各市县平台还存在着"重建设、轻运营""只展示、不服务"等功能单一、运营困难等问题，已建平台多数不具备订单能力和支付能力，无法有效服务市民群众和游客。部分可实现用户消费闭环的平台受限于区域资源，市场化运营效果有限，运营主体无法实现独立运营。依托"好客山东　云游齐鲁"智慧文旅平台，正在推进各行业省级、地市级、区县级已建或拟建智慧文旅平台纳入其中，实现"横向到边、纵向到底"，共享大数据价值、共享平台价值。目前已和多个省级文旅平台、地市文旅平台实现初步沟通。

（二）智慧解决方案的推广性

目前，文旅云公司依托"好客山东　云游齐鲁"智慧文旅平台，已先后为山东省文化和旅游厅、山东文旅集团、沂山、微山湖、天蒙、天下第一泉、泰山学院等提供服务，覆盖文旅政务智慧化、智慧停车场、智慧导览、智慧工会、智慧校园、争创5A级旅游景区智慧化解决方案等方面，有效提升三端（政府端、企业端、游客端）体验，丰富山东全域旅游数字化管理手段和营销方法，让更多主体在山东文旅场景中充分感受智慧化的便捷和美好。

（三）前沿或细分领域业态产品的推广性

文旅云公司非常关注前沿技术的研究及转化，当前研究领域包括：四维实景沉浸式旅游体验、元宇宙、虚实结合互动、数字藏品、隐私计算等，这些关键技术的研发和应用，将解决数据共享、文旅产品创新等难题，后续将针对科研转化成果进行推广或通过 SaaS 化部署实现软件轻量化普及。

第二章

乡村旅游赋能乡村振兴案例
——泰安市九女峰片区

王丽丽

　　九女峰片区位于泰山西麓，包括 19 个行政村、1.3 万人。由于地处穷乡僻壤，交通闭塞，截至 2016 年，还有 3 个省级贫困村，1 个市级贫困村。而如今，昔日贫困村，旧貌换新颜，里峪、八楼和东西门 3 个村，分别荣获了中国最美乡村、国家森林乡村、全国旅游重点村等荣誉称号，其中"故乡的云"和"故乡的月"项目也成为知名的网红打卡点。"看得见青山，望得见绿水，留得住乡愁，嗅得到炊烟，闻得见鸡鸣。"这幅"富春山居图"让人流连忘返。它来自山东文旅集团首个签约并投入建设的乡村振兴项目——位于泰山西麓的九女峰乡村振兴示范区项目。这个项目的经验做法被总结为山东省乡村振兴齐鲁样板三种典型模式之一。

一、基本情况

　　2018 年 3 月 8 日，习近平总书记在参加十三届全国人大一次会议山东代表团审议时，就推动乡村产业振兴、人才振兴、文化振兴、生态振兴、组织振兴作出重要指示，强调山东"要充分发挥农业大省优势，打造乡村振兴的齐鲁样板。"

　　从 2019 年开始，山东省委农办、省农业农村厅、省财政厅在全省启动乡村振兴齐鲁样板示范区创建工作。通过示范区创建，积极为山东省推进乡村振兴探索新机制、新模式、新路径，为打造齐鲁样板创造经验、树立典型。2021 年正值三农工作全面向乡村振兴推进的第一年，山东坚定扛牢农业大省责任，把实施乡村振兴战略作为新时代"三农"工作总抓手，聚焦农业强、农村美、农民富，不断强化措施、勇探新路，健康有序推动"五个振兴"，泰安市岱岳区道朗九女峰片区就是其中的优秀代表。

在泰安市岱岳区九女峰片区 50 多平方公里的范围内坐落着 19 个行政村，有村民 1.3 万人，就在几年以前，受制于偏僻的地理位置、闭塞的交通以及经济上的贫困，许多年轻人选择外出打工，有的行政村里一度只剩几十户村民，而且大多是 60 岁以上的老人。2018 年，当地政府把 19 个村规划为"九女峰乡村振兴片区"，现如今农房变客房、农村变景区，还在半山腰上建起了网红书吧、咖啡厅，已经成为省内外游客向往的"网红打卡地"。

二、发展路径

（一）政府主导，围绕全域旅游发展方向，引导乡村旅游产品集聚发展

泰安市政府一直积极推动"泰山旅游时代"到"山城旅游时代"再到"旅游目的地时代"的跨越发展。2014 年 8 月，省政府将"平安泰山"列入全省十大文化旅游目的地品牌，为泰安市旅游目的地建设带来了新的契机。泰安市把泰山区、岱岳区、泰山景区、旅游经济开发区、徂汶景区、高铁新区作为平安泰山主体景区，全力打造旅游目的地。

2016 年，是"十三五"的开局之年，也是泰安市进入旅游目的地时代的元年，泰安市确定了"建设以平安文化为主题、以休闲度假为主要功能的中外著名旅游目的地体系"的发展路线图，标志着泰安市旅游业进入全域旅游发展的新时期。泰安市将加快乡村旅游的"点、片、带、面"发展，重点打造环城游憩带乡村旅游发展精品亮点，培育一批乡村旅游示范镇、示范村，引导乡村旅游产品集聚发展，九女峰片区即为泰安市重点培育的两个乡村旅游发展聚集地之一，也是打造环泰山旅游度假带的重点区域。

（二）顶层设计，明确集聚片区发展定位，确立总体目标与主要思路

2016 年，为了促进九女峰片区的发展，岱岳区道朗镇政府聘请山东省旅游工程设计院编制了《九女峰乡村旅游集聚区旅游发展总体规划》。规划以"旅游+"为路径，围绕泰安市全域旅游战略和岱岳区片区战略的实施，立足"泰山九女峰"的区位和资源优势，以"泰山人家"为品牌统领，以打造中高端泰山乡村度假地为目标，整合山、水、村、林、果等多种资源，集中连片开发，提升发展质量，完善旅游发展体系，打造山东省最大的乡村旅游集聚区，形成山东省乡村旅游集中连片开发的示范模式；突出绿色发展、统筹发展的思想，旅游推动生态环境体系优化、带动乡村发展模式提升，打造山东省"贯穿生态理念、实践绿色发展、推进区域转型、实施精准扶贫"的试验区和旅游带动乡村转型发展的示范区。

规划确立的九女峰发展模式为："绿色的全域化乡村旅游升级发展模式"——以乡村绿色发展为方向，以旅游创新发展为动力，以综合统筹（协调、共享）为手段，以乡村经济、社会、文化、生态整体构建为目标，最终实现全域优化发展（见图 3-2-1）。

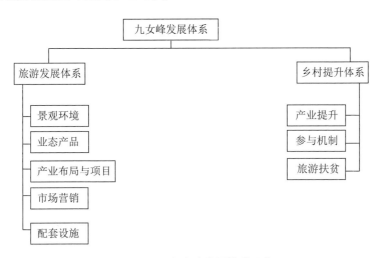

图 3-2-1　九女峰发展模式示意

（三）党建引领，同心同行科学决策，串珠成链形成发展共同体

九女峰片区 19 个行政村有 3 个省级贫困村，1 个市级贫困村，普遍存在交通不便、土地贫瘠等问题，一度成为当地经济发展的"阿喀琉斯之踵"。消除贫困，让山区群众一同走上致富路，加强党建是唯一选择。2018 年 8 月，泰安市区党委决定成立九女峰"党建联盟"党总支，由一名副镇长任联盟党总支书记，将各个党支部联结起来，共同科学民主决策，集中力量招商引资，盘活整个片区，带动村落发展。联盟率先修建了连接山里山外的柏油路，增强了可达性，加大了招商引资力度。鲁商九女峰乡村振兴有限公司、山东乐惠生态农业发展有限公司等企业相继入驻，泰山茶溪谷、巴富洛生态农业、德莱美草莓王国等在道朗镇扎下根。资本如水，让九女峰生机盎然。各村开始纷纷兴办民宿、农家乐等。"党建联盟"将农民利益放在第一位，平衡各方利益，追求共赢局面，发起成立九女峰乡村振兴产业发展有限公司，实行产业规划、开发、推介三统一，统筹片区内各类资源进行整体开发。

（四）国企下乡，重塑三生空间，打造乡村振兴样板片区

2018 年 9 月，鲁商乡村发展集团有限公司组建成立，提出聚合旗下商贸及电子商务、健康、文旅等优势业态，共同打造乡村振兴鲁商样板片区的思路。九女峰项目是山东文旅集团首个签约并投入建设的乡村振兴项目，计划总投资 20 亿元，涉及 19 个村、1.3 万人。项目聘请国内著名规划设计团队进行整体规划设计，对 19 个村的"三生空间"（生产、生活、生态）进行重塑，整个片区分三期完成，一期项目主要包括里峪、八楼、东西门三个村庄，实现企业投资 3 亿多元，政府配套基础设施投资 2 亿多元，已建设完成山东省乡村振兴研究院、"故乡的云"民宿、九女峰书房、"故乡的月"、八楼氧心谷民宿、户外越野赛道、拓展中心等项目。二期计划投资 7 亿元，打造亲子康养度假区，建设泰山名贵中草药产业园、童话村和康养社区。三期项目计划投资 10 亿元，打造道朗城镇副中心，建设未来社区、医院、学校、商业街区等项目。

（五）引凤还巢，原乡人、归乡人、新乡人共同助力打造乡村美好生活

九女峰片区按照"一村一品，一村一韵"的设计理念，将19个村变身各具特色的"网红村"，通过多业态创新发展，建构了消费新场景，串成"美丽经济链"，使绿水青山真正成为看得见、摸得着的金山银山。激活原乡人，助力原乡人创收，通过紧密型利益联结机制，拓宽收入渠道，提供就业，保障利益；吸引归乡人，提供创业机会，促进外出打工的村民返乡创业，开办农家乐、超市等，以创业代替就业；引进新乡人，提供在地生活方式体验，吸引外来游客、旅居人群消费、创业，提供智力支持。道朗镇就曾打造"九女峰新时代新知青创业联盟"，组织了20余个创业团队。

统计资料显示，2020年，九女峰片区19个村人均可支配收入18600元，比2017年可支配收入15006元增长24%；片区19个村实现村集体收入262.13万元，比2017年160.31万元增收101.82万元，增长63.5%。农民的居住环境改善了，天然气、污水处理系统通过来了，生活更便捷了，村居更美了。

（六）美丽蝶变，广受媒体关注和社会认可，成为乡村振兴实践基地

目前，泰山·九女峰乡村振兴项目已荣获山东省乡村振兴齐鲁样板示范区、中国文旅融合示范奖，入选2020年山东省新旧动能转换重大优选项目、泰安市重点项目、泰安市乡村振兴示范区；被评为"山东人游山东"最值得期待的旅游目的地、乡村旅游目的地，取得山东省首张"一业一证"改革试点行业综合许可证，复旦大学马克思主义学院将九女峰列为实践研究基地。

《人民日报》以"山东乡村振兴澎湃新动能"为题，点赞了九女峰导入国有资本、创新机制破解涉农主体融资难题的做法，"文旅融合发展 助力乡村振兴"的做法被财政部总结为山东省乡村振兴齐鲁样板三种典型模式之一；九女峰书房及其休闲配套设施获2020 AIA设计奖，被中华全国总工会授予"职工书屋"称号，"故乡的云"民宿荣获第三届IAI国际旅游奖、《旅·城》年度精品酒店奖、最值得期待文旅项目、中国最具影响力美宿50强等荣誉称

号，八楼氧心谷、"故乡的云"民宿获评省级首批五星级民宿；项目所在地的里峪村入选第六届"全国文明村镇""2020年全省乡村旅游重点村（精品旅游特色村）"，八楼村入选第一批"国家森林乡村"及首届"2020年中国乡创地图乡村振兴示范村"，东西门村入选第二批"全国乡村旅游重点村"及"2020年全省乡村旅游重点村（精品旅游特色村）"。

三、借鉴意义

（一）"乡村文旅＋田园康养＋667"经验模式

九女峰项目的经验模式具体而言，就是以新型城镇化为背景，以乡村振兴为抓手，以三产融合为内核，立足济南城市群客源市场，聚焦产、学、养、游四大核心产业，按照"一轴、一带、两心、两区、三组团、多节点"的结构进行整体规划。

其中"667"是指"六进村六能七变"，把集团的教育、康养、精品旅游、智慧零售等优势产业导入乡村，打造"能吃、能住、能玩、能购、能让群众富起来、能让村集体有收入"的发展模式，实现"农村变景区、农民变股民、农舍变客舍、劳动变体验、劳力变人才、资源变资本、产品变礼品"的发展目标，促进农业高质高效、乡村宜居宜业、农民富裕富足。

（二）创新机制，破解涉农主体融资难题

在九女峰山区开发建设中，政府资金投入基础设施建设，国有资本导入产业，民营资本竞逐项目，构建要素自由流动、资源高效配置的运行机制。

泰安市及岱岳区党委、政府领导协调，项目公司与有关部门分工协作，集中用力，重点突破。政府部门统筹各种资金、资源，项目公司发挥产业和运营优势，共同为建设九女峰片区增砖加瓦。九女峰片区已引入扶贫资金、国家农村综合性试点试验改革资金、环境综合治理资金、水利设施建设等各类项目资金，做到"多个渠道进水、一个龙头出水"。其中，政府资金主要投入基础设施建设，国有资本主要投到产业项目上。

数据显示，连续几年，岱岳区政府持续投入九女峰片区各项资金1.2亿

元，片区内各村实现"三通"、完善污水处理、生态处理配套设施、建成高标准旅游观光路；鲁商乡村发展集团利用里峪村、八楼村、东西门村国家农村综合性试点试验改革资金 2346 万元，采取代建代营的方式建设九女峰综合服务中心，形成资产归 3 个村，由九女峰公司运营 20 年，平均每年可以为 3 个村增收 70 余万元，村集体收入有了长期保障。

（三）搭建平台，共享与赋能同步，形成产业闭环

搭建平台，蓄能赋能。接受各个端口资金、政策、智力、产业、创新、大数据等要素的输入汇聚，实现资源保有量的最大化；对各个村进行高起点规划设计、优质产业植入、先进运营体系等落地项目支持，实现资源价值的最大化。

通过乡村振兴齐鲁样板研究院，搭建智慧平台。聚合政、产、学、研、媒各方资源，打造具有国企特色、省内领先、全国知名的乡村振兴服务品牌，成为齐鲁样板展示平台、乡村振兴训战基地、战略发声中心、社会资源对接中枢，为政府、社会各界和市场主体提供乡村振兴一站式服务、全流程解决方案。

项目协同，九女峰片区按照各村的特色，为每个村子，选取不同的文化主题，形成丰山村的"大美丰山"、大王村的"灵秀大王"、北张村的"花田北张"、朱洼村的"红色朱洼"、里峪村的"春天里峪"、八楼村的"氧心八楼"、东西门村的"青秀东西门"等各具特色的主题村落板块。另外，九女峰片区吸引 20 余家工商资本进驻，先后建立起了泰山茶溪谷、猪猪农场、草莓王国、泰山仙草谷、泰山桂花园、乐惠农业、龙腾拓展中心等多个产业项目，村落片区与产业项目之间相互合作、功能互补、资源共享，形成九女峰内部文化和旅游产业闭环。

创建全域旅游示范区案例
——蓬莱、沂南、齐河

高 伟

全域旅游是指将全区域作为完整旅游目的地，统一规划布局，优化公共服务，推进产业融合，加强综合管理，实现集群发展，全民共建共享，以旅游休闲业带动经济社会全面协调可持续发展的一种模式。近年来，山东省坚持新发展理念，紧紧围绕解决发展不平衡不充分的矛盾，把创新、协调、绿色、开放、共享发展要求贯穿到全域旅游工作各环节、各方面。坚持以人民为中心，以人民群众满意为最高标准，发现美丽、创造幸福、分享快乐，为人民群众创造高品质的旅游休闲环境，不断增强人民群众的获得感、幸福感。山东省青州、曲阜、崂山、荣成、沂南、蓬莱、齐河、章丘8个县（市、区）被评为国家全域旅游示范区，数量在全国并列第一。这里以沂南、蓬莱、齐河三地为例，以点带面，力图描述山东在创建全域旅游示范区工作中的经验和成效。

一、案例一：蓬莱

（一）基本情况

蓬莱素有人间仙境的美誉，历史悠久、文化深厚、生态优良、资源富集，是国内著名滨海旅游目的地，拥有国家级旅游度假区1处、5A级旅游景区2家、4A级旅游景区3家，全国重点文物保护单位5处。先后荣获中国优秀旅游城市、国家历史文化名城、全国休闲农业与乡村旅游示范县等荣誉称号。2019 年创建为首批省级全域旅游示范区，2020 年 12 月创建为第二批国家级全域旅游示范区。

（二）发展路径

蓬莱是传统旅游城市，也是国内著名滨海旅游目的地。全域旅游时代，要求蓬莱必须摆脱标志性传统景区的"屏蔽效应"，从景区景点向全空间、全业态拓展，以寻求本地资源价值的多元体验转化，满足游客的多元消费诉求。兴于蓬莱阁，却不囿于蓬莱阁。在强化这个品牌优势的基础上，也要让千年古阁下的蓬莱旅游绽放新的光彩。近年来，蓬莱全域旅游建设开启了"产业提档"和"转型升级"的新篇章。依托滨海资源和丘山葡萄酒庄集群，海陆并进，城乡互融，布局新业态，研发新产品，构建"滨海度假 + 山地休闲"的空间体验格局，打造"丘山微醺"生活方式，树立了传统知名旅游目的地向精品化、全域化转型升级的"蓬莱模式"。

（三）借鉴意义

蓬莱以"全域旅游"为总抓手，以产业转型升级为目的，加快旅游供给侧改革，着力提升文化旅游发展质量和城市品牌形象的持续努力。新业态赋能，山、海、城交融，自然与文化辉映，游览与体验同行，蓬莱文化旅游已然实现质的飞跃。

1. 全域打造

蓬莱作为国家历史文化名城、国家全域旅游示范区，新产品、多业态的融汇让全域布局更加优化。近年来，蓬莱改变以蓬莱阁为主的单一景区布局，打造南部"山林泉"，中部"酒湖马"，北部"仙海阁"板块，南部重点布局艾山、温泉、滑雪、康养体验项目；中部打造丘山谷葡萄酒休闲体验区，整合拉菲珑岱、苏格兰、逃牛岭等葡萄酒庄及木兰沟美丽乡村资源，深度打造葡萄酒文化体验之旅；北部发挥蓬莱阁、三仙山·八仙过海、海洋极地世界、欧乐堡等现有景区的溢出效应，建设戚继光故里、宝龙·海上仙街等文旅商街，建成 11 家星级饭店、3 家文化主题饭店、10 家度假酒店、20 余家精品民宿，旅游功能和休闲体验进一步丰富。在蓬莱，从仙阁到蓝海，从城市到乡村，自然与文化交相辉映，传统与时尚相辅相成，游览与体验缤纷多姿，多种休闲产品富集于此，一个主题鲜明、产品丰富、层次清晰的旅游产品和服务体系已然形成。

2. 多业融合

近年来，蓬莱着力改变以单一旅游形态为主导的旅游产业结构，推动优势产业融合发展，构建起以旅游为平台的复合型旅游产业格局。围绕"旅游+文化"，落实习近平总书记视察蓬莱重要指示精神，打造戚继光纪念馆、海上丝绸之路博物馆，建立全国一流、独具特色的胶东党性教育基地，编演历史京剧《戚继光》，弘扬戚继光民族精神。打造全国中小学生研学实践教育基地1处、省级4处，开发"传仙境神韵""中国传统船舶科学探究"十大精品研学课程。围绕"旅游+葡萄酒"，依托世界七大葡萄海岸和中国葡萄酒名城两个品牌，建成以十八公里葡萄长廊、丘山山谷、南干山谷及平山河谷为代表的"一带三谷"乡村旅游集聚区，建成24个旅游酒庄，营造"丘山微醺"生活体验，实现"田园变葡园、资源变资产、农民变股民"，造福4个镇街，致富10万群众，有效推动了乡村振兴建设。围绕"旅游+体育"，组织开展葡萄酒马拉松赛、篮球赛等体育赛事。连续举办四届的蓬莱国际葡萄酒马拉松赛，每年吸引近万名参赛选手和游客来蓬。

3. 叫响品牌

蓬莱旅游部门、旅游企业立足"八仙"、海洋、海上丝绸之路等文化资源，结合中秋、开海、丰收等热点，推出一系列富有特色的主题活动，不断提升城市形象和热度指数。每年持续举办"蓬莱八仙文化旅游节""葡萄酒休闲旅游季"等品牌节事活动，策划四季旅游产品，适应不同消费群体需求，开发研学游、亲子游、葡萄酒旅游、红色旅游等10条主题产品。深化城市形象宣传，做到权威媒体上有声音、新媒体上有热点。出台优惠政策，"走出去"推介，拓展省内及国内市场，实现城市影响力的持续提升。运转"蓬莱阁""八仙过海"两项"中国驰名商标"，对外品牌输出10多项。

4. 优化环境

实现综合交通"快进""漫游"，机场、动车、高速、港口串联海陆空大交通。以蓬莱阁等重点景区为带动，通过画河景观廊道、十八公里葡萄长廊、艾山旅游观光通道，串联海陆和城乡，实现全域发展。建立蓬长"双管双控"机制，实现岛外停、岛内游。旅游集散中心和咨询中心运行规范，全域标志导览完善健全。实施旅游厕所革命，4家4A级以上旅游景区全部建设第三卫生间。推行智慧化管理，在全省县级率先建设智慧旅游大数据中心，开发个性化行程定制、多语种语音导览、VR虚拟体验等功能体验，实现"一部手机玩转蓬莱"。蓬莱拥有省内最大的单体主题酒店蓬莱国际饭店，正在建设的五星级开元旅游度假酒店，与星级酒店、文化主题酒店和特色民宿一起，满足不同旅游群体的接待需求。

5. 强化监管

发挥"行业＋社会"综合监管叠加效应，在全省最早成立旅游市场综合监管办公室，创新推行"116"多部门联动的监管模式，建立诚信经营"红黑榜"，构建"双十百"社会监督体系，不断规范全域旅游新秩序。发挥蓬莱阁、八仙过海旅游有限公司等品牌企业标准化示范作用。举办农（渔）家乐争创星级党员示范户活动，建立文明诚信经营"红黑榜"，加强行业自律。

二、案例二：沂南

（一）基本情况

沂南县地处八百里沂蒙腹地，是智圣故里、红嫂家乡，是沂蒙精神的重要发源地。境内山峦叠翠、水碧天蓝，沂、汶、蒙三河汇流，竹泉、温泉北方少有，红色文化、历史文化厚重，素有"烟水之胜，轶于江南""山东小延安"的美誉。目前，全县建成A级旅游景区21家，其中4A级旅游景区5家、3A级旅游景区8家、全国红色旅游经典景区1家、全国乡村旅游重点村2个，先后获评全国休闲农业与乡村旅游示范县、全国旅游标准化示范县，列入首批国家级旅游业改革创新先行区、文化和旅游部政策法规司调研联系点，2019年获评山东省首批全域旅游示范县，2020年12月成功创建为国家级全域旅游示范县。

（二）发展路径

沂南县地处沂蒙山区腹地，是一个资源状况一般的传统农业县。这个县从 2007 年开始大力发展旅游产业，经过多年的不懈努力，实现了旅游业从小到大的跨越式发展，走出了一条依托旅游业带动县域经济发展的新路子。近年来，沂南县依托"红、绿、古、泉"资源优势，以"宜业、宜居、宜游"建设为目标，聚力整合、创新融合，统筹推进旅游与县域经济社会协同发展。从"竹泉村"引爆到朱家林田园综合体产业集群的形成，沂南摆脱资源限制，以发展乡村旅游、红色旅游，助力乡村振兴，形成了乡村振兴—县域崛起的"沂南经验"，为农业大县提供了乡村旅游带动乡村振兴的样板，为红色资源富集区域提供了红色旅游带动红色基因传承可复制的经验，为经济欠发达区域提供了区域化突破带动全域化提升的"沂南实践"。

（三）借鉴意义

沂南县依托"红、绿、古、泉"资源优势，围绕"宜业、宜居、宜游"建设的目标定位，走出了一条"党政统筹、融合创新、全域共建、主客共享"的全域旅游发展之路，其主要成功经验体现在"五个坚持"，即坚持党政统筹领导、坚持融合创新引领、坚持服务体系建设、坚持品牌创新引导、坚持共建共享共赢。

1. 坚持党政统筹领导

把旅游业作为县域四大主导产业，牢固树立"抓旅游就是抓发展"的理念。一是突出党政统筹，强化领导发展能力。将全域旅游纳入"一把手"重点工程，建立县长任总召集人的旅游联席会议制度，在政策、资源、设施等方面整合捆绑集中攻坚。二是突出"多规合一"，提高科学发展引力。编制全域旅游发展规划，落实旅游规划与土地利用、城镇建设、生态保护等"多规合一"，强力支持全域旅游连片开发和基础设施建设。三是突出机制创新，增进持续发展活力。建立县级领导任总指挥的 8 个旅游项目指挥部，专班协调项目建设问题，创新"1+5+N"综合监管模式，提升旅游市场综合治理效能。四是突出政策支持，构建兴旅合力。将旅游与脱贫攻坚、美丽乡村、田园综合体开发等有效衔接，整合住建、水利、交通等部门资金资源向旅游倾斜。设立旅游发展专项基金，成立国有融资平台，先后为5家景区以及生态大道申请低息贷款。探索马泉休闲园点状供地、松山温泉低丘缓坡、新立村土地入股、竹泉村村企合作等旅游供地模式。

2. 坚持融合创新引领

一是资源整合，促进产品规模化供给。发挥智圣故里、红嫂家乡文化资源优势，打造诸葛亮文化旅游区、红嫂家乡旅游区，带动文化价值外溢、效用倍增。其中红嫂家乡旅游区投资7.6亿元，建成集红色旅游、党性教育、影视拍摄等多功能于一体的红色主题旅游区，全面启动5A级旅游景区创建工作。二是产业融合，促进产业要素化供给。打破旅游自循环，推进"旅游+"跨界融合，文旅融合方面，引进泰山领军人才项目生态剧场《沂蒙四季》和沂蒙红色研学旅行营地。创新"非国有博物馆＋景区"模式，编制国保单位大青山战斗突围遗址保护规划。策划诸葛亮文化区与北寨汉墓、汶河湿地、卧龙山整合提升，打造汉文化主题聚集区。深入推进农旅融合，打造马泉休闲园等体验型休闲农业项目，朱家林田园综合体、渔乐高湖国际垂钓小镇、安德鲁项目正在建设。以研学旅行打开教旅融合突破口，沂蒙红色影视基地获评中国研学旅行教育实践示范基地、全国中小学红色研学教育基地，"中国梦、红嫂情"研学课程荣获国家级特等奖。成立10余家红色教育培训机构，接待研学团队1000余批次、学员6万余人次。工旅融合方面，形成电动车分时租赁、泉润休闲食品加工、崂山矿泉水等工旅融合项目。三是空间聚合，促进产品最大化供给。以景区为核心，16处旅游特色村为支点，旅游专线为纽带，以点带面，着力打造沂蒙泉乡旅游区、朱家林田园综合体等4处乡村旅游集聚片区，拉动精品民宿、休闲采摘、农家乐等全要素价值升级。四是市场联合，促进产品业态化提升。紧跟康养市场需求，布局松山温泉康养小镇，建成后将与旅居式养生场所天河养老服务中心、智圣汤泉旅游度假村、山乡颐养苑构建具有全国影响力的康养产业集群。引入体育赛事，创新体育旅游发展模式，红石寨成为全国唯一富有乡村特色的自驾游营地，每年举办露营节、健步行走、微型马拉松、山地自行车赛等赛事活动。

3.坚持服务体系建设

一是完善要素体系。培育星级酒店 6 家，引进连锁酒店 30 余家。推出柿子红乡伴理想村为引领的 10 大"沂蒙乡居"精品民宿，"红嫂宴""智圣宴"等特色主题宴席。培育徐公砚等 20 余种特色旅游商品。二是强化交通体系。实施西外环北通、泉重路、临沂快速路等道路工程，打造沂蒙生态大道、红色旅游专线等 4 条旅游精品线路，开通 4 条旅游专线公交。改造 190 余块旅游交通指示牌。三是优化智慧体系。建成全域旅游服务中心和旅游大数据中心。布局开发全景导览、智能讲解、数字孪生平台等智慧服务系统，实现线上线下融合互动。四是创新监管体系。文旅部门联合综合执法、市场监管等部门建立起 1+5+N 文旅执法体系，为游客提供安全、安心的旅游环境。五是健全管理体系。深化推进全国旅游标准化示范县建设，培养一支懂标准、用标准的人才队伍。引导景区＋管理公司、景区＋营销公司破解运营瓶颈。创新"三部一办一公司"开辟朱家林田园综合体管理新路径。

4.坚持品牌创新引导

以优质供给为基础，走品牌化发展路子，着力构建"向沂南·心怡然——智圣故里、红嫂家乡"县域品牌体系。一是构建政企互动营销体系。政府设立旅游营销专项资金开展精准营销，对接高铁市场，开展联合营销，先后赴江苏、上海等 20 余个客源市场推介。二是构建地域特色节庆体系。连续举办九届中国·临沂诸葛亮文化旅游节、十五届广场文化艺术节、两届朱家林农民丰收节等大型文化品牌活动，重点旅游景区形成新春庙会、温泉海浪节等常态化节庆品牌。三是构建立体多元渠道体系。建立传统新兴、线上线下宣传渠道，承办 CCTV《我的美丽乡村》走进竹泉村等活动，参加美丽乡村博鳌国际峰会等具有影响力的品牌年会。县领导带头走进临沂网络推介会直播间为沂南代言，全面宣传县域旅游品牌形象。

5.坚持共建共享共赢

践行"两山理论"，生态效益全面优化。先后投资 6 亿多元开展城乡生态环境整治、畜禽养殖整治，建设汶河、沂河湿地公园，生态环境持续优化。马泉村实施"生态修复"，白沙洲营造"山顶生态绿洲"，实现荒山变金山。实践为民情怀，社会效益充分体现。坚持旅游与城乡发展统筹推进，竹泉村、常山庄按照"建新保旧、腾笼换鸟、各取所需"思路，改善村民生产生活条件，带动了餐饮、住宿、旅游商品发展，实现了新农村建设和景区建设共赢。勇担振兴使命，扶贫效益成效卓著。乡村旅游活化贫困村各类要素，成为助推脱贫攻坚的新引擎，先后探索出"一区带四员""一地生四金"等五种旅游扶贫模式，沂南扶贫案例入选《2019世界旅游联盟减贫案例》，全国红色旅游扶贫培训班、全省美丽乡村建设现场会等先后在沂南召开。创新规划引领，围绕"一核五带八大综合体"旅游空间格局和"宜业宜居宜游沂南"发展目标，编制和调整上位规划，形成"宜游"定位下的"多规合一"。

三、案例三：齐河

（一）基本情况

齐河县位于德州市最南端，与省会济南隔黄河相望。齐河传统的旅游资源优势并不明显，2011年7月之前几乎没有旅游景区和业态，县域经济以传统农业和工业为主。2008年，齐河黄河北展泄洪区"解禁"，齐河举全县之力打造黄河生态城，先后引进投资超10亿元的重大旅游项目10余个，拉动齐河形成千亿元级的文化旅游产业集群。目前，齐河县拥有省级旅游度假区1个，国家A级旅游景区7家，其中4A级旅游景区2家，国家级湿地公园1处，国家级水利风景区2处。2020年，齐河县正式荣膺国家级全域旅游示范区和全国旅游标准化示范单位，齐河文化旅游开启新时代。

（二）发展路径

齐河在无自然名胜、历史古迹，传统旅游资源稀缺的情况下，立足优越的自然生态基础，依托特色的黄河文化风情，发挥紧邻济南的区位交通优势，积极对接客源地市场需求，以大项目的品质化、集群化开发为手段，通过持续性、突破性、颠覆式创新，构建起了全域旅游目的地产业体系，实现了突破性、跨越式、超常规发展，形成了以大项目建设撬动传统资源匮乏地区实现旅游业跨越式、高质量发展的新路径。

（三）借鉴意义

齐河县全域旅游发展成功经验主要体现在党政保障、龙头带动、市场引领、创新驱动、品质发展等方面，树立了特色鲜明的全域旅游"齐河样板"。

1. 党政保障

县委、县政府把全域旅游发展作为贯穿全局的"一号工程"，建立健全联席会议、专题会议、督查督办等工作机制，将全域旅游纳入全县年度考核，形成了"党政保障"全域旅游发展格局。始终坚持顶层推动，形成发展合力，尊重企业主体地位，秉持"项目区内不干预，项目区外全服务"的原则，把文旅项目纳入绿色通道，简化审批程序，保障快速落地，通过制定招商、稳商、扶商、富商等系列政策，为大项目策划、规划、审批、建设、运营等提供全过程"保姆式"服务。设立旅游产业发展专项资金和市场营销推广资金，通过购买、挖潜以及向上争取等多种方式，及时为文旅项目解决建设用地指标，有效破解了文旅大项目用地难题和建设瓶颈。另外，齐河还积极邀请国内知名文化旅游领域专家为齐河全县文化旅游发展把脉问诊、出谋划策，并探索明确下一步发展的路径和方向。齐河抓实、抓牢党政主导体制机制创新这一源动力，形成了独特的全域旅游发展模式，在旅游业界影响力不断提升。

2. 龙头带动

2008 年，国务院正式批复齐河县黄河北展区全面解禁，允许开发建设。齐河县抢抓机遇，依托黄河北展区得天独厚的生态环境和区位交通优势，做出了建设齐河黄河生态城的战略决策。齐河县在全域旅游发展中，一直突出龙头项目带动，坚持做大做强黄河国际生态城产品集群。从 2011 年泉城海洋极地世界建成，到 2014 年泉城欧乐堡梦幻世界开业、2017 年欧乐堡水上世界投入运营，再到 2021 年 9 月欧乐堡动物王国开园，以及中国驿·泉城中华饮食文化小镇、齐河黄河文化博物馆群、齐州国际大酒店等大项目的落地，黄河国际生态城实现了从"一个项目、一条路"到"一个集群、一大版块"的华丽嬗变，这些大项目的建成将为山东吸附京津冀和省会城市群客流量发挥巨大作用，并拉动全县形成了千亿元级的文化旅游产品集群。

3. 市场引领

针对"强区位、弱资源"的实际情况，齐河县在全域旅游发展中强调了市场引领的思路，根据市场需求精准供给优质产品。树立新的资源观，坚持多元化导入，做好结构性调整和优化。深度融入济南，放大省会城市群市场，完成环济南旅游经济带的"闭环"，积极对接京津冀城市群，形成"大旅游"格局。齐河县建立起"政企联手、区域联盟、上下联动"的文旅宣传推广机制，切实打响"黄河水乡、生态齐河"旅游品牌。连续 9 年在中央电视台、山东卫视等媒体黄金时段进行形象宣传。多频次承办山东省"六个一百自驾游行动"、"山东人游山东人"嗨游季、好客山东国际大学生文化旅游节等省级以上大型活动，定期举办 3D 城堡夜光幻影秀、文化和旅游惠民消费季、非遗购物美食节等节庆活动，接续举办了山东省第十届自行车挑战赛、动物王国狂欢嘉年华等 10 余项活动，成功开发了更多旅游目标客源市场。同时，与腾讯旅游合作"全域旅游·全景齐河"媒体大 V 齐河行，发起成立"京津冀鲁协同发展旅游城市联盟"，积极加入"黄河入海"旅游目的地营销、"好客山东"精品旅游线路，与其他热点城市共同打造特色鲜明的文化旅游目的地。

4. 创新驱动

齐河积极推动产品及业态的融合创新。以精品化、特色化、市场化为开发原则，加大产品创意和业态创新，放大齐河优势资源，以科技创新和数字化变革催生新的发展动能，推进"智慧+"、数字文化等战略，利用新材料、新工艺、新装备提高文化产品、旅游产品技术含量，高起点、高规格打造符合市场需求趋势的产品业态。同时，在业态融合上，以文旅融合为轴，赋能多元化旅游业态发展，在全县形成了旅游＋文化、旅游＋演艺、旅游＋体育、旅游＋教育、旅游＋交通、旅游＋康养、旅游＋工业、旅游＋农业、旅游＋特色小镇等十大产业融合业态。齐河博物馆群文化体验向纵深化发展，俄罗斯大马戏、非遗展演等旅游演艺品牌化发展，中国攀岩联赛、马拉松等赛事活动常态化开展，海底隧道夜宿、农场国学课等研学游向多元化发展，特色酒店集群为代表的会议会展产业向集群化拓展，高尔夫、医养健康小镇等康体养生产业向主题化转变，祝阿文化小镇、饮食文化小镇等特色小镇向"以景带城、以城带乡、景城人文"一体化发展，巨威房车等旅游装备向系列化研发，打造了齐河多元业态融合发展"新模式"。

5.品质发展

齐河非常重视优质旅游产品供给和产业要素的提档升级，着力推进文化旅游高质量发展。坚持以文铸魂、以旅兴业、文旅融合，做大做强黄河国际生态城，做精做特生态乡村体验游，加快完善现代文化旅游产业体系和公共服务体系，建设国内一流的高品质旅游目的地和黄河流域文旅融合高质量发展先行区。不断强化黄河国际生态城的"龙头"效应，涵养齐河的核心竞争力。黄河国际生态城内布局的旅游项目，都是大体量、大块头的"文旅航母"。泉城欧乐堡梦幻世界是中国北方规模最大、项目最齐全的大型主题乐园，泉城海洋极地世界是亚洲规模最大的单体室内海洋馆，黄河文化博物馆是全国建筑规模最大、历史跨度最长、建筑工艺最集中、传统建筑文化最完整的古建筑艺术博物馆群，泉城欧乐堡动物王国是山东省内首个生态型互动趣味性野生动物世界。同时，借势黄河国际生态城，积极推进"全景齐河"建设。大力发展乡村游、采摘游、农家乐等休闲旅游，打造了"一环两带多点"乡村游精品线路，培植省级旅游强乡镇、旅游特色村、农业旅游示范点、精品采摘园各 5 处，省级开心农场 2 处，省级乡村旅游培训基地 1 处，实现"百花齐放、多点开花"。围绕旅游配套服务发展和全域旅游格局建设，齐河县还实施了道路优化、厕所革命、饭店提升、旅游商品开发等行动，集中打造一批样板工程。产品和服务的提质升级，正让齐河旅游向着高质量发展大步迈进。

文化旅游融合发展示范案例
——曲阜市

高向华

曲阜市为鲁国故都，是东方文化重要发祥地，素有神农故都、黄帝生地、少昊之墟、商殷故都、周汉鲁都、孔子故里、东方圣城之美誉，是国务院首批公布的 24 个历史文化名城之一，相继荣获首批中国优秀旅游城市、中国研学旅游目的地、首批国家级全域旅游示范区，全省唯一"文化与科技深度融合"试点市、世界特色魅力城市、国家卫生城市、国家园林城市、国家级生态市、中国宜居宜业典范城市等殊荣。近年来，曲阜市紧紧围绕"文旅强市"的战略部署，"以文铸魂、以旅强体、以创兴城"，着力构筑文旅发展的新高地，搭建文旅共生共享的新平台，创新引领文化旅游在更高层次上实现高质量发展，构建了"中有明故城'三孔'景区、南有尼山圣境、北有文化国际慢城"的旅游发展大格局，走出了"文旅深度融合　创新引领发展"的旅游发展新路子。

一、基本情况

曲阜市文化底蕴深厚，旅游资源丰富，目前，全市共有 A 级旅游景区 12 家（其中 5A 级旅游景区 1 家、4A 级旅游景区 4 家、3A 级旅游景区 7 家）、星级酒店 4 家、旅行社 47 家、研学旅游基地 10 家，国家级夜间文化和旅游消费集聚区 1 处，全国乡村旅游重点村 2 处，省旅游强镇 8 家、旅游特色村

17 个，省级文化旅游度假区 1 处。全市共有 5 个国家级非遗项目、19 个省级非遗项目，国家级非遗传承人 2 人，省级非遗传承人 7 人，省级以上非遗项目数量位居全省县（市、区）首位。联合国教科文组织孔子教育奖颁奖、尼山世界文明论坛、国际儒学论坛等文化盛典在此举办，曲阜国际孔子文化节为中国最具国际影响力十大节庆活动之一。2019 年，曲阜市旅游景区游客接待量突破 800 万人次，同比增长 29.9%，其中"新三孔"之一的尼山圣境游客接待量达到 135 万人次。

近年来，曲阜市坚守文物保护红线，大力实施"文旅强市"发展战略，以强烈的文化"两创"担当、创新的产业发展理念，加快推进资源优势向产业和经济优势转变，探索推动中华优秀传统文化创造性转化和创新性发展新途径，逐渐走出了一条"依托文化发展旅游，借助旅游传承文化"的文旅融合创新发展之路。

二、发展路径

作为首批国家级全域旅游示范区，曲阜市始终将文化旅游作为支柱产业来培育，以创建国家优秀传统文化"两创"先行示范区和世界级旅游景区为目标，实施"文旅强市"发展战略，全力做好优秀传统文化研究阐发、传播交流、文化普及和转化创新"四篇文章"，充分发挥三孔景区的龙头带动作用，培育具有曲阜特色的经济增长极，持续激发高质量发展新动能，铸就了文旅融合的"曲阜"典范。

（一）创新传承，擦亮"孔府"金字招牌，新老三孔双剑合璧，打造文化旅游产业创新高地

曲阜是孔子故里，以三孔为代表的孔府文化是曲阜的标志性文化。曲阜市立足文化资源富集、特色鲜明的发展优势，以三孔景区为核心载体，深挖孔府文化元素，强化文化创意创新引领，做好"用孔府餐具、喝孔府家酒、吃孔府家宴、品孔府文化"大文章，在传统研学的基础上推出"孔府过大年"、孔子新六艺、孔府非遗体验、孔子研学旅游节等特色旅游活动，推动

孔府文化内涵常在常新。同时，为了构筑孔府文化发展新高地，搭建曲阜文旅融合发展新平台，建成孔子博物馆、尼山圣境、孔子研究院"新三孔"项目，积极推动文旅科技融合发展，开展科技文化深度融合改革试点，推出了《金声玉振》、"君子之道""孔子圣迹图数字化长卷"等创新项目。"老三孔"＋"新三孔"组合拳，擦亮了"孔府"金字招牌，铸就了文旅融合"曲阜"典范，奠定了曲阜世界文明交流互鉴高地的国际地位。

（二）项目带动，集群发展，打造曲阜特色的经济增长极，培育文化和旅游产业融合发展新高地

曲阜市坚持融合发展思路，以文化为统领，以大项目为支撑，积极探索传统文化的产业活化与现代重塑之路，谋划建设一批发展带动性强、成长性好、辐射面大的文化和旅游项目，建设完成了尼山圣境、孔子博物馆，全力推进尼山省级旅游民宿聚集区和尼山国家级旅游度假区创建，加快鲁源小镇、耕读书院、海洋世界、孔府花市、石门康旅慢城、中华研学营地、鲁国故城国家考古遗址公园、鲁商文旅城等一批重大文化旅游项目建设，着力引进一批大型文化旅游、休闲产业项目，打造了颇具规模的"A级旅游景区群"，构建了从"三孔"拜孔到尼山"学孔"再到慢城"儒客"的贯穿南北的儒家文化深度旅游大格局，大项目聚集效应正加速形成，走出了"文旅深度融合创新引领发展"的旅游发展新路子，在推动文旅深度融合、实现文旅高质量发展方面为国内同类地区提供了有益的示范。

（三）科技赋能，业态创新，丰富产品供给品质，引领文旅消费新升级

为了提升传统文化的生命力，提升文化旅游资源的整合度，曲阜市入贯彻落实文化"两创"方针，坚定不移走创新驱动发展道路，以深化文旅融合为引擎，充分发挥"创新、创意、创造"在文旅产品发展中的核心作用，通过丰富旅游产品业态，加快数字化文化和旅游产业发展，推动"文化＋互联网"新业态落地生根，高品质打造文创产品、夜游产品、研学产品、演艺产品四大新产品新业态，以产品创新引领文旅消费新升级。

1. 文创产品

积极扶持文创产品研发，建设阙里步行街、五马祠街、鼓楼南街等一批文化旅游购物街区，孵化壮大三孔文化旅游公司、尼山文化投资公司等一批文化企业，4件作品入选"天工开物·齐鲁匠心"首届省非遗文创大赛，曲阜"老三孔"景区推出文创雪糕、孔府印章等网红时尚产品，"曲阜市阙里宾舍有限公司"和"曲阜市琉璃瓦厂有限公司"两家单位成功入选山东省非物质文化遗产传承教育实践基地，大大丰富了曲阜文化旅游产品供给，叫响了"文创曲阜"品牌。文创产品发展迅猛，涌现出三孔文旅、尼山圣境、孔府印阁等一批龙头企业。其中，孔府印阁深耕印章市场，产品已占全国30%的市场份额。

2. 夜游产品

加快夜间经济发展，构建了"一城三区"夜间旅游发展格局，优化尼山圣境夜游，开发明故城、小沂河、蓼河夜游，培育一批高标准高品质的夜间经济示范区，建造明故城夜游经济示范区，发展沂河—蓼河夜游经济带，开发夜间美食购物休闲示范街区，推出无人机表演、烟火秀等娱乐休闲多类项目，完善尼山圣境夜游活动文化体验区，创新文旅融合发展模式，营造集故事性、参与性、体验性于一体的沉浸式文旅消费新空间，全面培育"夜游、夜购、夜食、夜宿、夜娱"五大夜游经济产业，打造了"夜游曲阜梦回圣城"品牌。

3. 研学产品

高境界打造"新三孔"（尼山圣境、孔子博物馆、孔子研究院），举办孔子研学旅游节，成立曲阜研学旅游联盟，出台标准规范，积极引导社会力量投身研学旅行市场开发，培育研学旅行基地，开发研学课程和产品，研学旅游蓬勃发展，成功荣膺中国研学旅游目的地，推进研学旅游向纵深发展，探索打造中国研学旅游"曲阜模式"。

4. 文化演艺产品

推出《金声玉振》《素王传奇》、开城仪式、晨钟暮鼓、祭孔展演、六艺乐舞、孔府过大年等文化演艺项目，推动文化和旅游业提档升级，实现特色化、差异化、错位化发展。

（四）多点发力，创新营销，立足高标准、特色化做文章，打响全新文化旅游品牌

曲阜市充分利用丰富的文物资源优势，围绕儒家文化的传播，深化政企合作，巩固提升"政府＋企业"营销模式，常态化开展春季旅游推介会、春季祭孔、曲阜研学旅游节、孔府菜美食文化节、孔子文化节等专题推介和节庆活动；高标准承办尼山世界文明论坛、"一带一路"年度汉字发布、省部委考察调研、省旅游发展大会、世界文化旅游名城论坛、中华篆刻博览会等重大文化会议活动；发挥"一山一水一圣人"精品线路优势，积极开展"山水圣人""孔子列国行"特色营销活动，创新推出特殊人群免费游三孔、"背论语免费游三孔"、全球孔子学院山东文化旅游推广峰会等文化营销活动；充分利用网络新媒体，开展微信视频号、公众号、微信、微博、抖音短视频等新媒体营销，制作精美的旅游画册和宣传片，建立曲阜文化旅游新媒体联盟；精心打造开笔礼、成人礼、经典诵读、孔庙祭拜、孔庙祈福为核心的"孔子修学游"品牌，"孔子故里、东方圣城"城市品牌和"走近孔子、游学曲阜"修学旅游品牌，集中开展"礼待四方、德传天下"的文明旅游品牌建设工作，塑造了特色鲜明的曲阜文化旅游品牌形象。

三、成功经验

（一）重视顶层设计，围绕龙头做文章，持续激发文化 IP 生命力

曲阜作为世界文化圣地，高度重视文化旅游产业发展，积极发挥文化资源富集、特色鲜明的优势，坚持以文彰旅、以旅彰文发展思路，以历史文化挖掘和彰显孔子文化特色为发展路径，以优秀传统文化"两创"为主线，全力做好优秀传统文化研究阐发、传播交流、文化普及和转化创新"四篇文章"，跳出孔庙孔林孔府"老三孔"IP，建成孔子博物馆、尼山圣境、孔子研究院新三孔景区，围绕"国潮""文创""研学"等市场热点，深化文旅融合，丰富旅游内涵，推出"背论语免费游三孔"、孔府馆藏文物展示、《金声玉振》文艺演出，以及"孔府过大年"、国际孔子文化节、尼山世界文明论坛、百

姓儒学节等有影响力的文化活动，集中开展"礼待四方、德传天下"的文明旅游品牌建设工作，打出"新三孔＋老三孔"文旅融合组合拳，自觉扛起文化"两创"使命担当，打造世界孔子文化旅游高地，成为山东省文化旅游的新地标。

（二）重视项目更新，围绕文化做项目，持续激发文化和旅游产业新动能

近年来，曲阜市紧紧围绕优秀传统文化"两创"先行示范区建设，坚持把项目建设作为推动文化和旅游产业发展的强大引擎，统筹全域文化旅游资源，持续深化文旅融合发展。以项目建设为抓手，在孔子文化产业和文旅创新项目引进上力求突破，着力引进一批大型文化旅游、休闲产业项目，精心打造一批文化"两创"示范点，稳步推进鲁源小镇、耕读书院、海洋世界、孔府菜博物馆、中华传统文化国际研学营地等项目建设，聚焦尼山、石门山、九仙山等重点区域，创建寿丘少昊陵省级考古遗址公园，推进鲁国故城遗址博物馆建设，推进尼山镇省级旅游民宿集聚区创建工作，启动运营曲阜文化产业园创意创业孵化基地建设。三孔景区、孔子博物馆和尼山圣境入选100个网红打卡地，儒源小镇成功创建国家3A级旅游景区，鲁源村入选全国乡村旅游重点村，尼山镇、石门山镇获评省级精品文旅小镇，石门山庄村、簸箕掌村、陵南村入选省级景区化村庄，文旅项目建设成果累累，成为释放文化经济新动能、推动高质量发展的重要抓手。

（三）重视品牌建设，围绕创意升业态，持续拓宽文化和旅游产业品牌力

孔子文化是中华优秀传统文化的亮丽名片，以"老三孔""新三孔"为代表的孔子文化旅游是曲阜文化旅游发展的魂和根，也是曲阜文化旅游的生命力所在。曲阜市以推进国家优秀传统文化传承发展示范区建设为契机，紧抓未来文化旅游市场发展趋势，以深入推动文旅融合发展为主线，以文化旅游产品业态转型升级为抓手，充分发挥文化创新的引擎驱动作用，大力实施孔子文化品牌带动战略，着力从顶层设计、文化活化利用、艺术创作、宣传营销等方面突出文旅融合，突出抓好文创品、夜经济、孔府菜、研学游四个"引爆点"，高水平办好孔子文化节、尼山世界文明论坛、春季祭孔等节事活动，不断推动曲阜文化旅游业态的迭代更新和旅游产业的转型升级，文化和旅游高质量发展成效明显。"孔子故里东方圣城"品牌影响力深入人心，打造集文化体验、修学启智、生态观光、书院民宿、休闲度假于一体的世界级人文旅游目的地。

（四）重视基础建设，围绕短板聚合力，持续提升高质量发展支撑力

作为一个对文化具有深刻影响、具有特殊地位的城市，曲阜在强力推动文化旅游高质量发展的同时，也在不断补齐文化旅游发展基础短板。曲阜市以深化国家首批全域旅游示范区建设，创建全国文明典范城市为目标，传承历史文脉，加快城市更新，不断加大旅游基础设施项目建设力度，加快推进尼山世界文明论坛配套提升工程建设，尼山讲堂、尼山宾舍、尼山书院酒店建成使用，加快推进明故城保护复兴、鲁国故城、海洋世界、尼山圣境二期、洲际酒店、教育博物馆建设等重点文旅项目，实施"疏堵保畅"工程，加强智慧城市和防洪排涝体系建设，加快推进机场连接线、崇文大道东延等重大工程，巩固"全国四好农村路示范县"成果，建设高铁站、汽车站等枢纽间快速通道，完善城乡路网布局，提升互联互通水平，全面开通景区直通车，提升夜间公共服务水平，旅游基础设施、接待水平和旅游环境等方面不断完善，初步形成了食、住、行、游、购、娱等旅游要素基本配套的产业体系，一个城文相生、产城相融、古今相映、山水相连的东方圣城正在走向世界。

推动国有景区体制机制改革案例

——蓬莱阁等四家景区

于 飞

2021年，山东省启动全省国有景区体制机制改革试点工作，国有景区体制机制改革重点是所有权、管理权、运营权"三权分置"，所有权归国家所有、行政管理权由景区管委会或地方政府负责、经营权由企业承担。

目前，济南天下第一泉、青岛崂山、台儿庄古城、蓬莱阁、沂蒙山、刘公岛、青州古城7家5A级旅游景区基本完成了改革试点任务，2022年将全面推开4A级国有景区改革。

一、发展路径

（一）推行国有景区所有权、管理权、经营权分置

其中以保护管理为主的突出公益化取向，以经营开发为主的突出市场化要求。探索"管委会＋公司（基金、行业协会、理事会）"等多种形式和组合的管理体制。

（二）优化国有景区发展布局

优化景区发展质量，提升景区影响力，增强国有景区辐射力，带动周边景区、度假区、乡村旅游区发展，形成合作共赢的产业发展格局。

（三）做大做强旅游市场主体

事业单位类景区适宜转制，要完善现代企业制度，健全公司法人治理结构，实现专业化管理，景区公司实施股份制改革，鼓励多种投资主体参与景区开发，推行职业经理人制度。

（四）加快产品业态创新升级

大力丰富景区有效供给，推动景区产品智慧化升级，丰富健康旅游、旅游演艺等新兴业态。

（五）推动资源要素集约集聚

鼓励各地整合国有景区、酒店、培训中心等组建国有旅游公司，支持打包国有景区周边的土地、房屋等优质资产注入企业，扩大资产规模。

（六）健全人事管理和薪酬制度

鼓励管委会统一组织所有人员竞聘上岗、按岗聘任（聘用）、以岗定薪、绩效考核。

二、经验借鉴

（一）蓬莱阁景区

1. 以三权分置为突破，构建行之有效的管理体制

蓬莱阁景区管理服务中心党委、管理服务中心为区委、区政府的直属机构，按照政府赋予的职责，承担对蓬莱阁景区的文物资源和国有资产的保护管理，落实发展规划、推动政策落地、协调企业发展等职能。将可以市场化运行的项目管理、投融资、基础设施建设、资源开发经营等开发运营职能，全部剥离至下设的蓬莱阁旅游公司，由景区管理服务中心依法对其实施监督和管理。

蓬莱阁旅游公司作为蓬莱阁景区建设发展的市场主体，按照现代企业制

度开展实体化经营，主要承担国有资产的保值增值、旅游资源的开发利用、旅游要素全产业链经营，重点向旅游产品开发、文创产品研发、休闲住宿等旅游服务产业发展。在三权分置框架下，改变公司传统的过多依靠政府的运营模式，以独立的经济主体身份参与市场竞争，充分扩大公司自主经营权，将景区优质资源与市场化机制相结合，利用市场作用推动公司不断提升经营效益。

2. 以三项制度改革为抓手，健全人事管理和薪酬制度

改革用工制度。实行全员聘任制。由传统人事管理向现代人力资源管理转变，管理服务中心所有在编在岗人员实行全员岗位聘任制。事业编人员人事档案管理与合同聘用管理相分离，保留原编制、身份、级别，工龄连续计算，按规定程序晋升职务职级、调整工资或专业技术等级，存入档案并作为社保缴纳依据。达到法定退休年龄时，按事业身份办理退休。同时，保留事业编选聘通道，对重要岗位紧缺型高层次人才（市场营销、运营管理、讲解员、文物保护、工程技术等）适当安排事业编指标，新进入事业编制人员，入编后即转由公司聘任。

改革人事制度。蓬莱阁旅游公司设立董事会、经理层等法人治理结构。公司除董事长外，实行全员竞聘上岗。董事长由管理服务中心主任兼任或由政府任命；公司高管既可由管理服务中心副主任参与竞聘，也可招聘职业经理人任职；公司中层管理者的竞聘面向全体员工。同时，充分考虑事业编人员在考核合格的前提下，保障其工资待遇不低于原有标准，确保队伍稳定。

改革收入分配制度。实现薪酬管理由"按级别定薪"向"按岗位定薪、按贡献付薪"转变。制定《蓬莱阁（烟台市蓬莱区）旅游有限责任公司员工薪酬实施方案》，员工工资主体由基本工资和绩效工资构成。其中，绩效工资包括岗位绩效和业绩绩效。岗位绩效与日常工作挂钩，按月考核；业绩绩效突出激励作用，按年度考核。同时，完善以目标管理为基础的绩效分配制度，员工业绩绩效与公司目标考核挂钩。对景区发展急需的高层次管理人才、各类专业技术人才，采用兼职兼薪、年薪制、协议工资制等多种分配方式，实行特岗特薪、特职特薪。

（二）台儿庄古城景区

1. 以三权分置为改革重点，理顺管理体制机制

推行"管委会＋公司"体制。台儿庄古城景区将所有权、管理权、经营权分置，根据功能地位和作用，分类施策，保护管理突出公益化取向，经营管理突出市场化要求，实施"管委会＋公司"的管理体制。台儿庄古城管理委员会，负责景区行政执法、文化遗产保护等工作。台儿庄古城旅游集团有限公司，负责景区运营管理、对外合作及招商引资等工作。

2. 推动资源要素集约集聚，组建综合旅游集团，实现多元化经营

台儿庄古城坚持集团化的运作模式，实行资源整合，由台儿庄古城旅游集团有限公司统筹运作。目前集团下辖9个子公司、3个景区。9个子公司为旅游发展公司、资产管理公司、润昌商贸公司、兰祺酒店公司、影视传媒公司、兰陵书院公司等，台儿庄古城的业务涵盖范围也扩大至资产运作、交通服务、零售商贸、餐饮住宿、文化创意等多种经营内容。3个景区为双龙湖湿地观鸟园、台儿庄国家运河湿地公园、祥和庄园景区，集团实现了多元产业的综合经营，贯通了旅游产业链条。

3. 产品业态不断创新升级，丰富产品供给

以打造地标性"夜间经济"集聚区为着力点，积极培育夜间消费新产品，加强顶层设计，盘活优质闲置资源，丰富景区新业态，推动夜间文旅消费聚集区建设，强化"寻梦古城"品牌打造，开通古运河新体验线路，推出夜间主题特色活动，增强游客参与度和体验性，扩大景区文化外延，增加游客在景区内的停留时间，丰富游客消费项目。加快景区闲置房源招商引资力度，推进特色步行街提升工程。丰富文旅产品供给，推出城墙经济、月河经济，塑造景区业态项目品牌，持续提升古城的核心竞争力和品牌影响力。加大宣传营销力度，持续保持景区热度。积极与国内主流媒体做好沟通与对接，全面深挖活动的精彩亮点，让落地活动得到最大程度的宣传。强化自媒体宣传优势，为景区聚集更多人气和游客资源。

（三）天下第一泉风景区

1. 景区体制机制改革坚持市场化导向，激发景区发展活力

建立现代企业法人治理结构，激发市场主体活力，提升全省旅游景区的核心竞争力。以事业单位管理的景区为改革重点，积极推行所有权、管理权、经营权"三权分离"。文旅集团采取"管委会＋公司"管理运营体制，一方面在经营管理上，文旅集团进一步推进现代企业治理模式，对天下第一泉景区经营性资产进行全面梳理，进行资产整合、评估和业态确定，提升资产价值，并交由集团全资子公司济南文旅集团旅游开发公司对景区内经营性资产进行运营开发，如推出船宴定制系列产品、打造文创产品等，切实提升市场化运营水平。

2. 推动资源要素一体化配置，融入城市整体旅游格局

围绕"走在行业前列、建设一流景区"发展目标，着力打造生态园林景区、特色文化景区、精品旅游景区，统筹协调疫情防控和生产经营活动，积极推进重点项目建设和日常经营管理工作，积极配合济南市打造"一城一湖一环"环游步道系统、趵突泉公园扩建、五龙潭公园扩建等项目，发挥好泉城文化特色风貌区核心片区的引领作用，全面融入"中优"发展战略。

（四）红叶柿岩旅游区

1. 做大做强旅游市场主体，投资主体多元化

积极探索国企改革的发展新路径，将山东华旅旅游发展股份有限公司支付的咨询费作为注册资金，与山东文旅集团合作共同成立山东红叶柿岩旅游发展有限公司，双方权责清晰、各司其职，最大化将国企的品牌、平台、管理、人才储备优势与民企机制灵活、效率高等优势充分结合，走出了一条国企混改发展的新路子。推行职业经理人制度，通过竞聘上岗使优秀人才脱颖而出，组建了一支懂经营、善管理的高素质干部队伍，景区高管理团队以"80后"为主，员工以"90后"为主。

2. 延伸产业链条，打造适应现代旅游市场要求的产品体系

景区注重多样性、多方式的产品呈现，坚持精品化、生态化的发展战略，

根据市场需求变化，不断进行产品迭代升级和创新，完善产业链条。

项目前期以自持方式打造具有核心吸引力的漂流产品。2021年以来飞跃柿岩等新设项目积极探索众筹、自运营、合作运营等多方式合作，缓解项目的资金和管理运营压力。推出萌宠乐园、戏水区、中国国家地理营地产品等亲子型、研学型项目，拉动"观光游"向"体验游"升级。打造玻璃栈道、七彩滑道、山地滑车等一批网红打卡点和体验产品，拉动"休闲游"向"时尚游"转变。根据客户需求定制打造专场音乐会、森林餐厅、露营活动等专场活动，拉动"大众游"向"定制游"拓展。

3. 优化国有景区发展布局，提升产业带动能力

作为文旅赋能乡村振兴的示范项目，开业以来直接带动就业300人，其中员工140人，景区内常态化商业用工160人，间接带动就业2000人。直接关联产业如红叶柿岩酒店、老颜神美食街、红叶柿岩无动力乐园年整体接待量突破百万人次，年收入破亿元。带动当地整体住宿入住率超过80%，成为当地新旧动能转换的文旅驱动引擎。

创建国家级旅游度假区案例

——山海天旅游度假区

宗美娟

一、基本情况

（一）概况

山海天旅游度假区位于日照市东北部，东濒黄海，西邻日照大学科技园，北连青岛市黄岛区，南接市区，现陆域面积168平方公里，海域面积2000平方公里，海岸线36公里，辖2街道，共100个村、2个社区。

山东省政府于1995年正式将其批设为融旅游度假开发、高新技术产业开发、行政管理于一体的省级旅游度假区。

2020年12月28日，文化和旅游部正式公布2020年新一批国家级旅游度假区名单，山海天旅游度假区收获"国字号"招牌，跻身国内旅游度假区的最高序列。

（二）优势条件

1.立体化交通网络

（1）"四纵五横"的公路交通干道。经由204国道、北海路可直通青岛，潮石路、两城大道可连接五莲，青岛路、碧海路、山海路可连通城区，道路网络日趋完善，全区基本形成了"四纵五横"的主干交通框架。

（2）多条铁路线连接中远程市场。现有日照—郑州—西安，直达荷兰鹿特丹的新亚欧大陆桥，以及南北方向的胶新铁路、山西中南部至日照港的晋中南煤炭外运铁路大通道、中国东北—日照—上海沿海高速铁路，青日连铁路贯穿山海天旅游度假区并设有停靠站。已批复规划建设日照至潍坊城际铁路，向北与规划建设的潍坊至东营、东营至滨州至天津城际铁路相连接，可以大大缩短日照至北京、天津等城市的列车运行距离和时间。

（3）航空条件日益完善。日照山子河机场于2015年12月投入使用，现已开通日照至北京、大连、哈尔滨、上海、厦门、广州、重庆等地航班，距离山海天约半小时车程。

2. 优越的滨海资源

（1）黄金海岸线。依山傍海，风光秀丽，海水纯净，沙滩开阔细软，空气清新，四季分明，冬无严寒，夏无酷暑，既无台风袭击，又无工业污染，是避暑、度假、疗养、会议和发展"3S"旅游的理想胜地。拥有国内外一流的金沙滩，滩阔沙细，浪缓水净，诺贝尔物理学奖获得者丁肇中先生称赞其为"夏威夷所不及"的黄金海岸线。

（2）宜人气候。年平均气温13.1℃，平均降雨量800毫米左右，平均日照时间为2533小时，无霜期215天。空气质量常年保持国家优质记录，海水质量和淡水质量均为国家一类标准。

（3）独特海岛。太公岛和桃花岛如两颗明珠镶嵌在海边。岛上奇石耸立，风光秀美，使人流连忘返。

（4）丰富物产。这里不仅拥有日照绿茶，更有黑陶、西施舌、两城虾皮3个国家地理标志产品以及日本冠鞭蟹等知名海产品。

3. 优良的生态环境

全区森林覆盖率为43.7%，区内卧龙山系有大小山峰70余座、森林面积23000亩，既紧靠日照市区又面临大海，是风光秀丽的滨海山岳型景区。建成区空气质量优良率为94.8%，空气质量功能区达标率为100%，绿化覆盖率40%，人均公园绿地面积75平方米。

4. 古老的龙山文化

区内两城街道驻地为4000年前亚洲最早的城市，两城遗址是目前发掘最大最丰富的一处龙山文化遗址，被列入全国100处大遗址之一，出土的蛋壳陶等黑陶制品为我国史前制陶业最杰出的代表；太公文化博大精深，凤凰城遗址是区内另一处龙山文化遗址，这里是"武圣"姜子牙出生和青少年时期活动的地方。

二、发展路径

（一）生态优先，夯实绿色发展基石

山海天始终践行"绿水青山就是金山银山"的理念，把生态视作生命线，以生态作底色，夯实高质量发展基础。滨海绿道、郊野岸线、河口湿地、水环境治理，一项项生态建设和环境保护工作，筑起发展基石，为接下来山海天旅游增长拓展着巨大空间。

山海天先后投资4亿元实施两城河湿地、龙山湾、森林公园提升等北部生态修复工程；投资1.7亿元，实施污水处理工程，先后完成山海天污水处理厂、秀水河污水处理厂、两城污水处理厂及配套管网建设，满足旅游旺季污水处理需求，实现全域污水处理全覆盖。仅在山海风情绿道建设上，山海天就提升沿河流域绿化11.8万平方米。2021年，新修建的山海风情绿道与阳光海岸绿道连为一体，山海天生态环境又上升了一个档次，实现山海联动、融合发展。

生态环境提升改造工程成效显著，沿路河水潺潺，绿植围绕，成群的白天鹅悠闲捕食嬉戏。被学者专家称为"神话之鸟"的世界级濒危鸟类———中华凤头燕鸥也曾在此现身。

（二）项目为王，推动产业高质量发展

山海天旅游度假区立足区位优势，积极创新旅游项目规划，做大做强旅游产业规模，以重点项目促进旅游业开发，从而推动全区旅游产业全面发展。2020年以来，山海天把项目招引建设作为生命线，及早谋划，将一个个项目纳入省市"盘子"，中华国医坛世界养生城项目是省新旧动能转换重点工程，中科颐城是省双招双引重点签约项目。山海天借力破解各种要素制约，项目加速推进，为山海天创建国家级旅游度假区、打造全国著名旅游目的地和滨

海康养胜地储备源源动力。

（三）聚焦"旅游+"，打造高端旅游度假区

聚焦"旅游+"的理念，将"食、住、行、游、购、娱"六要素串联提升，着力培育旅游度假、医疗康养、休闲体育、总部经济、向海经济五大主导产业，构筑高品质、融合化、活力强的产业生态链，打造高端旅游度假区。

山海天正全力推进体育项目5个，总投资10亿元，计划2021年12月底全部建成。其中，日照国际足球中心项目主场馆是全省第1处、全国第7处专业足球场，建成后首先将承接第二十五届省运会各级别足球比赛。国医学院体育馆将承担第二十五届省运会射箭、男子排球等比赛；驻龙山山地户外运动综合体，将承担第二十五届省运会山地自行车、小轮车和场地自行车比赛。这些基础设施建成后，不仅承担省运会比赛，而且将引进专业运营团队，打造日照市"旅游+体育+产业"新业态。

（四）提质升级，增强旅游吸引力

山海天创建国家级旅游度假区以来，不断培育旅游新业态。一个个精品的旅游项目，一项项崭新的旅游模式，让山海天旅游度假区的知名度和美誉度极大提高。海洋美学馆主打海洋和文化特色，云过山丘和北海锦华禅茶客栈被评选为"山东人游山东"精品民宿目的地；李家台村被评选为"山东人游山东"乡村旅游目的地，更成为全市唯一一个全国乡村旅游重点村。山海天积极招引了星级酒店、购物广场及旅游综合体项目，预计到2025年建成运营3~5个高星级酒店。邮轮文旅主题酒店项目正在进行紧张施工，酒店按照五星级标准建设，计划2021年年底前完成主体验收，2022年6月试营业。

（五）强化营销，提升旅游知名度

加强了机场、高铁站、火车站等关键点的专项宣传，提升度假区知名度；不断强化自有微信公众号、微博、抖音新媒体推广；与日照日报社共同举办抖音短视频大赛，借助《经山历海》影视剧开播，利用各种平台宣传；与新华网、大众网、《新晨报》等优质媒体开展宣传合作。

（六）智慧旅游，增强旅游体验感

随着信息技术的发展，游客对获取旅游资讯的网络化、便捷化、高效化要求越来越高，为加强旅游市场管理、提升智慧服务水平，度假区利用大数据分析、全景智能监管、云服务、电子虚拟围栏自动报警技术等信息技术，建设了度假区智慧旅游指挥平台，打造了集信息化、智慧化、高效化于一体的"一平台、五中心"旅游市场监管服务平台。智慧旅游指挥系统自投入使用以来，全区旅游市场违法违规行为明显减少，经营者的依法诚信经营意识明显增强，监管效率明显提高，游客满意度显著提高，成为文化和旅游部发布的 2021 年智慧旅游典型案例之一。

三、借鉴意义

（一）坚持高点定位，规划先行

山海天举全区之力推动"三招三引"，聘请高层次专业机构进行规划编制、规划修编，为度假区找准了市场需求、目标思路和发展定位，成为山海天"高点定位、创新发展"的顶层设计。推动各项总体规划有机融合，实现了"一张棋盘布棋子，一张蓝图全覆盖"。

（二）契合城市战略，排头先行

自 2016 年，日照市就提出"旅游富市"战略，山海天以此为发展契机，在实施"旅游富市"战略中勇当排头兵，推进项目、增加业态、完善配套、提升服务，走出了"旅游富市"践行之路。在此战略引领下，自 2017 年以来山海天旅游度假区的精品项目不断涌现，包括中澳（日照）产业园示范项目、"阳光海岸"项目、高端度假酒店群项目、中国国际中医药养生项目、两城国家遗址公园暨滨海新城项目等，2019 年秋季五个重点项目集中开工，概算总投资 62 亿元，分别是中科颐城、国医学院、生命健康产业国际协同创新城、国医大师工作站、千禧酒店，涉及高端康养、专科学院、国医文化等，契合山海天旅游度假区发展旅游度假、智慧康养、休闲体育的产业定位，为山海天旅游度假区高质量发展注入了新的澎湃动能。

（三）项目招引推进，机制有效

生态环境和基础设施的建设引得不少投资商前来洽谈合作。山海天建立项目招引准入评审机制，围绕产业定位、生态容量、投资强度等方面进行评审，达不到标准要求的一律不要。在项目推进上，建立"专班推进、张榜推进、帮办推进""周调度周督查"等项目推进机制，一个项目一套专班、一位包保领导、一名服务专员，一包到底，专班实行一线工作法，不断提高为企业解决问题的时效性，推动在谈项目早签约、签约项目早落地、落地项目早开工、开工项目早投产。

除了对现有项目积极抓落地抓推进，山海天还结合实际编制了"十四五"规划，形成数量充足、特色鲜明、动态管理的项目滚动储备机制。截至目前，谋划储备山海田园小镇、兖矿全景康养、恒大山海文旅城、千禧酒店、奥特莱斯城、渔人码头、东方药械谷大厦等"十四五"省市级重点项目 15 个，总投资超过 400 亿元。

附录 1

解读《山东省"十四五"文化和旅游发展规划》

张子川

为进一步推进全省文化和旅游高质量发展，根据《山东省国民经济和社会发展第十四个五年规划和 2035 年远景目标纲要》《文化和旅游部关于印发〈"十四五"文化和旅游发展规划〉的通知》等，山东省文化和旅游厅于 2021 年 10 月发布了《山东省"十四五"文化和旅游发展规划》（以下简称《规划》）。

一、出台背景：过去五年山东文旅交上漂亮成绩单

2017—2021 年，山东全力推动文化和旅游持续健康发展，文化事业、文化产业和旅游业呈现繁荣发展的态势。这五年间，山东不断深化文旅融合，旅游规模效益走在全国前列，实现旅游总收入 4.4 万亿元，接待境内外游客达 38.9 亿人次，比上个五年分别增长 47.2% 和 29.6%，星级酒店数量总数 483 家，排名全国第三。一系列重点文旅项目陆续建成，包括 14 个国家级文化产业示范基地，6 个国家级夜间文化和旅游集聚区，2 个国家文化和旅游消费示范城市，5 个国家文化和旅游消费试点城市等。

山东坚持创新，持续供给丰富的文化旅游产品。五年间，全省新增 2 家 5A 级旅游景区和 37 家 4A 级旅游景区，使得全省 A 级旅游景区达到 1184 家，数量居全国第一。积极建设红色旅游项目，共建成红色旅游景区 300 多家，

积极推进乡村旅游精品化，全省规模化发展旅游的村庄达 3500 多个，居全国第三位。

同时，以数字化为引擎，山东推动智慧旅游成效卓越。2021 年 4 月正式上线运行"好客山东·云游齐鲁"智慧文旅平台，实现了门票预订、酒店预订、景区智慧导览、景区全景 VR 等 26 项功能。加强了文化数字化建设水平，全省 16 个市级文化馆、115 个县（市、区）文化馆已实现与"山东公共文化云"的对接，发布各类资源 2.5 万余条。

五年间，以满足群众需求为导向，公共文化事业成就卓越。山东省对经济欠发达地区村级文化设施建设予以扶持，带动市县财政资金投入 32 亿元。积极推动打造高质量博物馆，博物馆数量从 2017 年年底的 501 家增长到 642 家，使得山东省博物馆总量、国家一级博物馆数量、国家二级博物馆数量、国家三级博物馆数量、革命纪念类博物馆数量、非国有博物馆数量，均居全国第一。

山东坚守守正创新为遵循，文物保护利用硕果累累。回看这五年，文物资源不断充实，文物考古成果丰硕，文物保护利用富有成效。全省级文物保护单位增至 1968 处，数量位居全国第一，五年累计实施考古发掘项目 312 个，入选国家"百年百大考古发现" 6 项，并实现了齐长城沿线 7 市、17 县（市、区）"齐长城监管平台"覆盖率 100%。

"十三五"以来，山东对优秀传统文化遗产的保护有力有序，完善法律法规，优化遗产保护机构。共建成各类非遗专题博物馆 261 家，非遗传承场所达 1000 个以上。齐鲁文化（潍坊）生态保护区顺利通过文化和旅游部验收，成为首批公布的 7 个国家级文化生态保护区之一。

2017—2021 的五年，山东艺术创作持续繁荣，精品力作不断涌现，累计新创作大型剧目 330 余部、小型作品 1100 余件作品，先后有 120 余部剧（节）目获得文化和旅游部创作扶持或全国性展演，200 余个项目受到国家艺术基金资助扶持。

提升了服务质量，让文化和旅游市场管理规范有序。台儿庄古城景区、青岛海景花园酒店被评为首批国家级文明旅游示范单位，且全省文明旅游志愿者达 2 万余人，人数连年位居全国前列。

坚持开放融合，山东文化推广交流获得时效。提升"好客山东"品牌影响力，开设"好客山东"新媒体账号，累计发布视频、图文等文旅资讯 13 万余条，阅读播放量达 65 亿次。全国省级文化中心运维和旅游新媒体传播力指数榜单中，山东省新媒体综合传播力指数连续 16 次获得全国第一。

二、明确文化和旅游产业发展目标

"十三五"时期，山东在文化和旅游上获得了长足进步和喜人成绩，"十四五"时期更是我国开启全面建设社会主义现代化强国的新征程，是文化强国、文化强省建设的关键时期。山东省着眼于"七个走在前列""九个强省突破"，大力推进新旧动能转换，深入实施八大发展战略，做大做优"十强"优势产业，对文化和旅游也提出了更高要求。随着科技发展和产业变革的持续深入，文化和旅游的新业态、新生态也应运而生，给文化和旅游注入新活力的同时，也暴露出全省文化和旅游产业发展的不平衡和不协调、与社会民众日益增长的美好生活不相适应、与构建新发展格局的要求还不相适应的问题。

对此，《规划》提出了"十四五"期间若干具体的发展目标：

实施"艺术高峰"计划，助力文艺创作再攀"高峰"。目标让艺术创作生产扶持机构得到完善，文艺精品和群众文艺创作不断繁荣、涌现。制作推出一定数量的优秀"鲁剧"、大型演出剧目、小型作品等。

公共文化服务体系更加健全，服务机制和效能明显提升，数字化建设获得明显成效。争取县级以上数字文化馆实现高建成率，并实现多个群众文化品牌的打造。

文化遗产保护利用取得重大进展，争取到"十四五"末，在革命文物保护利用"七项重大工程"、省级文物保护单位工作、考古遗址公园建设、博物馆建设方面取得相应的成果。

让文化和旅游成为国民经济支柱性产业和新旧动能转换的重要产业。实现到 2025 年，相应增加值占 GDP 比重持续提升，并建成 5 家国家级文化产业示范园区和 40 家全域旅游示范区的目标。

让齐鲁文化的影响力持续增强，"好客山东"的文旅品牌美誉度显著提升，打造出全国文旅融合发展新高地。

为完成以上发展目标，《规划》提出了一系列清晰且全面的工作任务。

三、"十四五"山东文化和旅游产业部署十大重点任务

（一）推动文化艺术繁荣发展，推出制作精良、思想精深的优秀文化作品

提升文艺作品创作生产质量，引领山东文艺发展。加强文学、戏剧、影视、音乐、舞蹈、书法、美术、摄影等各门类的现实题材文艺创作，加大对山东地方戏剧、民间音乐、民间舞蹈、曲艺杂技等的扶持力度。实施"鲁剧"创作提升、文学精品、精品出版工程，也要推动文艺与新媒体和新技术有机融合，做强做精网络文艺创作生产。推动"互联网 + 文化"，建设数字美术馆，推出一批优秀网络电视剧、网络电影、网络动漫等。完善文艺评价激励机制，构建新时代文艺评价体系，坚持以人民为中心的创作导向，文艺作品要满足人民精神文化需求，并加强重大题材创作扶持。

（二）优化资源配置，实施文化惠民工程，完善提升公共文化服务水平体系

首先是完善公共文化服务网络和机制，提升省内图书馆、文化馆、文化站等基础设施水平，推动公共文化服务标准化、均等化，而且面向不同群体开展不同的文化服务。其次是促进公共文化服务增质提效，《规划》鼓励文化场所开展夜间服务，提供如话剧、街舞、说唱等多种多样的文化活动，并将文化艺术普及到老年人、未成年人、残疾人等各个群体之中，开展数字化网络化服务，打造线上线下相结合的公共文化服务模式。还要立足城乡特点，因地制宜，拓展城乡公共文化空间，打造有特色的公共文化空间，将文化创意融入社区生活。同时，丰富群众性文化活动，广泛开展广大群众喜闻乐见的文娱活动，实施全民艺术普及。推进书香山东建设，加强优质阅读内容供给，推动精品读物出版传播，营造全民阅读氛围。

（三）坚持在保护中发展、在发展中保护，深化文物保护利用改革，推进文物保护利用体系建设

提高文物保护水平要从强化文物资源管理、提升强化不可移动和可移动文物保护水平、拓宽文物保护领域入手，要积极实施"七区四代"的文化遗产片区保护利用战略。为配合推进中华文明探源，实施考古和研究工程，加强山东史前考古，完善山东文化谱系，积极推动"海岱考古"研究计划。进一步地，将考古成果转化，利用展览、媒体等途径向民众展示文物历史、传播科学知识。创新文物活化利用要求打造国家文化地标和中华民族精神标志，统筹利用历史文化街区和历史建筑等空间打造文物与旅游相结合的新业态，加快推进国家考古遗址公园、省级考古遗址公园建设。要繁荣发展博物馆事业，实施"博物馆＋"和智慧博物馆等战略，整合全省文物资源，推出高质量陈列展品，打造富有山东省特点的博物馆体系，使其融入全省经济社会发展。并要提升文物安全监督能力，增强安全监督和执法能力，完善多部门联合工作机制。

（四）加强非物质文化遗产保护传承，让非遗在乡村振兴、新旧动能转换、经济社会发展中发挥作用

对非物质文化遗产首先要健全完善非遗保护体系和管理制度，要做好非遗调查记录体系以及非遗项目和传承人记录工作，建设山东非物质文化遗产资源数据库。《规划》提出：要加强非遗分类保护，全面实施数字化保护；推进非遗及其孕育、存续和发展的自然和人文生态环境进行整体性保护；加强传承体验设施建设，规划建设山东非物质遗产馆。在加强非遗保护传承和合理运用上，要注重创新，运用高新科技手段对非物质文化遗产进行赋能，推动非遗与旅游业、文化创意产业等融合发展。进一步地，依托山东省祭祀大典、潍坊风筝、淄博陶瓷琉璃等各种类文化元素内容，打造非遗发展品牌集群。为了让"非遗"走出去，需要加强非遗宣传推广和传播：一是要拓宽推广的渠道，让非遗进校园、进企业，组织非遗宣传展示活动；二是要利用中外文化交流，加强与"一带一路"沿线国家的交流，用山东非遗专题宣传片

等方式等进行推介。

（五）实施数字化战略，优化结构布局，培育健全现代文化产业体系

优化文化产业发展布局，打造黄河、运河、齐长城等的文化产业带，推动文化产业城市集群发展，形成"核心城市—节点城市—特色文化小镇"的框架体系。要让文化产业赋能城市更新和乡村振兴，并建设一批文化产业示范园区，提升其集聚辐射效能。推动文化产业数字化发展要着眼于传统文化产业转型、培育新业态、加快运营和传播模式创新三个方面。《规划》强调改造提升印刷发行、演艺、影视、工艺美术等传统业态，实现数字化转型；利用数字技术推动培育线上演播、数字艺术、数字娱乐等新型文化，打造齐鲁文化 IP；发展平台经济，鼓励电子商务平台开发文化服务功能以及文化产品。壮大市场主体，要求培育好骨干文化企业，向这些企业集中资源要素，形成企业集群，也要扶持小微文化企业，激发活力，将其引入园区发展。同时优化营销环境，强化市场监督，提升对知识产权的保护，壮大版权产业发展。还要通过培育新型消费、创新文创产品、加大消费惠民力度、发展假日和夜间经济等方式激发文化和旅游消费潜能。《规划》提出促进网络消费、体验消费、智能消费等消费方式，通过产业融合、人才聚集、资源整合，创新开发文创产品，办好山东文化和旅游惠民消费季，并在全省建设 20 个国家级夜间文旅消费集聚区。

（六）以融合发展为路径，推动旅游业高质量发展

持续提升旅游业发展现代化、集约化、智慧化、品质化、国际化水平，构建文化和旅游新格局。要立足齐鲁特色，构建"两大基地引领，两级六带支撑"全域旅游发展新格局，实施精品旅游工程，提升完善城市旅游功能和设施，打造好城市旅游品牌，培育国际化旅游城市。要培育乡村旅游精品项目，发挥旅游业在乡村振兴中的重要作用，重点打造包括黄河风情乡村旅游带和沂蒙红色乡村旅游带在内的"六大乡村旅游集聚带"。陆海统筹、城海一体，支持海洋旅游高质量发展，打造滨海风景旅游带，推动"齐鲁美丽海岛"建设。建设现代旅游要素体系要从以下七个方向入手：实施省内 5A 级

旅游景区质量提升，打造精品旅游景区；开发多样度假产品，满足游客需求；科学布局规划主题鲜明、有特色的各类型酒店，建设有地域特点的民宿；打造"山东味道""美食山东""山东小吃"等品牌，提升鲁菜影响力；推动地方名优特产转化为旅游商品，促进旅游商品生产规模化、产品多样化；举办好一系列特色节会活动，如山东省旅游发展大会、中国国际文化旅游博览会等；持续开展旅游厕所革命，打造便捷的高速铁路网络，完善旅游基础设施。

《规划》提出了培育发展旅游新业态，有序推动开发一批红色旅游、生态旅游、康养旅游、研学旅游、邮轮旅游、自驾旅游、低空旅游、房车旅游项目。进一步深化文化和旅游融合发展，整合重要文化资源，通过建设长城、大运河、黄河等文化公园，打造齐鲁文化旅游长廊。深化"博物馆＋旅游""非遗＋旅游""演艺＋旅游""文创＋旅游"，推进"文旅＋农业""文旅＋工业""文旅＋体育""文旅＋会展"，大力拓宽发展空间。此外，要强化旅游品牌建设，打造好集旅游目的地、旅游景观、旅游商品、旅游服务等于一体的"好客山东"品牌体系，并利用传统渠道、大数据、新媒体平台深入开展精准营销。同时，构建旅游安全生产体系，《规划》强调健全安全生产责任制，既要深化隐患排查整治，也要强化安全事故预防，并做好宣传，积极引导公众。

（七）深化重点领域体制机制改革，推进文化和旅游治理能力现代化

要为文化事业、文化产业、旅游业的繁荣发展创造好的制度环境，深化国有文艺院团、博物馆、国有文化企业、国有旅游景区的改革，以及文化市场综合行政执法改革。要分别做到：完善文艺剧团可持续发展体制机制，提升创演质量和管理水平；释放博物馆发展活力，赋予其更大自主权，实施"博物馆＋"工程；创新国有文化企业管理模式、用人机制和分配方法，深化"三项制度"改革；坚持国有旅游景区市场化取向和去行政化方向，坚持"先试点、后推开"思路，推动5A级旅游景区率先改革；落实《关于深化文化市场综合行政执法改革的指导意见》，创新文化市场综合执法管理运行机制。

（八）加强对外合作交流，推动"齐鲁文化"走出去

充分发挥山东省深厚的文化资源优势，提升对外交流合作水平，加大对

外交流合作力度。深化与"一带一路"沿线国家的文化和旅游交流,举办宣传推介品牌活动,如"中国山东文化旅游年""孔子家乡·好客山东"等,培育一批彰显地方特色、具有国际影响的对外交流文化项目。加强国际传播建设能力,深化中央媒体与境外媒体战略合作,推动山东省媒体充实外宣力量,实施齐鲁文化精品外译工程,鼓励出版和影视机构与海外机构的合作。进一步提升对外文化贸易质量,培育一批在国际文化市场有竞争力的外向型文化企业,提高新兴文化产品和服务的出口比重,统筹国内外、省内外力量和优势,形成对外文化交流合力。

(九)深化现代科技运用,提升科技支撑水平

促进文化和旅游领域生产方式、体验方式、服务方式、管理模式创新,构建文化和旅游大数据体系。着力建立大数据平台山东分中心、文化遗产标本库、民族文化基因库、文化素材库、山东省智慧文旅融合大数据中心等,做好数据采集工作。推动文化和旅游数字化、网络化、智能化发展,促进线上线下融合,扩大优质数字文化产品供给。完善科技创新体系,探索文化和旅游单位与科研机构企业合作新机制,建立协同创新关系。同时,聚焦文化和旅游建设重大需求,强化重点领域科技研发,加强科技成果转化应用,提升文化和旅游装备技术水平。

(十)建设高素质人才队伍,组织实施重点人才工程

为给文化和旅游高质量发展提供有力的人才支撑,要加强高层次人才队伍建设,培养一批文化名家、领军人才、青年英才,并重视海内外文旅人才,建立健全文化和旅游产业高端人才库,顺应文旅融合发展要求,强化专业技术技能人才培养,制订复合型文旅人才培养计划。《规划》提出加强基层人才队伍建设,继续实施全省文化和旅游精英人才千人计划,依托高等院校培养一批公共文化管理者和基层公共文化服务人员,并创新人才评价激励机制,加大人才激励力度。

四、三大措施保障"十四五"落地执行

加强统筹协调，建立健全党委统一领导、党政齐抓共管、有关部门分工负责、社会力量积极参与的领导体制和工作机制，形成推动文化和旅游发展的强大推力。

强化政策保障，发挥财政资金的激励引导作用，支持文化和旅游重大工程实施和重点项目建设。落实税收扶持政策，支持经营性文化事业单位转制为企业以及文化创意和设计服务、电影、动漫、出版发行等文化企业发展的税收政策。落实支持社会组织、机构、个人捐赠和兴办公益性文化事业的税收政策。落实土地利用政策，促进"多规合一"，文旅发展规划要与国土空间规划、环境保护规划以及其他自然资源和文物等人文资源的保护利用规划相衔接。

加强督导检查，健全评价体系，完善文化和旅游高质量发展竞争激励、投入保障、督导推进、成效评估、责任评价等机制，细化文化和旅游发展评价办法。

附录 2

解读《山东省文物事业发展"十四五"规划》

张子川

2021 年 11 月，山东省文化和旅游厅（省文物局）发布《山东省文物事业发展"十四五"规划》（以下简称《规划》）。总体上，《规划》用 10 章共 38 节的内容提出了当前山东省文物事业发展面临的机遇以及问题，并明确了七大重点工作任务。

一、背景

山东省人民政府曾于 2016 年 12 月发布了关于贯彻国发〔2016〕17 号文件进一步加强文物工作的实施意见。"十三五"时期，全省的文物事业改革发展整体纳入全面深化改革战略部署，文物保护状况持续改善，文物利用活力不断焕发，文物事业发展取得了显著成绩。在此期间，山东省文物资源得到进一步厘清，文物资源家底不断充实，圆满完成第一次可移动文物普查。普查共登录文物 286 万件 / 套、实际数量 558 万余件，居全国第三位。"文物山东"上线运行，这一利用"一普"数据建设的全省可移动文物数据库综合服务平台是全国建设最早、体量最大、功能最全的省级可移动文物数据平台，在全国起到了示范性作用。凝聚普查工作五年心血的普查成果丛书《文物山东》《博物山东》也出版发行。

在这五年里，山东省文物考古成果丰硕，并组织实施"七区三带"文物片区保护，举办全国文物修复职业技能竞赛；省级以上文物保护单位对外开放 1180 处；文物执法和监管机制得到完善。在此期间，山东省的博物馆体系建设成效明显，博物馆总量、一级博物馆数量、二级博物馆数量、三级博物馆数量、非国有博物馆数量、新晋级革命类博物馆数量 6 个指标，均居全国第一。以国有博物馆为主体、非国有博物馆为补充的类别多样、主体多元、充满生机活力、富有山东特色的博物馆体系业已形成。同时，博物馆不断提升在公共文化上的服务能力，全省免费开放博物馆 531 家，占博物馆总数的 88%，并在全国率先建设"山东数字化博物馆"，完成 2000 余件珍贵文物的数字化采集，运用互联网、新媒体等技术手段，实现文物的网上共享和展示。"十三五"期间，博物馆凭借新媒体宣传、举办节庆日特色展览、开发文创产品等方式成为旅游新热点，馆藏资源开发融入山东元素、适应旅游发展，文物成为助力社会经济发展的因素。

"十四五"时期，我国高度重视文物的保护利用工作，出台了加强文物保护利用改革、实施革命文物保护利用工程等的政策措施。省委、省政府召开全省文物工作会议，全社会对文物保护工作的关注持续提升。山东省聚焦"七个走在前列""九个强省突破"，深入实施八大发展战略，发起九大改革攻坚，加快推进新旧动能转换，全面展开国家文化公园山东段规划建设，文化和旅游融合发展不断向深度广度拓展，文物保护利用工作日益融入经济社会发展，为文物事业高质量发展增添了强大动力。

机遇与挑战同在，文物保护利用改革仍需纵深推进、力求实效。目前山东省对文物保护利用仍有不平衡、不充分的问题，深层次矛盾制约文物事业高质量发展。首先，文物保护意识有待加强，包括政策措施落实不到位、保护项目推进迟缓等现象仍在某些地方存在。其次，文物安全形势依旧严峻，文物法人违法违规案件占比过高，一些市县级文物保护单位工作不力，馆藏文物状况堪忧。文物利用的"不够""不当"是另一个问题，一方面是对文物价值挖掘不够，另一方面还存在开发过度的现象。最后，对文物管理能力的不足表现在基层队伍建设薄弱、专业技术人员有所缺失、文物保护科研机制需要加强方面。

二、发展目标

处于"十四五"时期，如何在这个建设社会主义文化强国的关键节点上抓住机遇、直面挑战？山东将推进文物保护利用改革和高质量发展作为主线，将文化与旅游结合作为动力，让文物在法律法规的保护下传承发展，惠及民众，满足人民对文化生活的需求，为建设文化强省做出贡献。

《规划》提出了对文物保护利用的总体要求，持续推进改革，做好片区协调，相比"十三五"时期的"七区三带"（指曲阜、临淄、省会、渤海、半岛、沂蒙、鲁西七个片区，大运河、齐长城、山东海疆三条文化遗产带）增添一"带"，即纳入了"以黄河文化保护传承弘扬为主题、黄河及黄河故道沿线的黄河文化遗产带"。从对不可移动、可移动文物的预防性保护，到文化旅游的融合发展，再到文物的科研能力、治理能力，《规划》清晰地指明了 10 个发展目标：文物保护利用改革任务全面落实；革命文物保护利用工作走在全国前列；不可移动文物保护进一步加强；可移动文物预防性保护得到加强；考古工作水平进一步提升；博物馆高质量发展呈现新局面；推动文化旅游融合发展作用更加彰显；文物安全工作得到加强；文物科研能力和装备水平再上新台阶；文物治理能力显著提升。

三、七大重点工作任务

《规划》明确了以下七大重点工作任务。

（一）加大文物保护管理力度，统一布局，多方并进

贯彻落实《国有文物资源资产管理暂行办法》，积极开展文物资源管理调查认定，尤其是开展大运河、长城、黄河国家文化公园山东段的文物资源调查，以及革命文物、石窟石刻、申遗项目等的调查和评估认定。强化不可移动文物的保护，推选一批文化价值突出、内涵丰富的文物申报国家文化地标和精神标识，比如"三孔"、泰山、大汶口遗址。加强对世界文化遗产保护管

理能力，实施世界文化遗产保护提升工程，支持一系列申遗工作。开展国家文化公园文物保护规划编制或修编，合理划定管控保护区。要确保文物保护利用等规划与国土空间、生态环保、道路交通、城镇建设、乡村建设等规划衔接一致，做到"多规合一"。加强各级文物保护单位的保护管理，到2025年，全国重点文物保护单位达到260处左右，省级文物保护单位达到2100处左右。强化可移动文物保护，加强可移动文物预防性和数字化保护，进行馆藏珍贵濒危文物、脆弱性文物保护修复计划。拓宽文物保护领域要求开展社会上各类型遗产的保护，包括乡村文化遗产、工业遗产、近现代文化遗产。此外，需要加强社会文物管理服务，加强社会文物收藏和流通管理和市场监管，提升文物鉴定服务能力。

（二）擦亮"海岱考古"品牌，发挥考古研究内在潜力

强化考古研究和阐释，要求实施"海岱考古"等重大考古研究项目并完善相关的考古工作体系和管理制度，要着眼于创新体制机制，解决考古勘探、发掘机构和队伍不足等问题。发挥考古在文物保护中的基础性、指导性作用，要推进中华文明探源工程，重点要加强山东史前考古，完善山东史前文化谱系，为实证中华5000年文明史做出山东贡献，还要加强水下考古，在全省开展水下文物资源调查考古。让考古服务经济社会发展，要正确处理好文物保护与经济建设、基本建设的关系，还要让考古研究的成果走入民众生活，开展"公共考古"活动，并用科普图书、媒体宣传片、公共教育等多种内容和形式促进考古成果向更广泛的领域转化。在考古过程中，不断提高考古科技能力，运用现代科技的力量让考古研究为文物保护和历史研究提供科学的依据和支撑。

（三）山东是革命文物大省，对革命文物保护利用需要做到科学有效

夯实革命文物基础工作，《规划》与《山东省革命文物保护利用工程实施意见》《山东省红色文化保护传承条例》相互配合补充，提出对革命文物开展持续调查和定期排查。实施革命文物保护工程，要求科学梳理山东省革命文物构成和保存状况，进行革命文物本体维修保护、馆藏革命文物修复计划。

发挥革命文物宣传教育作用，打造一批革命文物保护利用示范基地，并且设计出独具山东特色的红色旅游品牌，推出一批研学旅行和体验旅游精品线路，以此拓展革命文物利用途径。创新革命文物传播方式，融通多媒体资源，打造革命文物融媒体传播平台，开展革命主题文艺作品创作、演艺节目制作，推进"互联网+"革命文物，重视运用微博、微信、移动客户端等新媒体新应用，增强展陈互动性，提升参与度和影响力。

（四）主体多元化、类型多样化、山东特色化，大力推动博物馆高质量发展

着眼于建设主体多元、类型多样、富有山东特色的博物馆体系，争取到2025年，全省登记备案博物馆总数不少于1000家，全省国家一、二、三级博物馆总数达到150个。合理布局、优化结构，推进各层级博物馆加快发展，并立足地域文化、行业特点，积极促进建设专题特色博物馆、行业博物馆、非国有博物馆。依托丰富的文物资源，策划推出具有鲜明齐鲁文化特色，《规划》支持一批城市的"博物馆之城"规划建设。提升博物馆陈列展览和公共服务水平，策划推出具有鲜明齐鲁文化特色、彰显社会主义核心价值观的高质量展览；推进智慧博物馆升级建设，发展博物馆"云展览"；让优质博物馆资源向基层延伸，并为社会弱势群体提供公共文化服务。加强可移动文物征藏与保护要通过充实博物馆藏品体系、加强可移动文物管理、实施馆藏珍贵文物保护修复、强化预防性保护的一系列工作来实现。

（五）彰显文物利用山东特色是对上一项工作任务在山东特色化上做的延伸

山东省历史文化资源丰富，落实推进"国家记忆"行动计划需要深入挖掘山东文物的历史内涵和文化价值，搞清楚所承载的历史信息、文化信息，及其蕴含的道德力量、民族精神。《规划》提出创新文物价值传播推广体系，增量提质，不仅要实现全省博物馆总数、免费开放博物馆总数、参观人数等的稳步增长，还要进一步提升省内文博场馆的公共服务能力，健全服务设施，关键要强化文物在宣传教育上的功能，结合新媒体和传统媒体开展形式多样

的推介宣传。对接国家战略实施文物利用工程，要求重点实施齐长城、大运河重要点段保护展示、周边环境整治及配套设施建设，因地制宜建设展览馆等展示体系；提升沿黄重要文化遗产地、革命旧址的展示利用水平；整合山东沿海和管辖海域文物资源，构建山东海疆文化遗产带。让文物为旅游产业赋能，惠及民生，积极推动文物和旅游融合发展，打造出属于山东省的文旅"新地标"，途径是将文物古迹、革命遗址在依法保护的前提下纳入旅游线路，大力发展"博物馆＋旅游"、研学旅游、红色旅游、文物旅游，打造好品牌，利用新媒体做好推介。助推新旧动能转换和新型城镇化建设，推进大遗址保护和考古遗址公园建设，同时着力文创产品开发，目标到 2025 年，打造一批文博单位文化创意产品品牌。通过鼓励社会力量参与文物保护利用，融入社会资本参与文物保护利用，引导社会各界力量参与文物安全监督。

（六）发挥现代科技的强大作用，提升文物科研科技能力

强化文物科研课题研究，加强重点科研基地建设，建设山东省重点文物科研基地。推动科技协同创新，实施文物科技创新工程，将科技和文物保护相融合，提高科技创新对文物保护的支撑能力。加快科研能力建设，整合包括文博单位、高校、科研院所、科技企业等省内资源，提高文物保护装备水平，开展山东特色文物保护关键技术攻关项目。实施"互联网＋中华文明"行动计划，利用互联网＋、云计算、大数据等技术，创新实施"博物馆＋"战略，建设智慧博物馆。实施文物数字化保护利用，尤其是对濒危彩塑壁画、石窟寺的数字化保护工作，运用 AR、VR、数字动画等现代科技增强参观者感知体验。《规划》还提出于 2025 年建成"文物山东"云展馆，实施全省馆藏珍贵文物精品数字化工程。

（七）完善文物相关的法律法规，加强文物法制和文物安全

完善的文物法规体系是健全文物保护利用的基础。因此要深入贯彻《中华人民共和国文物保护法》及其实施条例和《山东省文物保护条例》，推进文物立法工作，制定、修订国家文化公园建设的文物保护配套法规。开展多形式、多途径的文物普法宣传，结合传统媒体和新兴媒体，进行文物法规、方

针政策的相关传播。健全执法监督体系，建立文物执法巡查制度，强化文物执法职责，把文物安全作为文物工作的底线、红线、生命线。要落实文物安全责任体系，完善多部门文物安全工作联合机制，强化文物安全督查，加强文物安全保障设施建设等。

四、四大保障措施

首先，夯实文物工作责任，要树立保护历史文化遗产责任重大的观念，发挥各级文物保护委员会的统筹协调作用，推动各级政府建立文物保护工作协调机制，并加强文物队伍建设。深化文物行政审批制度改革，坚持依法行政，履行文物部门的职责定位，推进文物部门决策、执行、管理、服务、结果公开和重点领域信息公开。

其次，强化政策保障，培育以文物保护为宗旨的社会组织，发挥文物保护志愿者作用，鼓励民间合法收藏文物；健全文物保护管理制度，落实落细促进文物合理利用的政策措施；在确保文物安全的前提下推动文博创意产业发展，支持非国有博物馆在教育功能发挥、科研活动、考核评优、人员培训、合作交流、评估定级等方面，拥有与国有博物馆同等待遇。

再次，完善文物保护财政支持政策，推动省财政统筹中央和省级资金，加大对文物保护的支持力度；引入社会资本，拓宽社会资金进入文物保护利用领域的渠道，支持社会力量和社会资金设立公益性文物保护基金；落实文物保护补偿政策和文博行业发展税收优惠政策。

最后，加强专业人才队伍建设和人才培养，按照博物馆、文物保护研究机构评估级别确定相应专业技术岗位结构比例，完善公开招聘条件和方式，拓宽引才渠道。

项目策划：段向民
责任编辑：张芸艳
责任印制：孙颖慧
封面设计：武爱听

图书在版编目（ＣＩＰ）数据

山东文化和旅游产业发展绿皮书. 2022 / 高洪雷,
陈国忠主编. -- 北京 ：中国旅游出版社, 2022.12
　（中国旅游绿皮书系列）
　ISBN 978-7-5032-7073-4

Ⅰ．①山… Ⅱ．①高… ②陈… Ⅲ．①地方旅游业—
旅游文化－旅游业发展－研究报告－山东－2022 Ⅳ.
①F592.752

中国版本图书馆CIP数据核字(2022)第227484号

书　　名：山东文化和旅游产业发展绿皮书（2022）

作　　者：高洪雷　陈国忠　主编
出版发行：中国旅游出版社
　　　　　（北京静安东里6号　邮编：100028）
　　　　　http://www.cttp.net.cn　E-mail:cttp@mct.gov.cn
　　　　　营销中心电话：010-57377108，010-57377109
　　　　　读者服务部电话：010-57377151
排　　版：北京旅教文化传播有限公司
经　　销：全国各地新华书店
印　　刷：三河市灵山芝兰印刷有限公司
版　　次：2022年12月第1版　2022年12月第1次印刷
开　　本：720毫米 × 970毫米　1/16
印　　张：16.5
字　　数：253 千
定　　价：59.80 元
ＩＳＢＮ　978-7-5032-7073-4